3

Gente JOVEN

Autoras: Encina Alonso, Matilde Martínez Sallés, Neus Sans

Coordinación editorial y redacción: Montse Belver
Diseño y dirección de arte: Enric Font
Maquetación: Enric Font i Marta Girabal
Ilustración: Javier Andrada, Enric Font, Man, Pablo Moreno y David Revilla
Documentación: Olga Mias

Verlagsteam der deutschen Ausgabe:
Deutsche Redakteurin: Barbara Ceruti
Glossar: Fina Colomé

Imágenes: © Frank Kalero **excepto**: © pág. 10 Diputació de Lleida (Pirineos); pág. 11 Marlee/Dreamstime.com (playa), García Ortega (Buenos Aires); pág. 12 Sociedad Regional de Turismo del Principado de Asturias / Antonio Vázquez (Asturias), John Armstrong (Cantábrico), Mon (País Vasco), Maribel Balius (Donostia), Gonzalo Antonio (Cantábrico); pág. 14 Getty Images (chicos), Enric Font (vías tren); pág. 16 Enric Font (camino), Robert Escardo (tren de las nubes), Jesús Ramírez (Camino de Santiago); pág. 17 García Ortega (1), Valle Collado (2), Mike Berg (3), Mon (4, Chillida), Israel Aranda (5); pág. 19 PromPerú; pág. 20 Mon (globo terráqueo), Martin Land (brújula), Yiannis Papadimitriou (mochilas); pág. 23 Alicia y Emilio (álbum Adriana), Mon (Manu y Laura); pág. 25 John Leaver/ Dreamstime.com (rayo), Robert Red2000 (hámster), Sylwia Kucharska/Dreamstime.com (boca), Pol Wagner (iguana); pág. 28 indi.es / Junta de Castilla y León; pág. 33 Manuel Ballestin; pág. 39 Bluestocking / Dreamstime.com (cortinas), Thedragoo / Dreamstime.com (sillas), Da_kuk / Dreamstime.com (máscaras); pág. 40 La Troba Kung Fú / Fourni Produccions Sonores, José A. Gálvez (máscaras); pág. 41 ALBUM (*Bodas de sangre*); pág. 43 y 44 Pol Wagner (teatro), Heath Doman (sombrero), Radu Razvan (máscara), Mstephan / Dreamstime.com (careta), Jean Scheijen (guantes); pág. 50 Graça Victoria (Giralda), Jaime Corpas (el Rocío), Heiko Sonntag (Córdoba), Carlos Paes (Ronda), Kirsty Pargeter (bobina), ALBUM (*El Zorro*, *Matrix*); pág. 51 García Ortega (La Pedrera); pág. 55 Carmen Martínez Banús (gazpacho), Kat Wilkens (tacos), García Ortega (dulce de leche); pág. 56 Ministerio de Sanidad y Consumo; pág. 59 Encina Alonso (abuela), Keinu Producciones (jarro), Michael Connors / morguefile (radio); pág. 60 PLAN NACIONAL SOBRE DROGAS (Ministerio de Sanidad y Consumo); pág. 66 UNICEF / HQ98-0718 / Alejandro Balaguer, UNICEF / HQ95-1115 / Giacomo Pirozzi, UNICEF / HQ05-0316 / Josh Estey; pág. 67 Cadena Ser (cartel), Save the Children (niño); pág. 68 AFP; pág. 69 Verónica Virga / Movimiento Nacional de los Chicos del Pueblo (www.pelotadetrapo.org.ar); pág. 70 García Ortega; pág. 73 AFP; pág. 77 Núria L. Ribalta ('Fugida'); NASA Johnson Space Center (NASA-JSC); pág. 81 García Ortega (1), Hikari / Morguefile (2), Enrique Hervás (3); pág. 83 Chrissi Nerantzi (clavel), Dave Hamilton (barcas); pág. 84 M.Dilsiz (zapatos), Fundación Federico García Lorca (F. G. Lorca), Europa Press (M. Benedetti), Mary Evans / ACI (P. Neruda); pág. 86 Fernando de Szyszlo / arte dos gráfico / Festival Internacional de Poesía de Medellín; pág. 87 Grupo Escombros. Artistas de lo que queda; Ester Partegàs / Cortesía de Galería Helga de Alvear, Madrid; pág. 89 AFP (J. Miró), Fundació Gala-Salvador Dalí, VEGAP, Barcelona 2006 (S. Dalí); pág. 93 pipo, pág. 95 Colita / CORBIS; El español mes a mes: Enric Font (enero); Balaguer Alejandro / CORBIS SYGMA / COVER (febrero); Conselleria de Turisme de la Comunitat Valenciana (marzo); García Ortega (abril); AFP (mayo); Keren Su / CORBIS / COVER (junio); Servicio de Promoción e Imagen Turística del Gobierno de Navarra (julio), AFP (agosto); Carol Gale (septiembre); Digishooter / Fotolia (octubre), NOTIMEX / AFP (noviembre); María Manzanera (diciembre).

Textos: págs. 66 y 75 UNICEF (Convención para los Derechos del Niño, Manifiesto 2000); pág. 69 Movimiento Nacional de los Chicos del Pueblo (www.pelotadetrapo.org.ar); págs. 78 y 79 Pablo Neruda, "SonetoLXVI" en *Cien sonetos de amor*, Barcelona, Seix Barral, 1993 (2); Mario Benedetti, "Viceversa" en *El amor, las mujeres y la vida,* Madrid, Alfaguara 2002 (3); F. García Lorca, "Reyerta" en *Romancero Gitano*, 5ª edición, Barcelona, Editorial Óptima (5); Pablo Neruda, "Oda al átomo" en *Odas elementales,* Madrid, Editorial Cátedra (9); Jaime Sabines, "Poema de la luna" en *Otros poemas sueltos (1973-1994)* (10); "Octavio Paz, "Sonetos, II" en *Libertad bajo palabra*, Madrid, Editorial Cátedra (11).

Agradecimientos: Mario Alegre (indi.es), Alicia y Emilio, Aurelia L. Almodóvar, Nieves Álvarez, Beatriz Amieva, Manu Belver, Cadena SER, Alejandro Galán y Francisco Gallego (Junta de Castilla y León), Joan Garriga y La Troba Kung Fú, Alicia González y Adriana González, Olatz González y Save the Children, IES Palau Ausit de Ripollet (y a sus alumnos: Yaheydy Aranza, Michael Borrero, Elena Galera, Nabil Gouaamar, Iris Guiner, Miriam López, Zakaria El Mouss, Sara Navarrete, Alba Pampín, Berenice Puntillo, Marta Sáez, Carlos Torrejón) Leire (Keinu Producciones), Catherine López, María Dolores Oteiza, Ester Partegàs, Paula y Pelota de Trapo, Fernando Rendón, Núria Ribalta, Ana Belén Del Río, María José Rivas (Ministerio de Sanidad y Consumo), UNICEF (Elena Crego, Helena Reina, Amalia Navarro y Rocío Gisbert), María Laura Zoya y Grupo Escombros, Pol Wagner.

Grabación: Estudios CYO. **Canciones:** "La fruta fresca" de Carlos Vives (interpretada por Carlos Yélamos); "Sólo le pido a Dios" de León Gieco (interpretada por Emilio Alquézar); "Mírame" de La Troba Kung Fú. **Voces**: Joshua Cortés, Daniel García, Pablo Garrido, Patricia Gruber, Raquel López, Jorge Peña, Berenice Puntillo, Santiago Puntillo, Marc Rúa, Albert Martín, Natalia Rodríguez y Núria Sánchez.

1. Auflage A 1 5 4 3 2 1 | 2009 2008 2007 2006

ISBN: 978-3-12-535760-0
Depósito legal: M-35035-2006

Impreso en España por Tesys

difusión
Centro de Investigación y Publicaciones de Idiomas, S. L.

Vertrieb für die deutsche Ausgabe:
Ernst Klett Verlag GmbH
Stuttgart

Best.-Nr. 978-3-12-**535760**-0

www.difusion.com

3

Gente Joven

Curso de Español para Jóvenes

Deutsche Ausgabe

Encina Alonso
Matilde Martínez Sallés
Neus Sans

¿Cómo funciona

Gente joven ist „handlungsorientiert" konzipiert. Was bedeutet das genau? Nun, eine Sprache lernen bedeutet unserer Überzeugung nach vor allem, etwas mit dieser Sprache tun zu können, zum Beispiel eine interessante Information weiterzugeben oder einen Witz zu verstehen. Man lernt sprechen, indem man spricht und man lernt schreiben, indem man schreibt, so wie man tanzen oder Fußball spielen lernt, indem man es einfach tut. Daher der Begriff „handlungsorientiert".
Das heißt für dich, dass du aktiv am Unterricht mitwirken musst. Warte nicht darauf, dass dir deine Lehrerin oder dein Lehrer alles erklärt. Vieles kannst du allein oder gemeinsam mit deinen Klassenkameradinnen und -kameraden entdecken. Du wirst sehen, wie viel Spaß es macht, eine Sprache zu erlernen!

Jede Lektion beginnt mit einer Einstiegsseite, die kurz darstellt, was in dieser Lektion gemacht wird und was du dabei lernen wirst.

Nach der Einstiegsseite kommt ein großer **Übungsteil**. Ihr werdet gemeinsam Texte erarbeiten, Theater spielen, Dialoge hören, spielen, schreiben, usw. und so die spanische Sprache immer besser kennen lernen und eigene Erfahrungen sammeln, indem ihr mit euren Kameradinnen und Kameraden und dem Lehrer oder der Lehrerin Spanisch sprecht.

Das ist das Symbol für einen **Hörtext** ((🎧)).

Wenn du dieses Zeichen (A–Z) siehst, so bedeutet das, dass du neue Wörter suchen sollst und diese dann in deine **persönliche Wörterliste** eintragen kannst.

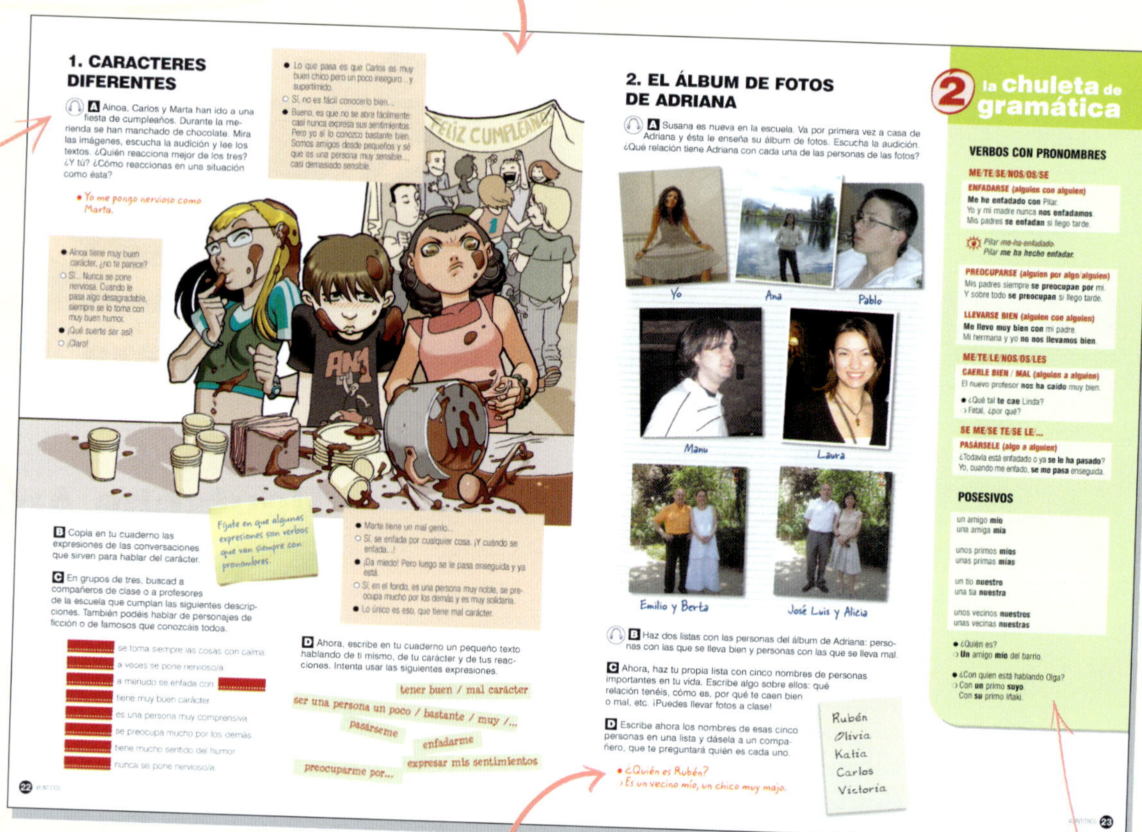

Im Übungsteil steht bei den Beispielen dieses Symbol (●, ❍) für **sprechen** und dieses (✎) für **schreiben**.

Auf jeder Seite findest du einen Grammatikteil, kurz „Spickzettel" genannt, **La chuleta de gramática**, in welchem die neuen Strukturen präsentiert werden.

Gente joven?

La revista loca

El acoso escolar

Casi un 2% de los niños y jóvenes españoles sufre por acoso escolar

DUELE

convive y deja vivir

REDES DE EMOCIONES

Un emoticón o *smiley* es el dibujo simple de la cara de una persona, mediante el cual se representa un estado de ánimo. Se utilizan en los chats, en el correo electrónico y en otros medios escritos de carácter informal. ¿Los conoces? ¿Te atreves a descifrarlos?

:-(((:o(
a. Estoy enfadado/a.
b. Estoy triste.
c. Cállate.

):-(
a. Estoy muy enfadado/a.
b. Estoy de mal humor.
c. ¡Qué susto!

(8-O :oO
a. Estoy muy sorprendido/a.
b. ¡Qué sueño!
c. ¡Qué hambre!

:*) :o*
a. ¡Qué vergüenza!
b. ¡Qué horror!
c. Te mando un beso.

|-O
a. Estoy cansado/a.
b. Me aburro.
c. ¡Qué sueño!

%-(
a. Llevo demasiado tiempo delante del ordenador.
b. Estoy preocupado/a.
c. Estoy nervioso/a.

:-D :oD
a. ¡Qué risa!
b. Estoy contento/a.
c. ¡Qué guay!

:-DDD
X-D
:-))))))
a. Me muero de risa.
b. Estoy feliz.
c. Cuéntame.

Das Magazin **La revista loca** enthält interessante Infos, Texte, Lieder, Kreuzworträtsel, usw., die zum Thema der Lektion passen und die dir Freude an der Sprache vermitteln sollen. So wirst du mehr über Land und Leute erfahren, sowohl über Spanien als auch über Lateinamerika.

Der Comic **La peña del garaje** führt dich durch die Abenteuer der „Garagen-Clique".

El dossier de la clase

EL CONSULTORIO DE LA CLASE

Vamos a crear un consultorio, como el de **ayudame.com**. Vamos a escribir cartas inventando problemas y a responder a las que escriban nuestros compañeros.

TAREA

A Primero, entre todos, hacemos una lista de los problemas típicos de los jóvenes. Aquí tenéis algunos que han escrito unos chicos para inspiraros.

B Cada grupo elige uno de los problemas e inventa un personaje que lo tiene: hay que ponerle un nombre, pensar en su carácter y en sus costumbres, etc.

C Vamos a escribir una petición de consejo de nuestro personaje inventado para nuestro consultorio en Internet.

D Después, el profesor nos dará el mensaje de otro grupo y lo contestaremos con comentarios y con consejos.

- Quiero aprender a tocar la batería pero mis padres me han dicho que hace demasiado ruido y que es muy cara.
- Cuando me miro al espejo, no me gusto.
- Hay un chico en mi clase que siempre me molesta.
- Mis padres no me dejan ir a conciertos.
- Mi hermana me tiene harta porque saca unas notas fabulosas y, claro, luego hay comparaciones.
- Me quiero hacer un piercing pero me da miedo.
- A mi mejor amiga y a mí nos gusta el mismo chico.
- El profe de Química me odia. Siempre me pregunta más difícil y me pone unas notas bajísimas.
- En clase me siento totalmente aislada. Nadie habla conmigo y cuando la profe dice "vamos a hacer grupos" me pongo a temblar.

Der letzte Teil in jeder Lektion hilft euch dabei, ein **Dossier** mit euren Arbeiten auf Spanisch anzufertigen, so wie es der **Gemeinsame europäische Referenzrahmen** vorsieht. Diese Projekte werden mal in Eigenarbeit, mal in Teams durchgeführt.

Im Übungsbuch könnt ihr unter **Para mi portfolio** schriftliche Arbeiten, Collagen und Zeichnungen, aber auch Film- oder Tonaufnahmen sammeln.

Nach drei Lektionen gibt es einen Wiederholungsteil, den **Repaso**, der dir erlaubt, deine Fortschritte selbst zu bewerten oder auch eventuelle Lücken zu schließen.

Hier findest du Übungen zum Wortschatz und Leseverstehen, zum schriftlichen und zum mündlichen Ausdruck sowie einen Grammatiktest.

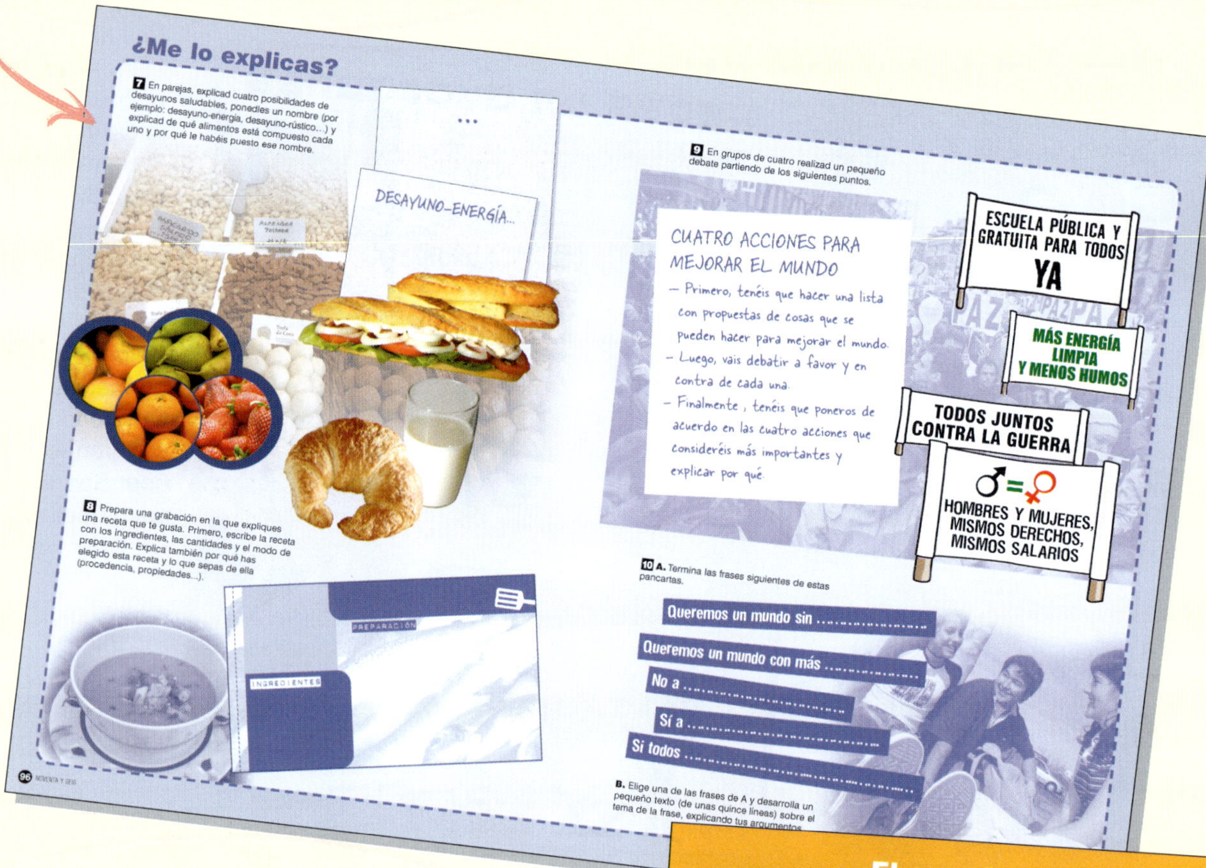

Am Ende des Lehrbuches hast du eine systematische Grammatikübersicht, **La gran chuleta de gramática**, wo du jederzeit nachschlagen kannst, wenn du Zweifel hast oder wenn du bestimmte Strukturen oder Redemittel suchst.

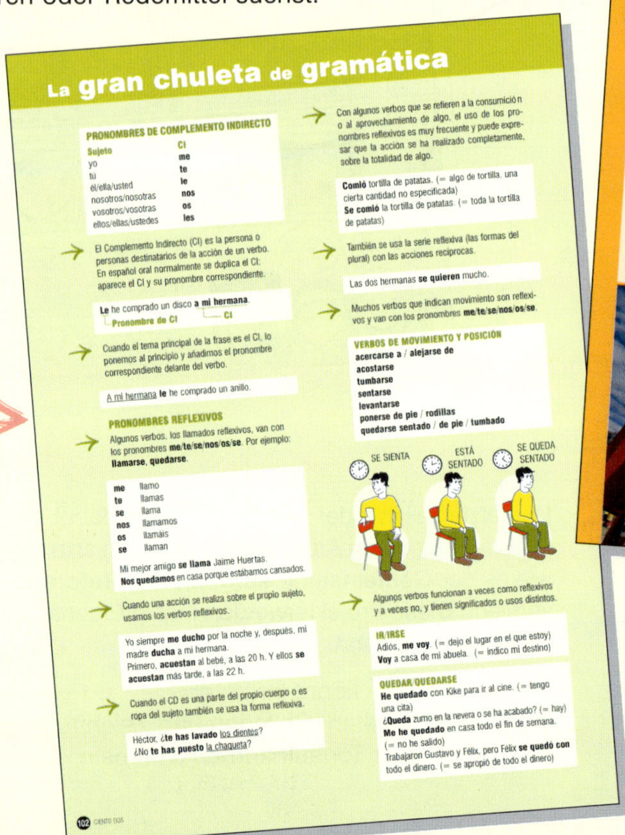

In der Sektion **El español mes a mes** wird für jeden Monat ein besonderes Fest vorgestellt, das in üblicherweise einem spanischsprachigen Land gefeiert wird.

Índice

¿En qué ejercicio estamos?
Página 15, ejercicio 2.
Perdona, ¿cómo se llama esto en español?
soy
tú eres
él es
nosotros
vosotros
ellos son
¿Puedes repetirlo más despacio, por favor?
¿Puedes explicarlo otra vez? No lo he entendido bien.
¿Podemos usar el diccionario?
¿Cuál es la diferencia entre "algún" y "ningún"?
¿Me dejas el diccionario?
Oye, ¿cómo se pronuncia "joven"?
¿Puedes poner un ejemplo?
¿"Biología" lleva acento?
¿Qué has dicho? No te he oído.
Perdone, ¿puedo ir al servicio?

1 ¡Buen viaje!

En esta unidad vamos a:

Planificar un viaje a un lugar en el que se habla español.

Para ello vamos a:

- revisar las formas y los usos de los tiempos ya estudiados
- referirnos a lugares, a itinerarios, a distancias y a la duración
- hablar sobre los medios de transporte
- plantear problemas y a proponer soluciones
- dar y a pedir consejos
- expresar deseos
- practicar formas de preguntar
- aprender el Condicional y el Pretérito Pluscuamperfecto

1. POSTALES

A ¿Te gusta enviar y recibir postales? ¿Cuándo enviaste la última postal? ¿A quién?

- *Yo este verano escribí a mis abuelos y a una amiga cuando estaba en Mallorca.*

B Mira estas tres postales e intercambia tus puntos de vista con un compañero.

– ¿Cuáles de estos lugares os apetecería visitar? ¿Por qué?
– ¿Qué crees que se puede hacer en cada lugar?
– ¿Habéis estado en algún lugar parecido? ¿Cuándo?

- *A mí me apetecería ir a las Baleares.*
- *Pues a mí a Buenos Aires.*

2. ¡ESTO ES FANTÁSTICO!

A En grupos de tres, leed estos mensajes que han escrito unos chicos mientras estaban de vacaciones. Copiad este cuadro en vuestros cuadernos y completadlo con las informaciones de los mensajes.

TIPO DE MENSAJE	QUIÉN LO ESCRIBE	DÓNDE ESTÁ/N	INFORMACIONES IMPORTANTES
Correo electrónico			

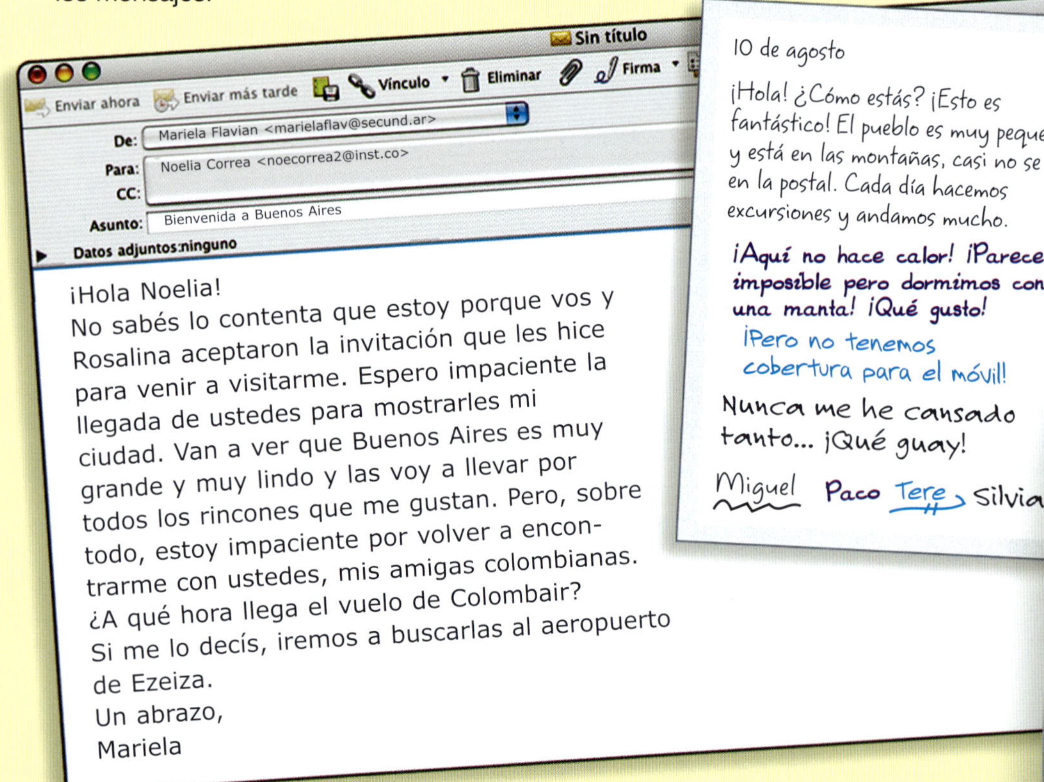

¡Hola Noelia!
No sabés lo contenta que estoy porque vos y Rosalina aceptaron la invitación que les hice para venir a visitarme. Espero impaciente la llegada de ustedes para mostrarles mi ciudad. Van a ver que Buenos Aires es muy grande y muy lindo y las voy a llevar por todos los rincones que me gustan. Pero, sobre todo, estoy impaciente por volver a encontrarme con ustedes, mis amigas colombianas. ¿A qué hora llega el vuelo de Colombair? Si me lo decís, iremos a buscarlas al aeropuerto de Ezeiza.
Un abrazo,
Mariela

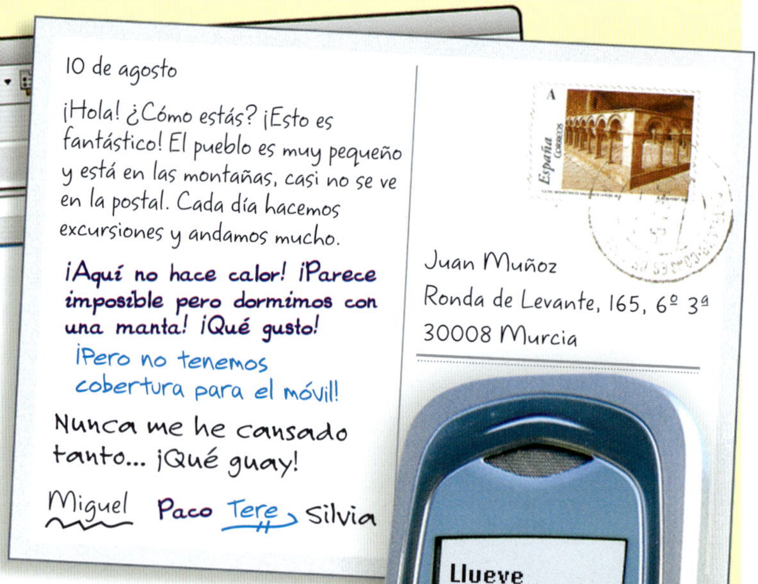

10 de agosto

¡Hola! ¿Cómo estás? ¡Esto es fantástico! El pueblo es muy pequeño y está en las montañas, casi no se ve en la postal. Cada día hacemos excursiones y andamos mucho.

¡Aquí no hace calor! ¡Parece imposible pero dormimos con una manta! ¡Qué gusto!

¡Pero no tenemos cobertura para el móvil!

Nunca me he cansado tanto... ¡Qué guay!

Miguel Paco Tere Silvia

Juan Muñoz
Ronda de Levante, 165, 6º 3ª
30008 Murcia

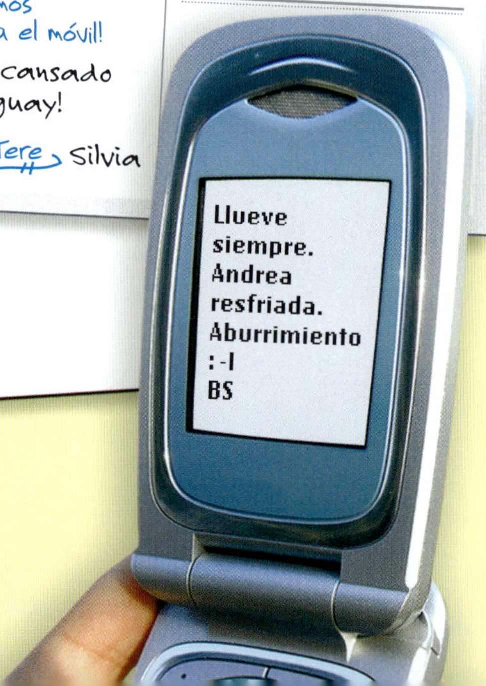

B Ahora, escucha las llamadas telefónicas para verificar y completar la tabla anterior con las nuevas informaciones que obtengas.

3. Y TÚ, ¿DÓNDE HAS ESTADO?

Lleva a clase una fotografía de un lugar en el que hayas estado de vacaciones o de fin de semana. Mirad todas las fotos y haceos preguntas sobre cuándo habéis estado en esos lugares, qué habéis hecho, etc.

- ● ¿Cuándo estuviste en las Baleares?
- ○ Estuve en las Baleares el año pasado, en julio.

4. LA POSTAL MISTERIOSA

Vamos a escribir una postal a un compañero.

- ▸ Busca una foto de un lugar o recorta una de una revista.
- ▸ Con la fotografía haces una postal.
- ▸ Escribe el texto y pon el nombre del destinatario (lo haremos a suertes con papelitos) pero no lo firmes.
- ▸ En parejas, os explicáis qué postal habéis recibido y quién creéis que os la ha enviado.

1 la chuleta de gramática

HABLAR DE VIAJES REALIZADOS

(Yo) he estado en Mallorca.
(Yo) el año pasado estuve en España. **Fui** a Sevilla y a Madrid.

DESCRIBIR UN LUGAR

Es un lugar muy bonito.
Es una isla preciosa.

Es un pueblo en la montaña.
Es una ciudad en el norte.

Es una región con muchos lagos.
Es una ciudad con mucha vida nocturna.

SITUAR UN LUGAR

Está cerca de Costa Rica.
Está en la costa de Santander.
Está a (unos) cien kilómetros **de** la frontera con Uruguay.
Está al sur / norte / este / oeste de Madrid.

HABLAR DE LO QUE SE PUEDE HACER

Se + 3ª persona de PODER
Se puede pasear, ir en barco, nadar...
Se pueden visitar los edificios, los museos...

2ª persona singular de PODER
Puedes hacer excursiones en barca, **te puedes** bañar...

EL CONDICIONAL

INFINITIVO + ía/ías/ía/íamos/íais/ían

ir**ía**	preferir**ía**
ir**ías**	preferir**ías**
ir**ía**	preferir**ía**
ir**íamos**	preferir**íamos**
ir**íais**	preferir**íais**
ir**ían**	preferir**ían**

Para expresar deseos
● ¿Me **gustaría** visitar Nueva York.
○ ¿Yo **preferiría** ir a San Francisco.
■ ¿Pues yo **iría** de viaje a América del Sur.

Para evocar situaciones imaginarias
Yo nunca **iría** de vacaciones a la Antártida.

5. ESPAÑA TAMBIÉN ES VERDE

A Lee las informaciones del folleto turístico y señala a qué zona del mapa corresponde cada itinerario.

ESPAÑA VERDE, COSTA VERDE

LA ESPAÑA VERDE tiene lluvia, mar, montañas y cuevas; parques naturales y costas escarpadas. Paisajes de naturaleza salvaje y entornos llenos de historia convierten a este lugar en uno de los sitios más bellos del mundo. La ESPAÑA VERDE es secreta y variada. Te ofrecemos tres itinerarios para conocerla.

ASTURIAS, VERDE Y AZUL

Hay una Asturias verde y otra azul. Una Asturias de agua y de roca, y otra de hierba y arena. Y, en todas, la naturaleza es la reina.

EL CANTÁBRICO, GRAN RESERVA

Naturaleza exuberante, paisajes de montaña, paisajes de playa y una amplia oferta cultural durante todo el año.

PAÍS VASCO, CONÓCELO

Euskadi, si lo conoces, te gustará su paisaje, su gastronomía, su cultura y su costa.

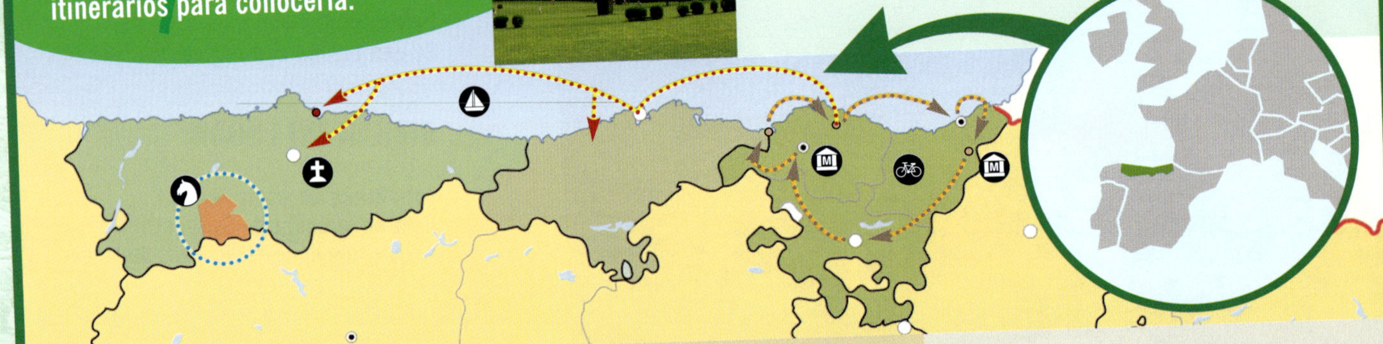

1 EUSKADI SOBRE DOS RUEDAS

El País Vasco cuenta con una extensa red de carreteras preparadas para conocer la región en bicicleta. La ruta tiene 13 días y 12 noches de duración y es circular: empieza y termina en Donostia-San Sebastián. Y pasa por Hernani, Vitoria-Gasteiz, Bilbao, Santurce y Guernica. La casa-museo del escultor Chillida, el **Chillida Leku** (Hernani), y el museo **Guggenheim** (Bilbao) son dos de los puntos de mayor interés artístico del recorrido.

€ Precio

450€ por persona.

➡ Incluye

Seguro de accidentes, alojamiento en casas rurales a lo largo de todo el itinerario, desayuno y cena. No incluye las comidas ni las entradas a los museos.

2 TODO EL CANTÁBRICO A TODA VELA

Un viaje de dos semanas en un barco de vela, desde Bilbao a Gijón, con escala en Santander. Desde estas ciudades se pueden realizar visitas muy interesantes. A unos 30 kilómetros de Santander se puede visitar la villa medieval de **Santillana del Mar**, que es uno de los conjuntos arquitectónicos más bellos de España. Desde Gijón, se puede hacer una visita a **Oviedo** y a sus iglesias prerrománicas de **Santa María del Naranco** y **San Miguel de Lillo.**

€ Precio

750€ por persona.

➡ Incluye

Curso de vela (iniciación), seguro de accidentes, patrón-guía del barco; desayuno, comida, cena y alojamiento a bordo, y alquiler de equipo náutico. No incluye las posibles excursiones a las calas.

3 PAISAJES DE ASTURIAS

Ruta de cinco días (cuatro noches) a caballo por el **Parque Natural de Somiedo**, declarado Reserva de la Biosfera en 2000. Durante el recorrido se encontrarán con espectaculares lagos, montañas, valles, desfiladeros, cabañas de los antiguos vaqueros y paisajes que se pueden disfrutar a caballo.

€ Precio

350€ por persona.

➡ Incluye

Un taller de mantenimiento de caballos con todo su equipamiento; dos sesiones de mañana y tarde, de dos horas cada una, de monta en picadero; seguro de accidentes, alojamiento, desayuno, comida y cena en hoteles rurales muy confortables.

B Decide cuál de las rutas te gustaría hacer. Luego, con un compañero explicaros cuál habéis elegido y por qué. Después, informad a la clase.

- *Yo haría la excursión en bicicleta porque me gusta mucho el ciclismo...*

C Entre los dos, describid un itinerario de varios días por algún lugar de vuestra región que os guste a los dos. Tomad como modelo los textos de la España verde.

6. EQUIPAJES

A Estos dos hermanos, Tina y Jens, están preparando su equipaje para irse de vacaciones a dos lugares diferentes. Trata de deducir cuáles son sus planes: ¿adónde van?, ¿qué van a hacer? Escribe tres afirmaciones sobre cada uno y compáralas con las de un compañero.

Yo creo que Tina va al Caribe porque...

B Aquí tienes una lista de objetos que te puedes llevar en vacaciones. Con tu compañero elige cuatro que consideréis imprescindibles para los viajes descritos en la pizarra.

un Mp3	medicamentos	una gorra
una cámara	una brújula	unas gafas de sol
libros	un bolígrafo	crema solar
ordenador	vitaminas	un mapa
teléfono móvil	un botiquín	un anorak
una libreta	pilas	un secador de pelo

Una travesía por los Pirineos para hacer esquí de fondo	Una semana en la isla de Formentera (Islas Baleares)	Una semana de senderismo por Guatemala
1.	1.	1.
2.	2.	2.
3.	3.	3.
4.	4.	4.

Para hacer esquí de fondo yo me llevaría una crema solar.

C ¿Y tú? ¿Qué te llevas? Habla con tu compañero y explícale qué cosas te llevas siempre de viaje y qué cosas no te llevas nunca.

- *Yo siempre me llevo gafas de sol. Secador de pelo no me llevo nunca.*

1 la chuleta de gramática

MEDIOS DE TRANSPORTE

en avión / tren / coche / autobús / bicicleta / barco /...

a pie / caballo /...

LOCALIZAR

EN
¿Cuántos días te vas a quedar **en** Santander?
Hemos reservado una habitación **en** un hotel **en** La Habana.

POR
Este verano haremos una ruta a pie **por** el País Vasco.

¿Pasaréis **por** Bilbao?

DE
¿Cuándo vuelves **de** México?

A
Vamos **a** Madrid en tren.

HACIA
Vamos **hacia** Madrid pero dormiremos antes de llegar, en León.

DISTANCIA

¿Cuántos kilómetros hay desde Málaga **hasta** La Coruña?
¿Cuántos kilómetros hay entre Ávila **y** Vigo?
Está a (unos) 35 km **de** aquí / Madrid /...

IR/IRSE

Vamos a Guatemala.
Nos vamos el día 15 a las tres de la tarde.

DURACIÓN

He estado **dos días** en Madrid.
He estado viajando sin parar **durante dos días**.
Desde el lunes **hasta** el jueves estaré en León.

LLEVAR/LLEVARSE

Siempre **llevo** gafas: soy muy miope.
Me llevo un libro para leer por las noches.

7. EUROPA EN TREN

Escucha la entrevista y responde a las preguntas.

¿Qué tipo de viaje han hecho los cinco chicos?
¿Cuántos países han visitado y en cuántos días?
¿Cuánto les ha costado el billete de tren?
¿Cómo ganaron el dinero para el viaje?
¿Cuál era su presupuesto diario?
¿Cómo ahorraban dinero en alojamiento?
¿Por qué su reportaje se llama "Una mochila llena de Europa"?
¿Recuerdas algún consejo?

8. UNA MANERA JOVEN DE VIAJAR

Copia en tu libreta el cuadro, habla con tu compañero y, entre los dos, clasificad los consejos para viajar en tren.

Equipaje	La mochila debe ser ligera...
Alojamiento	
Comida	
Ahorro	

INTER RAIL

Inter Rail es un billete de tren especial con el que se puede viajar durante un mes, en clase turista, por 8 zonas (29 países europeos y Marruecos). Todos los ciudadanos europeos y también los que residen en Europa desde hace más de dos meses pueden comprar este billete.

Si quieres viajar sin gastar mucho dinero, ¡no lo dudes! Ésta es la mejor solución.

Viajar en tren, mochila al hombro, tiene sus ventajas pero hay que saber hacerlo. Estos consejos te ayudarán a preparar tu viaje y a hacerlo más interesante.

1. Lo mejor es llevar una mochila ligera. Hay que llevar lo imprescindible: un par de zapatos, chanclas, ropa de aseo, camisetas, pantalones cómodos... Para la lluvia, un canguro de plástico mejor que un voluminoso anorak. Y para el frío, un buen jersey.
2. Es muy importante llevar un pequeño botiquín y un seguro de asistencia sanitaria.
3. Resulta muy útil aprovechar los viajes nocturnos: son más baratos y te ahorras el alojamiento.
4. Es importante que de vez en cuando te alojes en un albergue para descansar mejor.
5. Ten en cuenta que comer siempre comida rápida o enlatada es malo para tu salud. Prepárate comida caliente o una buena ensalada en los albergues en los que haya cocina.

9. UNA CHICA AVENTURERA

A La Ruta Quetzal es un programa para que jóvenes americanos y españoles conozcan sus culturas e intercambien conocimientos. Lee un fragmento del diario de una chica que participa en esta experiencia. ¿Con cuál de las fotografías identificas a Rosa?

24 de junio de 2005

Hoy hemos hecho una excursión por el río Pacaya y ha sido fantástico. Por la mañana ha venido a buscarnos un barco especial: tenía las paredes de madera, los techos de paja y era la vivienda de la familia de indígenas peruanos que nos hacían de guías.

Yo tenía mucho miedo de las picaduras de los mosquitos y me he vestido con pantalón largo, camiseta de manga larga, calcetines, botas... Me asaba de calor pero me sentía protegida. Nuestros guías, la familia peruana, en cambio, estaban tan tranquilos. Iban en manga corta y pantalón corto. Esto me ha relajado y al cabo de una hora ya no me acordaba de los mosquitos ni de mis miedos.

El paisaje era magnífico, impresionante. El día era especial, además, porque Lucila ha cumplido 17 años. Le hemos hecho muchos regalos de pequeñas cosas que hemos improvisado allí mismo: caramelos, lápices, bolígrafos, frutas... Lucila estaba muy contenta. Tenía razón. No todos los días se cumplen 17 años, ¡y menos en una barca en mitad de la selva amazónica!

Me encuentro muy bien. Me dejo llevar por la alegría y las emociones de cada momento y por los principios de esta expedición que he hecho ya míos: la aventura, el aprendizaje y la amistad.

Me da pena, de verdad, irme de aquí. Nunca había estado en un sitio tan bonito. ¡Este es el sitio más bonito del mundo!

B Ahora haz una lista de las cosas que te gustaría ver y experimentar en un viaje como el de la Ruta Quetzal y una lista de las que no. Luego, compárala con la de tu compañero.

+ Me gustaría	− No me gustaría / Me daría(n) miedo
• ver muchos animales salvajes • conocer otros paisajes • ...	• las picaduras de arañas • estar enferma • ...

1 la chuleta de gramática

IMPERFECTO/PERFECTO

Recuerda:

Hoy nuestros guías **estaban** tan tranquilos, **iban** en manga corta. (IMPERFECTO) Esto me **ha relajado**. (PERFECTO)

DAR CONSEJOS Y ADVERTENCIAS

Es imprescindible
Lo mejor es
Es muy importante llevar un canguro.
Resulta muy útil
No hace falta

Ten en cuenta que puede llover.

EXPRESAR OBLIGACIÓN

IMPERSONAL: **HAY QUE** + INFINITIVO

Hay que ponerse mucha crema solar.

PERSONAL: **HABER** + **DE** + INFINITIVO

He de ir a casa de mis abuelos.
Has de ponerte crema. Estás rojo.

PRETÉRITO PLUSCUAMPERFECTO

IMPERFECTO DE HABER + PARTICIPIO

había
habías
había estudi**ado** / com**ido** / viv**ido**
habíamos
habíais
habían

Nunca **había visitado** un sitio tan bonito.
Este año he ido a España. Ya **había estado** antes varias veces.

RUTA QUETZAL

El programa Ruta Quetzal es un programa en el que se mezclan cultura y aventura. Gracias a esta iniciativa, 8000 jóvenes europeos y americanos han tenido la oportunidad de descubrir los aspectos humanos, geográficos e históricos de otras culturas. Ruta Quetzal es sobre todo una experiencia formativa para desarrollar en los jóvenes el espíritu de cooperación internacional.

LA REVISTA LOCA

EL TREN DE LAS NUBES

El Tren de las nubes es uno de los tres ferrocarriles más altos del mundo. Atraviesa las altas montañas de la cordillera de los Andes entre paisajes espectaculares. Sale de la ciudad de Salta, en Argentina, atraviesa el valle de Lerma, para introducirse en la Quebrada del Toro y llegar hasta la Puna. El punto final del recorrido es el kilómetro 1350 donde se encuentra el viaducto La Polvorilla, de 224 m de longitud por 63 m de altura, donde el tren parece adentrarse en el cielo. Es el viaducto más elevado de todo el trazado (4200 m) y uno de los más importantes del mundo por sus características.

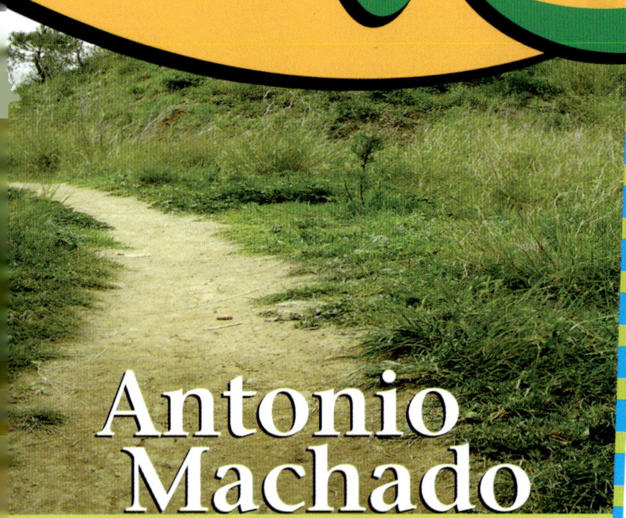

Antonio Machado (1875-1939)

Fue un poeta y escritor español muy importante. Murió en Colliure (sur de Francia) pocos días después de haber cruzado la frontera para exiliarse cuando el gobierno de la República española perdió la Guerra Civil.

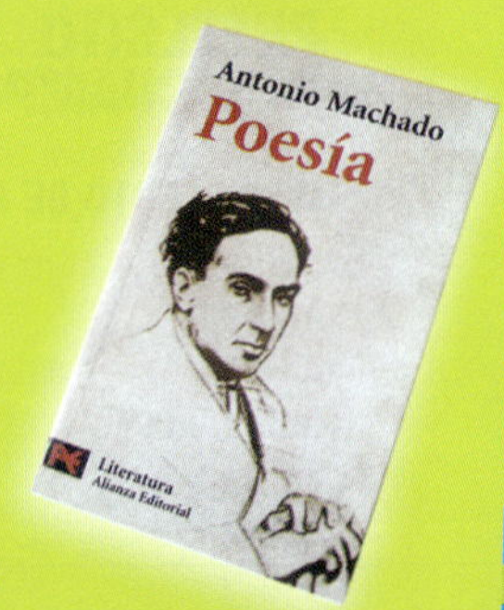

Entre sus poemas más famosos está el siguiente, incluido en su libro *Cantares*.

Caminante, son tus huellas
el camino y nada más;
caminante, no hay camino,
se hace camino al andar.

Al andar se hace camino
y al volver la vista atrás
se ve la senda que nunca
se ha de volver a pisar.
Caminante, no hay camino
sino estelas en la mar.

Antonio Machado, Poema XXIX en *Poesía*, Madrid, Alianza Editorial 2001 (página 114).

- **¿De qué camino habla el poeta?**
- **¿Qué frase te gusta más?**
- **Apréndete el poema de memoria y recítalo.**

El Camino de Santiago

El Camino de Santiago es una antiquísima ruta de peregrinación que lleva hasta la ciudad de Santiago de Compostela, en Galicia, donde la leyenda dice que está enterrado el apóstol Santiago. El camino más famoso y mejor conservado está en el norte de España, tiene 800 km y sale de Roncesvalles, en Navarra. Puede recorrerse a caballo, a pie o en bicicleta. A pie se tarda un mes y en bicicleta, 15 días. La ruta está perfectamente señalizada y aproximadamente cada 15 km se puede encontrar alojamiento gratuito en refugios construidos expresamente para los peregrinos.

La **Credencial de peregrino** es un documento que acredita que la persona que lo lleva está haciendo el camino. Lleva escrito el nombre del peregrino y tiene unas casillas en blanco donde se van poniendo sellos en cada uno de los albergues o iglesias de las distintas etapas. Cuando se llega a Santiago, mostrando la Credencial con sus sellos, el peregrino puede obtener la Compostela.

La **Compostela** es un certificado, en latín, que acredita que la persona ha peregrinado a Santiago, y que ha realizado, como mínimo, 100 Kms caminando o a caballo o 200 Km en bicicleta.

¿Eres un buen turista?

¿Sabes en qué países han estado las personas que han comprado estos *souvenirs*?

1

2

3

4

5

a En una ciudad de más de 15 millones de habitantes.

b Es la capital de un país con muchos glaciares.

c En un país al sur de Europa.

d En la isla más grande del Caribe.

e En un país que tiene muchos templos mayas.

Soluciones:

1-b: Buenos Aires
4-c: España
3-e: Guatemala
5-a: México DF
2-d: Cuba

CHILLIDA

Eduardo Chillida (San Sebastián, 1928-2002) está considerado uno de los escultores más importantes de los últimos tiempos. Es conocido por sus monumentales esculturas de hierro o de granito, de formas abstractas, y también por haber integrado su arte en el paisaje. Las esculturas de Chillida están repartidas por todo el mundo. En España es muy conocida la que lleva el nombre de *El peine de los vientos*, en San Sebastián (Donostia), una escultura que está situada sobre unas rocas sobre el mar y debajo de la cual pasa el aire y golpean las olas. Otro proyecto famoso, que todavía está en fase de estudio, es la montaña de Tindaya, en la isla de Fuerteventura (Canarias), que el escultor quería vaciar para convertir en escultura. Actualmente, una extensa muestra de sus obras puede contemplarse en su casa museo llamado Chillida-Leku, que se encuentra en Hernani, cerca de San Sebastián, donde se puede apreciar cómo se integran sus esculturas en la naturaleza.

LA PEÑA del GARAJE
MAN
LA VUELTA AL COLE CAP. 1
¿OS ACORDÁIS DE LA PEÑA DEL GARAJE? SON UN GRUPO DE CHICOS Y CHICAS QUE YA CONOCÉIS UN POCO. VIVEN EN UN BARRIO DE LAS AFUERAS DE MADRID Y COMPARTEN MUCHAS COSAS: EL BARRIO Y LA ESCUELA, LA MÚSICA Y SU GRUPO DE HIP-HOP... EN LAS PRÓXIMAS PÁGINAS LES VAMOS A CONOCER MEJOR Y VAMOS A VIVIR CON ELLOS UNA AVENTURA MUY EMOCIONANTE... ESTAMOS A 10 DE SEPTIEMBRE, O SEA, QUE CASI SE HA TERMINADO EL VERANO. EN MADRID TODAVÍA HACE CALOR, PERO CASI TODO EL MUNDO HA VUELTO A LA CIUDAD DESPUÉS DE LAS VACACIONES.
EL CANTANTE DEL GRUPO SE LLAMA ENRIQUE, PERO TODO EL MUNDO LE LLAMA KIKE. TIENE DOS HERMANOS MÁS PEQUEÑOS, AINOA Y LUCAS, CON LOS QUE NO SIEMPRE ESTÁ DE ACUERDO.
RAFA, QUE ES UN POCO PIJO, HA ESTADO EN INGLATERRA HACIENDO UN CURSO DE INGLÉS. AHORA ESTÁ TODO EL TIEMPO CANTANDO EN INGLÉS PARA DEMOSTRAR QUE HA APRENDIDO MUCHO.
HUGO, QUE ES MUY DEPORTISTA, HA ESTADO EN LA MONTAÑA. DICE QUE HA SUBIDO AL ANETO, EN LOS PIRINEOS, ¡A MÁS DE 3400 METROS!!!!
MIGUEL Y SANDRA SE HAN QUEDADO EN MADRID. EL PADRE DE MIGUEL ES TAXISTA Y DICE QUE ÉL NO QUIERE SALIR DE MADRID EN AGOSTO, QUE ES CUANDO SE PUEDE CONDUCIR BIEN Y NO HAY COCHES. PERO COMO HAN VENIDO UNOS DÍAS SUS PRIMOS DE GALICIA Y TAMBIÉN ESTABA SANDRA (SUS PADRES TIENEN UN RESTAURANTE Y SE TOMAN LAS VACACIONES EN INVIERNO), LO HAN PASADO BASTANTE BIEN. CASI TODO EL DÍA EN LA PISCINA, POR LA NOCHE EN LA PLAZA HASTA LAS 12 H, ALGUNA EXCURSIÓN EN BICI...
ELISA HA ESTADO EN IBIZA CON SUS PADRES. HA HECHO UN CURSO DE WINDSURF Y HA CONOCIDO A MUCHOS CHICOS Y CHICAS DE SU EDAD: ALEMANES, ITALIANOS, HOLANDESES... Y HA CONOCIDO A ALEXANDER, UN CHICO ALEMÁN MUY GUAPO.
JAZMÍN HA IDO A MARRUECOS, A CASA DE SU ABUELA. HA SIDO UN VIAJE LARGO PERO MUY BONITO. ALLÍ TIENE UN MONTÓN DE PRIMOS Y TÍOS. LE ENCANTA IR A MARRUECOS Y HABLAR SU LENGUA MATERNA.
TAMBIÉN VIVEN EN EL BARRIO ÁLVARO Y ARTEMIS, PERO NO SON DEL GRUPO MUSICAL. A KIKE LE GUSTA ARTEMIS PERO NO LO SABE NADIE. Y ÁLVARO SIEMPRE ESTÁ DETRÁS DE ELLA...
... Y, CLARO, A KIKE NO LE GUSTA NADA ÁLVARO. SIEMPRE QUIERE SER EL PROTAGONISTA, EL MÁS INTELIGENTE, EL MÁS GUAPO...
¿QUIÉNES SON ESOS? NO SON DEL BARRIO, ¿NO? ¡VAN A CASA DE ÁLVARO! ¡QUÉ MOTOS!
NO SÉ... ¿QUÉ HACEN AQUÍ EN EL BARRIO? NO ME GUSTAN...
(CONTINUARÁ)

EL CAMINO DEL INCA

Lee las informaciones sobre el Camino del Inca.
¿Te gustaría hacerlo? ¿Por qué?

El Camino del Inca es un recorrido de aproximadamente 40 kilómetros que llega hasta las ruinas de Machu Picchu. Se trata de una pequeña parte de las antiguas vías de comunicación incas que cruzaban todo el Imperio y que servían para unir los distintos puntos de éste con la capital. El Camino del Inca es actualmente el *trekking* más famoso del mundo. Se realiza en cuatro días y los viajeros están acompañados en todo momento por un guía diplomado.

La travesía no es larga pero es difícil por la altura: se sube un desnivel de unos 2000 metros y se cruzan climas y ecosistemas muy variados. El camino termina con la llegada a Machu Picchu a través de la Puerta del Inca (Inti Puncu).

ITINERARIO

(D) Desayuno (A) Almuerzo (C) Cena

Día 1: Cuzco - Chilca - Wayllabamba (A) (C)

Nuestro guía les recogerá de su hotel en Cuzco, muy temprano por la mañana, para trasladarles en bus al pueblo de Urubamba, a una hora de Cuzco. Desde allí se dirigirán a Chilca, para iniciar su caminata por el Camino Inca hacia Machu Picchu. Después de aproximadamente tres horas de caminata, harán una parada para almorzar. Luego continuarán en dirección a su primer campamento en Wayllabamba. En el camino visitarán el complejo arqueológico de Llactapata. Comida y pernocte en el campamento.

Día 2: Wayllabamba - Warmiwañusca - Pacaymayo (D) (A) (C)

Después del desayuno, realizarán la parte más dura del camino, con una subida escarpada, seguida de 3 horas de caminata hasta alcanzar el primer paso, llamado Warmiwañusca (Mujer Muerta), a 4200 m aproximadamente. Aquí no sólo disfrutarán de increíbles vistas panorámicas de toda el área, sino que también tendrán la satisfacción de haber alcanzado la cima. Después del almuerzo, descenderán andando hacia Pacaymayo para acampar y cenar.

Día 3: Pacaymayo - Puya Patamarka - Wiñay Huayna (D) (A) (C)

Después del desayuno, empezarán el descenso hasta el segundo paso más importante del recorrido, a 3800 m, donde disfrutarán de una visita guiada al complejo arqueológico Runku Rakay y a la ciudadela Inca de Sayacmarca. Luego continuarán su caminata hacia Puya Patamarka (Pueblo en las nubes), otro importante monumento arqueológico, donde harán una parada para almorzar. Después de un breve descanso, iniciarán nuevamente la caminata hasta llegar a Wiñay Huayna (Siempre Joven), y realizarán una visita guiada a este espectacular complejo arqueológico. Cena y pernocte en el campamento. En todo el día caminarán unas cuatro horas.

Día 4: Wiñay Huayna - Machu Picchu - Cuzco (D)

Después del desayuno, caminata de una hora por el bosque hasta el Inti Punku (Puerta del Sol), conocido como la puerta de entrada a Machu Picchu, desde donde tendrán una impresionante vista panorámica de la ciudadela. A la llegada a Machu Picchu, realizarán un tour guiado de la ciudadela, visitando los principales monumentos, como la Plaza Principal, la Torre Circular, el Sagrado Reloj Solar, los cuartos reales, el templo de las Tres Ventanas y los cementerios. Luego, tendrán tiempo libre para pasear por la ciudadela hasta la hora de encontrarse con el resto del grupo y ser trasladados en bus a Aguas Calientes para almorzar (no incluido). Por la tarde, regresarán a Cuzco en tren y un bus les llevará de la estación hasta el hotel.

El DOSSIER de la CLASE

NUESTRO VIAJE

Vamos a planificar todos los detalles de un viaje que nos gustaría hacer.

TAREA

1. Elegid cuál de los viajes y de las rutas descritas en la unidad os gustaría hacer.
2. Agrupaos según vuestra elección; haced grupos de tres o de cuatro personas como máximo.
3. Planificad el viaje. Debe tener las siguientes características:
   - tendrá 15 días de duración desde que se sale hasta que se vuelve;
   - incluirá varios aspectos: naturaleza, cultura, deporte y ocio.
4. Escribid un plan de viaje: fechas, medio de transporte (desde vuestro país hasta el destino), etapas; qué llevaréis en las mochilas, qué comeréis, dónde dormiréis, qué visitaréis y cuánto os costará (presupuesto).
5. Enumerad qué actividades pensáis hacer para conseguir el dinero para el viaje.

NECESITAMOS
- Informaciones complementarias
- Imágenes y mapas
- Material para hacer un póster (cartulina, cola, rotuladores...)

2 Tengo un problema...

En esta unidad vamos a:

Inventar un problema personal para mandarlo a un consultorio.

Para ello vamos a aprender:

- a identificar personas
- a describir y a valorar caracteres
- a expresar sentimientos y a hablar de problemas
- a referirnos a las relaciones entre las personas
- a dar y a pedir consejos
- a hablar de la duración: **hace... que**, **¿desde cuándo...?**
- los posesivos tónicos: **un** amigo **mío**, **una** prima **mía**
- algunos verbos pronominales: **caerle bien** / **mal**, **llevarse bien** / **mal**, **enfadarse**...
- algunos usos del Presente de Subjuntivo

1. CARACTERES DIFERENTES

A Ainoa, Carlos y Marta han ido a una fiesta de cumpleaños. Durante la merienda se han manchado de chocolate. Mira las imágenes, escucha la audición y lee los textos. ¿Quién reacciona mejor de los tres? ¿Y tú? ¿Cómo reaccionas en una situación como ésta?

- *Yo me pongo nervioso como Marta.*

- ● Lo que pasa es que Carlos es muy buen chico pero un poco inseguro... y supertímido.
- ○ Sí, no es fácil conocerlo bien...
- ● Bueno, es que no se abre fácilmente: casi nunca expresa sus sentimientos. Pero yo sí lo conozco bastante bien. Somos amigos desde pequeños y sé que es una persona muy sensible..., casi demasiado sensible.

- ● Ainoa tiene muy buen carácter, ¿no te parece?
- ○ Sí... Nunca se pone nerviosa. Cuando le pasa algo desagradable, siempre se lo toma con muy buen humor.
- ● ¡Qué suerte ser así!
- ○ ¡Claro!

- ● Marta tiene un mal genio...
- ○ Sí, se enfada por cualquier cosa. ¡Y cuándo se enfada...!
- ● ¡Da miedo! Pero luego se le pasa enseguida y ya está.
- ○ Sí, en el fondo, es una persona muy noble, se preocupa mucho por los demás y es muy solidaria.
- ● Lo único es eso, que tiene mal carácter.

B Copia en tu cuaderno las expresiones de las conversaciones que sirven para hablar del carácter.

Fíjate en que algunas expresiones son verbos que van siempre con pronombres.

C En grupos de tres, buscad a compañeros de clase o a profesores de la escuela que cumplan las siguientes descripciones. También podéis hablar de personajes de ficción o de famosos que conozcáis todos.

- .... se toma siempre las cosas con calma.
- .... a veces se pone nervioso/a.
- .... a menudo se enfada con ....
- .... tiene muy buen carácter.
- .... es una persona muy comprensiva.
- .... se preocupa mucho por los demás.
- .... tiene mucho sentido del humor.
- .... nunca se pone nervioso/a.

D Ahora, escribe en tu cuaderno un pequeño texto hablando de ti mismo, de tu carácter y de tus reacciones. Intenta usar las siguientes expresiones.

- tener buen / mal carácter
- ser una persona un poco / bastante / muy /...
- pasárseme
- enfadarme
- expresar mis sentimientos
- preocuparme por...

2. EL ÁLBUM DE FOTOS DE ADRIANA

A Susana es nueva en la escuela. Va por primera vez a casa de Adriana y ésta le enseña su álbum de fotos. Escucha la audición. ¿Qué relación tiene Adriana con cada una de las personas de las fotos?

Yo

Ana

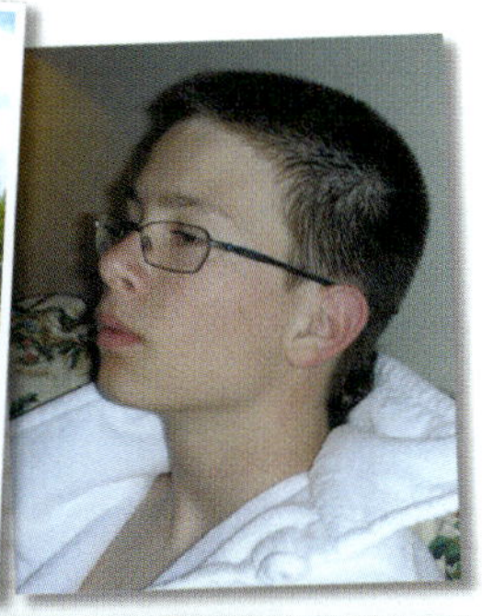

Pablo

Manu

Laura

Emilio y Berta

José Luis y Alicia

B Haz dos listas con las personas del álbum de Adriana: personas con las que se lleva bien y personas con las que se lleva mal.

C Ahora, haz tu propia lista con cinco nombres de personas importantes en tu vida. Escribe algo sobre ellos: qué relación tenéis, cómo es, por qué te caen bien o mal, etc. ¡Puedes llevar fotos a clase!

D Escribe ahora los nombres de esas cinco personas en una lista y dásela a un compañero, que te preguntará quién es cada uno.

- ¿Quién es Rubén?
- ○ Es un vecino mío, un chico muy majo.

Rubén
Olivia
Katia
Carlos
Victoria

2 la chuleta de gramática

VERBOS CON PRONOMBRES

ME/TE/SE/NOS/OS/SE

ENFADARSE (alguien con alguien)
Me he enfadado con Pilar.
Yo y mi madre nunca **nos enfadamos**.
Mis padres **se enfadan** si llego tarde.

Pilar ~~me ha enfadado~~.
*Pilar **me ha hecho enfadar**.*

PREOCUPARSE (alguien por algo/alguien)
Mis padres siempre **se preocupan por** mí.
Y sobre todo **se preocupan** si llego tarde.

LLEVARSE BIEN (alguien con alguien)
Me llevo muy bien con mi padre.
Mi hermana y yo **no nos llevamos bien**.

ME/TE/LE/NOS/OS/LES

CAERLE BIEN / MAL (alguien a alguien)
El nuevo profesor **nos ha caído** muy bien.

- ¿Qué tal **te cae** Linda?
- ○ Fatal, ¿por qué?

SE ME/SE TE/SE LE/...

PASÁRSELE (algo a alguien)
¿Todavía está enfadado o ya **se le ha pasado**?
Yo, cuando me enfado, **se me pasa** enseguida.

POSESIVOS

un amigo **mío**
una amiga **mía**

unos primos **míos**
unas primas **mías**

un tío **nuestro**
una tía **nuestra**

unos vecinos **nuestros**
unas vecinas **nuestras**

- ¿Quién es?
- ○ **Un** amigo **mío** del barrio.

- ¿Con quien está hablando Olga?
- ○ Con **un** primo **suyo**.
  Con **su** primo Iñaki.

3. QUÉ HORROR

A Lee individualmente este fragmento de una novela de aventuras. ¿Cómo es cada uno de los personajes?

nervioso · tranquilo · fresco · bromista · miedoso · responsable

Ya eran las 19 h y empezaba a anochecer después de una fantástica excursión por la montaña. Pero estaba muy claro: ¡estaban completamente perdidos en el bosque! (1) ¡Qué miedo!
—Chicos, la verdad, no sé dónde estamos. No tengo ni idea —dijo Félix.
—Oye, pues llamamos por teléfono y nos vienen a buscar. —dijo Gastón—. ¡Se hace de noche! Y hay miles de bichos en el bosque... (2)
—Sí, claro, miles de bichos, y osos y lobos y monstruos... Ja, ja, ja... Pero si pasar la noche en el bosque puede ser divertido, ¿no? ¡Una aventura! —comentó Susana.
—Tranquilos, que no pasa nada... —dijo Félix intentando tranquilizar a Gastón mientras buscaba el móvil en la mochila—. Llamamos a casa y ya está. Pero... ¡Dios mío! ¡No tenemos cobertura! (3)
—¿Qué vamos a hacer? —sollozó Gastón.
—Pues, nada, seguir andando —dijo Félix.
De pronto, Susana, dijo:
—Mirad, ahí hay una luz... Parece una casa... (4)
—¿Quién puede vivir en un lugar tan... tan... tan siniestro? Yo no me fío... —respondió Gastón con voz temblorosa.
—¿Una bruja? —volvió a ironizar Susana.
—Pues a lo mejor —dijo Gastón—. O un loco... (5)

Se acercaron a la casa despacio, sin hacer ruido. De pronto, oyeron detrás de ellos un extraño gruñido. Era un animal pero ya estaba oscuro y los chicos no podían verle. (6) Susana sacó de su mochila la linterna y enfocó hacia el animal.
—Ja, ja, ja... Si es un gatito... —se rió Susana. (7)
Efectivamente, era un pequeño gato que ahora ronroneaba pegado a su pantalón.

Siguieron caminando, con el gato detrás. Todavía estaban a unos 500 metros y no podían más. (8) Para complicar más las cosas, un rayo iluminó el cielo y empezó a llover y a soplar el viento. (9) Los truenos le daban al bosque un aspecto terrorífico. Casi no se veía el camino. (10) Y Gastón no paraba de quejarse. (11)
—Pero, Gastón, si no es más que una tormenta —intentaba tranquilizarle Susana a quien no parecía preocuparle nada su situación.

Unos metros más adelante, al girar el camino, Gastón desapareció. (12) Los otros dos empezaron a llamarle y a buscarle. Con las linternas se dirigieron al sitio donde le habían visto por última vez.
—No nos pongamos nerviosos —dijo Félix.
—¡Gastón!, ¡Gastoncito! ¿Dónde estás? —bromeó Susana.
Entonces vieron un agujero al lado del camino. Se acercaron y oyeron los lamentos de Gastón.
—Uy, uy, uy... (13)

Junto al camino, pero a un nivel más bajo, había un establo... ¡de cerdos! Gastón había pisado el techo y se había caído... ¡entre los cerdos! (14) Éstos le miraban con curiosidad y le olfateaban, como preguntando qué hacía ese chico en su casa. La ropa de Gastón tenía un sospechoso color oscuro. (15) Al oír los gritos, se abrió la puerta de la casa. Salió una señora con aspecto de abuela encantadora. (16)
—Pero, chicos, ¿qué hacéis en el bosque a estas horas y con esta tormenta? —preguntó la abuela extrañada—. ¡Pasad, que he hecho un pastel de manzana y tengo leche caliente! (17) ¡Y tengo teléfono, o sea que ahora mismo vamos a llamar a vuestros padres! (18)

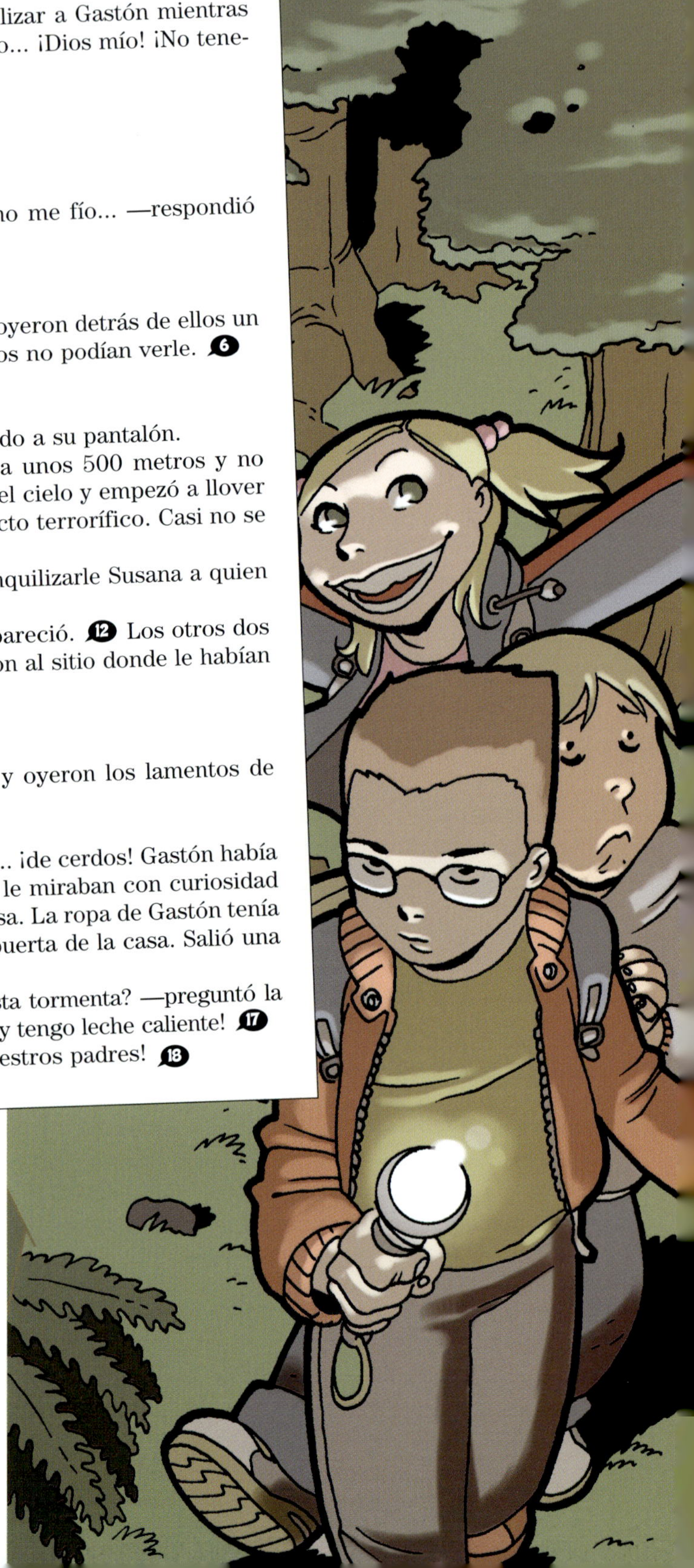

B Seis compañeros leerán ahora en voz alta el texto, intentando interpretar los diferentes sentimientos de los personajes. Para cada bocadillo los demás debéis elegir una de las exclamaciones que tenéis en la Chuleta de Gramática y decirla en voz alta. ¡Ojo con la entonación!

actor/actriz 1: el narrador
actor 2: Félix
actor 3: Gastón
actriz 4: Susana
actor/actriz 5: el gato
actriz 6: la abuela del bosque

4. SENTIMIENTOS

A ¿Qué cosas o qué situaciones te provocan estos sentimientos? Forma al menos cinco frases que expliquen tus sentimientos. Luego, compáralas con las de un compañero. ¿Coincidís?

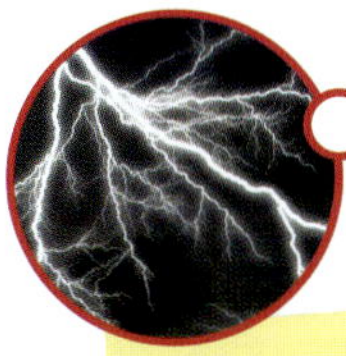

- las serpientes
- las arañas
- los exámenes
- las peleas
- las guerras
- las injusticias
- la carne
- los dibujos animados
- el deporte
- las películas de terror
- la pobreza de muchos países
- la gente falsa
- las notas

- ir al médico
- hablar delante de los compañeros
- quedarme sola en casa de noche
- pasar por una calle oscura y solitaria
- llegar tarde a un sitio
- perder algo
- dormir poco
- darme un baño
- ordenar mi habitación

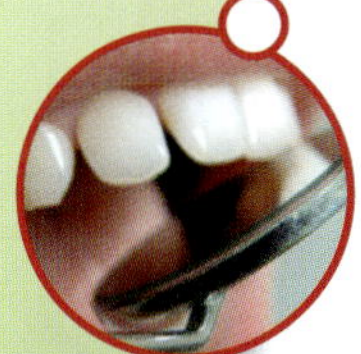

- que alguien me diga mentiras
- que no me crean mis padres o mis profesores
- que me pregunte el profesor cuando no he hecho los deberes
- que me quede pequeña la ropa
- que se vaya un amigo del colegio
- que no me dejen ir a algún sitio
- que me hagan volver pronto a casa

B Compara las siguientes frases. Fíjate en que **se enfaden** y **vayas** están en Presente de Subjuntivo. ¿Puedes deducir cuándo utilizamos el Subjuntivo en estas estructuras? Trabaja con un compañero.

Me da pena irme.

Me da pena que te vayas.

Me da miedo ir al médico.

Me da miedo que mis padres se enfaden.

2 la chuleta de gramática

PRESENTE DE SUBJUNTIVO

VERBOS REGULARES

ESTUDI**AR**	COM**ER**	ESCRIB**IR**
estudi**e**	com**a**	escrib**a**
estudi**es**	com**as**	escrib**as**
estudi**e**	com**a**	escrib**a**
estudi**emos**	com**amos**	escrib**amos**
estudi**éis**	com**áis**	escrib**áis**
estudi**en**	com**an**	escrib**an**

ALGUNOS VERBOS IRREGULARES

SABER	**sepa/as/a**...
IR	**vaya/as/a**...
TENER	**tenga/as/a**...
HACER	**haga/as/a**...
DECIR	**diga/as/a**...

o-ue, e-ie, e-i

P**O**DER	p**ue**da/p**ue**das/p**ue**da/ p**o**damos/p**o**dáis/p**ue**dan
QU**E**RER	qu**ie**ra/qu**ie**ras/qu**ie**ra/ qu**e**ramos/qu**e**ráis/qu**ie**ran
P**E**DIR	p**i**da/p**i**das/p**i**da/ p**i**damos/p**i**dáis/p**i**dan

SENTIMIENTOS Y SENSACIONES

¡Qué rico!	**¡Qué miedo!**
¡Qué bien!	**¡Qué horror!**
¡Qué suerte!	**¡Qué lata!**
¡Qué guay!	**¡Qué nervios!**
¡Qué divertido!	**¡Qué rollo!**
¡Qué gracioso!	**¡Qué daño!**
¡Qué asco!	**¡Qué cansancio!**
	¡Qué frío!
¡Qué mala suerte!	**¡Qué calor!**
¡Qué vergüenza!	**¡Qué susto!**

Me da miedo
Me pone nervioso/a
Me da vergüenza
Me da pena
Me da rabia
Me hace reír
No me importa
Me hace feliz

– **que hagas** eso. que + *SUBJUNTIVO*
– **hacer** eso. *INFINITIVO*

(TÚ) **que hagas** eso. *SUBJUNTIVO*

Me da miedo (A MÍ) (YO) **hacer** eso. *INFINITIVO*

5. SI FUERA UN ANIMAL, SERÍA...

Termina los **Si fuera...** y justifica tu elección hablando de tu carácter o de tu conducta. El profesor recogerá los escritos y los leerá en voz alta. Entre todos, trataremos de adivinar quién es el autor de cada uno.

- Si fuera un animal, sería...
- Si fuera una estación del año...
- Si fuera una planta...
- Si fuera un instrumento musical...
- Si fuera un accidente geográfico...
- Si fuera un mueble...

Yo, si fuera un accidente geográfico, sería un volcán porque parezco muy tranquilo pero cuando me enfado puedo ser muy agresivo.

6. LA MEJOR AMIGA DE PABLO

A ¿Crees que Pablo tiene algún problema con estas tres chicas? Lee y escucha lo que dicen ellas sobre él.

.... está enamorada/o de ....

.... tiene celos de ....

A .... le da rabia que ....

A .... le da pena que ....

- *Lo que le pasa a Silvia es que...*

Pablo y yo nos conocimos en un chat. Enseguida me pareció un chico muy especial, diferente..., muy maduro para su edad. Y un día quedamos para vernos. Fue un sábado. Me acuerdo muy bien: ¡ya hace un año! Amor a primera vista: un flechazo. Pero el problema es que siempre está hablando de su ex, una tal Bibiana, de su cole. ¡Y la otra!, la amiga de la infancia, la sabelotodo de Caty. "Que hoy tengo que trabajar con Caty, que Caty me espera para hacer la tarea...". No sé... Estoy harta. Ayer, por ejemplo, me enojé un poco. ¡Caty le mandó cuatro mensajes en una hora! Y después nos encontramos por la calle a Bibiana, la ex.

¿Cómo conocí a Pablo? Pues hace dos años que lo conozco. Un día con unas compañeras de clase fuimos al cine. Y en la entrada nos encontramos al hermano de una de ellas, de Nina, que nos presentó a sus amigos. Uno de ellos era Pablo. Enseguida me cayó bien. Me pareció un chico muy divertido. Al salir del cine fuimos a tomar algo todos juntos. Él me pidió mi número de móvil y yo, claro, se lo di... Al cabo de un rato me mandó un mensaje: "K bien abert konocido", o algo así. Luego estuvimos saliendo juntos una temporada. Pero lo dejamos. No sé... Yo lo encuentro un poco infantil, poco maduro. Un día discutíamos por una cosa, otro día por otra... No tenemos los mismos gustos ni los mismos intereses. Yo ya le he olvidado. Mi amiga Nina dice que todavía estoy colgada de él pero no es verdad. Le veo a menudo, al salir de clase, con esa tonta con la que sale ahora, una tal Silvia, y nada...

Pablo y yo nos conocimos en el parvulario. O sea que hace diez años que vamos al mismo cole. Nos llevamos muy bien y muchas veces hacemos trabajos juntos o preparamos los exámenes en su casa. Además, vivimos en el mismo barrio. A mí me gusta mucho estar con él... Pero antes salía con Bibiana y ahora sale con Silvia... A ella no le gusta mucho que venga a mi casa a estudiar, pero lo siento... ¡Es mi mejor amigo!

B ¿Qué tiene que hacer Pablo? Discútelo con dos compañeros y escribidle una pequeña carta con algunos consejos.

C Escribe un pequeño texto sobre uno de tus mejores amigos o amigas o sobre alguien con quien has tenido una relación. Explica:

- ¿Cómo os conocisteis?
- ¿Cómo es?
- Cuando os veis, ¿qué hacéis?
- ¿Cómo os lleváis?

7. ¿QUÉ ES UN AMIGO DE VERDAD?

A Lee estas tres citas sobre la amistad y decide si estás de acuerdo. Después coméntalo con tus compañeros.

"Los verdaderos amigos se tienen que enfadar de vez en cuando."
PASTEUR

"La amistad es el más perfecto de los sentimientos del hombre, pues es el más libre, el más puro y el más profundo."
LACORDAIRE

"La única manera de poseer un amigo es serlo."
EMERSON

B ¿Sabes qué es un acróstico? De cada letra de la palabra vertical sale una frase o un verso. Con dos compañeros tenéis que hacer uno con la palabra **amistad**. Podéis usar el diccionario.

a ....
M ....
I ....
S ....
T ....
a ....
d ....

2 la chuleta de gramática

DURACIÓN

¿Cuánto hace que conoces a Julia?
¿Hace mucho que sales con Agustín?
¿Desde cuándo os conocéis?

Hace 10 años.
Hace tres meses **que** salgo con él.
Hace mucho **que** nos conocemos.

LLEVAR + GERUNDIO

Llevo dos horas **esperándote**.
Toni y yo **llevamos** seis meses **saliendo**.

RELACIONES

Nos conocimos en casa de un amigo.
el año pasado.

A David **me lo presentó** Eva.
A Eva **me la presentó** mi hermana.
Nos presentó mi hermana.

CONDICIONAL DE SER

SER
ser**ía**
ser**ías**
ser**ía**
ser**íamos**
ser**íais**
ser**ían**

Si fuera + CONDICIONAL

Si fuera una flor, **sería** una orquídea.

***Fuera** es un tiempo verbal nuevo, el Imperfecto de Subjuntivo, que aprenderás en la unidad 6.*

LA REVISTA LOCA

El ACOSO escolar

Casi un 2% de los niños y jóvenes españoles sufre por acoso escolar

Bullying es una palabra inglesa que significa intimidación. Desgraciadamente, en España, como en otros países, está de moda. Son muchos los casos de agresiones en las escuelas y en los colegios, de violencia de unos estudiantes contra otros.

El que ejerce el *bullying* lo hace para imponer su poder sobre el otro, a través de constantes amenazas, insultos, agresiones, vejaciones, etc. Así consigue tenerlo bajo su dominio a lo largo de meses e incluso de años. Las víctimas sufren, en la mayoría de los casos, en silencio. Sienten dolor y angustia pero muchas veces se callan por miedo.

En España se estima que un 1,6% de los niños y jóvenes estudiantes sufren este fenómeno de manera constante y que un 5,7% lo vive de vez en cuando. El Defensor del Pueblo señala que el 5% de los alumnos reconoce que algún compañero le pega, mientras el Instituto de Evaluación y Asesoramiento Educativo (IDEA) indica que un 49% de los estudiantes dice ser insultado o criticado en el colegio, y que un 13,4% confiesa haber pegado a sus compañeros.

El tema salta a los medios de comunicación en España cuando Jokin Zeberio, de 14 años, se suicidó, tirándose al vacío con su bicicleta, desde lo alto de la muralla de Hondarribia, en el País Vasco, en septiembre de 2004. Jokin padeció el acoso de unos compañeros de clase durante años. Las continuas amenazas, humillaciones, insultos, golpes y palizas lo hicieron sufrir y lo llevaron a la muerte. Este hecho hizo sonar la alarma social, política y educativa, y ha generado múltiples debates.

¿Qué podemos hacer contra el *bullying*? Los expertos dicen que es responsabilidad de todos. Tanto los profesores como la familia deben estar muy atentos a los síntomas. En clase hay que hablar del tema, discutirlo. Y sobre todo no hay que quitarle importancia, no se pueden cerrar los ojos ante este problema. Cuando en el patio del colegio o en la calle un compañero se ríe del aspecto de otro, le insulta, le arremete física o psíquicamente, no podemos quedarnos callados y mirar hacia otra parte. No es una broma. Y puede terminar muy mal.

REDES DE EMOCIONES

Un emoticón o *smiley* es el dibujo simple de la cara de una persona, mediante el cual se representa un estado de ánimo. Se utilizan en los chats, en el correo electrónico y en otros medios escritos de carácter informal. ¿Los conoces? ¿Te atreves a descifrarlos?

En **azul** tienes los emoticonos que se utilizan en Latinoamérica y en **negro** los que se utilizan en España.

:-(((:o(

a. Estoy enfadado/a.
b. Estoy triste.
c. Cállate.

):-(

a. Estoy muy enfadado/a.
b. Estoy de mal humor.
c. ¡Qué susto!

(8-O   :oO

a. Estoy muy sorprendido/a.
b. ¡Qué sueño!
c. ¡Qué hambre!

:*)   :o*

a. ¡Qué vergüenza!
b. ¡Qué horror!
c. Te mando un beso.

|-O

a. Estoy cansado/a.
b. Me aburro.
c. ¡Qué sueño!

%-(

a. Llevo demasiado tiempo delante del ordenador.
b. Estoy preocupado/a.
c. Estoy nervioso/a.

:-D   :oD

a. ¡Qué risa!
b. Estoy contento/a.
c. ¡Qué guay!

:-DDD
X-D
:-))))))

a. Me muero de risa.
b. Estoy feliz.
c. Cuéntame.

- Y tú ¿por qué estás tan gordo?
- ¿Yo? Porque soy muy tranquilo, nunca me pongo nervioso, nunca discuto con nadie.
- ¡Hombre, qué bobada! ¡Cómo va a ser por eso!
- Bueno, pues quizás no.

Ja, ja, ja, ja...

LA PEÑA DEL GARAJE

¿ADÓNDE VA ÁLVARO? CAP. 2

ES LUNES Y HOY EMPIEZA EL COLE. LOS DE LA PEÑA Y SUS VECINOS VAN AL MISMO COLEGIO. VAN TODOS EN AUTOCAR Y SALEN DE LA PARADA A LAS 8.40 H. TODOS ESTÁN UN POCO NERVIOSOS PORQUE ES EL PRIMER DÍA DE CLASE. ¿HABRÁ ALGÚN PROFE NUEVO? ¿Y NUEVOS COMPAÑEROS? DICEN QUE YA NO ESTÁ GONZÁLEZ, EL PROFE DE MATES, QUE A TODOS, EL AÑO PASADO, LES CAÍA FATAL... Y QUE LA TUTORA DE 3° DE E.S.O. ES CARMEN, LA PROFESORA DE FRANCÉS, QUE ES MUY MAJA Y SE LLEVA MUY BIEN CON TODOS LOS ALUMNOS. Y ES QUE ENTIENDE LOS PROBLEMAS DE LOS ADOLESCENTES Y SABE ESCUCHAR. SUS CLASES, ADEMÁS, SON MUY DIVERTIDAS: HACEN TEATRO EN FRANCÉS, ESCUCHAN MÚSICA FRANCESA, HACEN MUCHOS TRABAJOS EN GRUPO...

EL PRIMER DÍA NO HA IDO MAL. HAY PROFESORES NUEVOS Y, EFECTIVAMENTE, CARMEN, LA PROFESORA DE FRANCÉS, ES LA TUTORA DE LOS DE 3°. HOY NO HAN TRABAJADO MUCHO. LES HAN DADO LOS HORARIOS Y HAN COMENTADO LOS OBJETIVOS DE LAS ASIGNATURAS; LO TÍPICO DEL PRIMER DÍA.

ÁLVARO ES UN CHICO QUE NO CAE MUY BIEN A ALGUNOS DE LOS DE LA PEÑA. HACE DOS AÑOS LLEGÓ AL BARRIO Y AL COLEGIO. Y ES UN POCO CHULO, LA VERDAD. NO HABLA CON CASI NADIE Y CASI SIEMPRE ESTÁ SOLO. ADEMÁS, AHORA KIKE ESTÁ MEDIO ENAMORADO DE ARTEMIS Y LE DA MUCHA RABIA QUE ARTEMIS SEA UNA DE LAS POCAS PERSONAS QUE HABLA CON ÁLVARO. Y ESO QUE SON COMPLETAMENTE DIFERENTES. ÁLVARO ES UN PIJO, QUE SIEMPRE VA VESTIDO CON ROPA DE MARCA Y QUE, SIEMPRE QUE PUEDE, COMENTA QUE SUS PADRES TIENEN DOS COCHES, UN BARCO, UNA CASA MUY GRANDE EN LA PLAYA Y UN APARTAMENTO EN LA SIERRA. ARTEMIS ES COMPLETAMENTE DISTINTA: TIENE MUCHA PERSONALIDAD, VISTE DE UNA FORMA MUY ESPECIAL Y NO LE IMPORTA LA OPINIÓN DE LOS DEMÁS. ÁLVARO NO SE LLEVA MUY BIEN CON LOS DE LA PEÑA, ES VERDAD, PERO HOY TODOS VUELVEN A CASA PREOCUPADOS. ¡TIENEN QUE AVERIGUAR SIN PERDER TIEMPO SI LE HA PASADO ALGO!

(CONTINUARÁ)

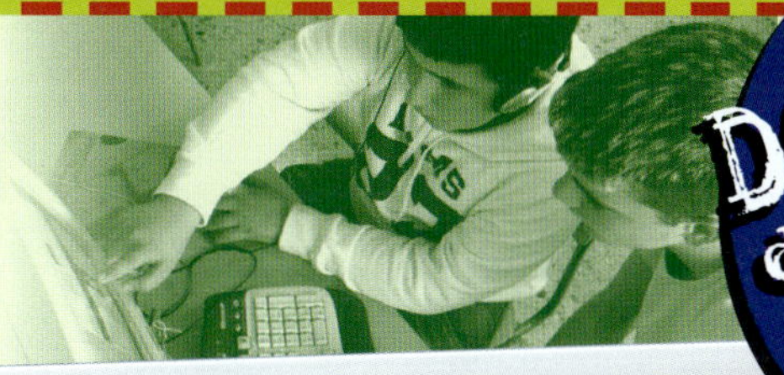

1 Ésta es una web imaginaria de jóvenes, ayudame.com, en la que algunos chicos y chicas escriben sus problemas y piden consejo.

Atrás · Adelante · Detener · Actualizar · Página principal · Autorrelleno · Imprimir · Correo

Dirección: http://www.ayudame.com/foro/ › Ir

Favoritos · Historial · Buscar · Álbum · Marcador de páginas

WWW.AYUDAME.COM

Inicio · Regístrate · Ayuda · Buscar

Inicio >> >> >> Foro juvenil

Autor	Mensaje
LUNA	Yo pienso que los chicos son unos personajes muy raros. Yo no los entiendo muy bien. ¡¡¡Siempre están gritando y empujándose!!! :)))))))... Pero, ahora, desde hace unas semanas, la verdad es hay uno que me gusta. Cuando se acerca y me habla, me pongo muy nerviosa, y no sé qué decir... Soy un poco tímida y me cuesta mucho expresar mis sentimientos. Tengo miedo de que piense que soy medio tonta. Pienso que le gusto un poco pero no estoy totalmente segura. ¿Qué puedo hacer para saberlo?
BERTÍN	Tengo 15 años pero parezco más joven. No tengo barba ni granos. Y soy el más bajito de la clase. Me llevo muy bien con las chicas. A veces salgo con las compañeras de clase y lo pasamos bien. Pero ninguna quiere ser mi novia... :,-(Mis padres dicen que tengo mucho tiempo por delante pero... ¡No todo es el fútbol en la vida!, ¿no? ¿Qué pensáis? ¿Qué tengo que hacer?
SANTI	Hace poco que vivo en la ciudad. Y, claro, en el cole soy "el nuevo". Como soy una persona un poco insegura, no hablo con nadie y me siento muy solo. En clase me parece que hay algunos que se ríen de mí. Bueno, a lo mejor son sólo manías pero... ¿Qué puedo hacer?
GALA	Mis padres no me entienden. Siempre están diciendo: "eres demasiado pequeña". Demasiado pequeña para salir de noche, demasiado pequeña para hacerme un *piercing*, demasiado pequeña para la ropa que me gusta... ¿Cuándo creceré? ¡Ya tengo catorce años! Mi hermano, en cambio, puede hacer todo lo que quiere. ¡No es justo! Él tiene 16 pero yo creo que le dejan hacer todo porque es un chico y, además, mi madre lo tiene muy mimado. Me parece que le quiere más que a mí...

ALGUNAS RESPUESTAS Y CONSEJOS

- >>Eso siempre pasa, no te preocupes.
- >>Las chicas siempre se fijan en chicos mayores. Es normal.
- >>No es fácil saber lo que siente otra persona.
- >> El aspecto físico no es tan importante.
- >> Invita a alguna de tus compañeras a salir.
- >> Es normal.
- >> Tranquilo/a.
- >> ¿Por qué no te apuntas a hacer algún deporte?
- >> Díselo claramente.
- >> Escríbele una carta.
- >> Seguro que os quiere a los dos igual.
- >> Cuéntaselo a alguien.

2 Ahora, en parejas, elegid uno de los problemas y responded con un texto para el foro. Hay que...

- comentar el problema del chico o de la chica, dando vuestro punto de vista,
- preparar por escrito algunos consejos,
- y leer vuestra repuesta al resto de la clase.

El DOSSIER de la CLASE

EL CONSULTORIO DE LA CLASE

Vamos a crear un consultorio, como el de ayudame.com. Vamos a escribir cartas inventando problemas y a responder a las que escriban nuestros compañeros.

TAREA

A Primero, entre todos, hacemos una lista de los problemas típicos de los jóvenes. Aquí tenéis algunos que han escrito unos chicos para inspiraros.

B Cada grupo elige uno de los problemas e inventa un personaje que lo tiene: hay que ponerle un nombre, pensar en su carácter y en sus costumbres, etc.

C Vamos a escribir una petición de consejo de nuestro personaje inventado para nuestro consultorio en Internet.

D Después, el profesor nos dará el mensaje de otro grupo y lo contestaremos con comentarios y con consejos.

- Quiero aprender a tocar la batería pero mis padres me han dicho que hace demasiado ruido y que es muy cara.
- Cuando me miro al espejo, no me gusto.
- Hay un chico en mi clase que siempre me molesta.
- Mis padres no me dejan ir a conciertos.
- Mi hermana me tiene harta porque saca unas notas fabulosas y, claro, luego hay comparaciones.
- Me quiero hacer un piercing pero me da miedo.
- A mi mejor amiga y a mí nos gusta el mismo chico.
- El profe de Química me odia. Siempre me pregunta lo más difícil y me pone unas notas bajísimas.
- En clase me siento totalmente aislada. Nadie habla conmigo y cuando la profe dice "vamos a hacer grupos" me pongo a temblar.

3

¿Quién tiene razón?

En esta unidad vamos a:

Escribir una pequeña obra de teatro sobre un conflicto familiar y a representarla delante de la clase.

Para ello vamos a aprender:

- a discutir y a mostrar desacuerdo
- a mostrar enfado
- a justificar y a argumentar
- a hablar de lo que nos molesta
- a hablar de movimiento y de posición: **sentarse**, **ponerse de pie**, **estar sentado**...
- algunas perífrasis verbales: **ponerse a** + Infinitivo, **dejar de** + Infinitivo, **seguir** + Gerundio, **estar a punto de** + Infinitivo, **acabar de** + Infinitivo...
- a expresar el modo: adverbios en **-mente**, Gerundio, **sin** + Infinitivo
- algunos usos de **estar**
- algunos usos del Subjuntivo: **me molesta que** + Subjuntivo

1. EL ESCENARIO

El dibujante que ha diseñado este decorado teatral ha cometido ocho fallos. Lee el texto y localízalos en la imagen.

- *La chica no está tumbada en el suelo, está sentada.*

El decorado representa la habitación de una chica joven. A la derecha se ve una cama de metal muy desordenada, con mucha ropa encima; a la izquierda, un armario que tiene una de las puertas abiertas y, al fondo, una mesa de trabajo con un ordenador. Está repleta de libros y libretas. En primer plano hay una chica que está tumbada en el suelo, donde hay muchos CD, fotos y otras cosas. Es morena y lleva el pelo muy corto. Lleva pendientes largos de color azul y minifalda. Está descalza. La chica está escuchando música con los cascos puestos y comiendo patatas fritas. La puerta está entreabierta y se ve a un chico, su hermano, que está a punto de entrar en la habitación. El hermano tiene una raqueta de tenis en la mano. Es rubio, lleva gafas y el pelo muy largo. Lleva un chándal verde. Está muy enfadado porque quería jugar al tenis esta tarde y acaba de darse cuenta de que su hermana le ha roto su raqueta.

2. LOS BOCETOS

A ¿Cuál de estos bocetos es el correcto? Ayuda de nuevo al dibujante. Escucha estas descripciones e identifica el dibujo correspondiente.

B Vamos a jugar. En tu libreta dibuja (sin que nadie lo vea) el boceto de un escenario. Puede haber personajes, objetos, muebles... Descríbelo a un compañero, que lo tiene que dibujar sin mirar.

- *Hay una puerta que está a la derecha y una ventana, en la pared del fondo. En la pared de la derecha hay un cuadro con...*

3. ESCENAS

A Ésta es la escena de una obra de teatro. Lee el texto y fíjate en cómo describe el autor la escena.

Son las nueve de la noche. La familia Delgado está en el comedor de la casa. El padre, la madre y el hijo (un chico de unos trece años, con el pelo largo y una camiseta de baloncesto que le llega por debajo de las rodillas) están sentados a la mesa cenando. Todos parecen estar de mal humor. Encima de la mesa hay una fuente con macarrones y una ensalada. A la derecha de la madre hay una estantería en la que hay muchos objetos de decoración y entre ellos un jarrón con flores rojas. A la izquierda se ve una ventana. Detrás de la mesa se puede ver la puerta que da a la cocina.

La familia está discutiendo porque Julio, el hijo, ha suspendido el examen de matemáticas y le quieren castigar el fin de semana sin ir a casa de su amigo Carlos. Mar, la hija, entra en la cocina con aspecto muy triste, con los ojos rojos de haber llorado y se sienta a cenar. La madre se levanta y se acerca a ella para tratar de consolarla pero ella se pone a llorar otra vez. El hermano se queda sentado y deja de comer. Luego, la madre se vuelve a sentar y siguen cenando y hablando del problema de Mar: va a un nuevo colegio y unas compañeras se ríen de ella en clase y la tratan muy mal.

B Ahora describe tú la tercera escena de la misma obra de teatro con un compañero.

4. ACOTACIONES

A Lee este fragmento de una obra y escribe, en una tabla como la que tienes abajo, cómo se describe lo que hacen los personajes en las acotaciones.

(Borja entra silenciosamente en la cocina)

MADRE: ¿Por qué llegas tan tarde? *(La madre está de pie, al lado de la puerta, con el pijama puesto)*

BORJA: Porque he perdido el autobús. *(El chico se queda en la puerta sin moverse)*

MADRE: ¿Y no sabes llamar con el móvil?

BORJA: Sí, pero es que primero no tenía cobertura y después se me ha acabado la batería. *(Sacando el móvil del bolsillo)*

MADRE: ¿Y ninguno de tus amigos tenía un móvil? *(Entrando en la sala lentamente)*

BORJA: Es que estaba solo… *(Mirando al suelo)*

MADRE: ¿Cómo que solo? *(Cada vez está más enfadada)*

BORJA: Sí, porque Carlos se ha ido a dormir a casa de Juan y Gonzalo…

MADRE: Mira, no quiero seguir discutiendo contigo. Es muy tarde y estoy cansada. Me voy a la cama y mañana hablamos, pero de ir al partido de baloncesto, ni hablar. *(Saliendo de la cocina rápidamente y sin mirar a su hijo)*

BORJA: Pero mamá… *(Mirando hacia la puerta)*

CON GERUNDIO	CON INFINITIVO	CON ADVERBIO	OTROS
		silenciosamente	

B Representad el diálogo siguiendo las indicaciones que se dan en las acotaciones.

C Después, cambiad las acotaciones y representad el diálogo de nuevo, de otra manera.

3 la chuleta de gramática

USOS DE ESTAR

Pablo **está de pie** / **sentado** / **tumbado** /...

estar + GERUNDIO
Pablo **está estudiando** / **leyendo** /...

Pablo **está en** la cocina.
está a la derecha / **izquierda**.
está al lado de la cama.

Pablo **está con** los auriculares puestos.
está vestido / **desnudo** / **descalzo** /...
está en pijama / bañador /...

Pablo **está de mal humor** / **enfadado** / **contento** / **nervioso** /...

MOVIMIENTO Y POSICIÓN

Muchos verbos que indican movimiento o posición son reflexivos y van con los pronombres **me**/**te**/**se**/**nos**/**os**/**se**...

acercarse a / **alejarse de**
acostarse
tumbarse
sentarse
levantarse (**de** la mesa)
ponerse de pie / rodillas
quedarse sentado / de pie /...

PERÍFRASIS VERBALES

ponerse a + Infinitivo
Se pone a llorar.

dejar de + Infinitivo
Deja de ver la tele cuando su madre entra.

seguir + Gerundio
Sigue comiendo el bocadillo.

estar a punto de + Infinitivo
Está a punto de llegar.

acabar de + Infinitivo
Acaba de entrar en casa.

volver a + Infinitivo
A las nueve, **vuelve a llamar** por teléfono.

EXPRESAR EL MODO

adverbios
Entra **silenciosamente**.

sin + Infinitivo
Entra **sin hacer** ruido.

Gerundio
Entra **llorando** y **gritando**.

con
Entra **con** un paraguas.

5. EL VESTUARIO

A Mira la imagen y la lista de abajo. Trata de deducir cómo se llama cada cosa del dibujo. Si hay palabras que no conoces, fíjate en los colores, en las formas, busca palabras parecidas en otros idiomas, etc.

B Estos dos chicos tienen que disfrazarse para representar los siguientes papeles. ¿Cómo se visten? En parejas escoged al menos tres cosas para cada uno. Después, haced una pequeña descripción de lo que van a llevar puesto. ¡Podéis añadir otras cosas!

- el jefe de una banda de "cabezas rapadas"
- un abuelo del siglo pasado
- un cantante de rap
- una señora muy elegante que va a la ópera
- un ejecutivo que va a una reunión de trabajo
- una hippie de los años 70

● La señora que va a la ópera puede ponerse el vestido largo de color negro.
○ Sí, y también...

- un bigote negro postizo
- una perilla blanca postiza
- una barba gris postiza
- 3 pelucas con pelo liso y rubio, una pelirroja y la otra con el pelo rizado y castaño
- un moño postizo
- gafas de sol redondas
- gafas de sol verdes
- gafas metálicas antiguas
- una gorra marrón
- un bastón
- una camiseta de basket
- una gorra de béisbol
- unos pantalones anchos
- una cartera de piel negra
- unas botas negras
- unas zapatillas de deporte
- unos zapatos de tacón
- unos zapatos de hombre marrones
- unas chancletas de plástico naranjas
- unas botas camperas
- unos tejanos
- una minifalda a cuadros
- un vestido largo negro de fiesta
- un vestido corto estampado
- una falda larga estampada
- un traje azul marino
- una corbata granate
- una camisa azul celeste
- una pajarita verde
- un abrigo de pieles
- una cazadora verde oscuro
- una camiseta rosa
- un bolso de cocodrilo
- un collar de perlas

6. ESTADOS DE ÁNIMO

A En el teatro es muy importante expresar los estados de ánimo, los sentimientos... Vais a escuchar a unos personajes diciendo cada frase dos veces. Tenéis que decidir cómo están y dibujar el emoticón correspondiente en una tabla como ésta.

	sorprendido	enfadado	triste	muerto de risa
1				
2				
...				
10				

B Ahora, juega con un compañero. Escribid juntos cuatro frases nuevas y ensayad cómo decirlas de formas diferentes. Luego, el resto de la clase tiene que adivinar vuestro estado de ánimo.

7. LA CONVIVENCIA

Aquí tienes una lista de cosas que suelen hacer los hermanos o los padres. Escribe en tres columnas: lo que te fastidia muchísimo, lo que te molesta un poco y lo que no te importa.

- Cambiar el canal de televisión.
- Estar demasiado tiempo en el cuarto de baño.
- Coger ropa sin pedir permiso.
- Entrar en la habitación sin llamar a la puerta.
- Llamar a los padres en mitad de una riña.
- Ponerse a llorar para conseguir la atención de los padres.
- Hablar demasiado tiempo con los amigos.
- Hablar mucho tiempo por teléfono.
- Recibir más dinero de paga.
- Tener permiso para llegar más tarde a casa.
- Despertar cuando se quiere dormir más.

Me fastidia muchísimo que mi hermano cambie el canal de televisión sin preguntar.

8. NUESTRA FAMILIA

A Para nuestra obra de teatro vamos a imaginar una familia de, al menos, seis miembros. Tenéis que decidir las siguientes cosas:

- sus nombres
- sus profesiones
- su aspecto físico
- su carácter
- sus gustos
- las relaciones entre ellos
- su estado de ánimo
- sus hábitos

B En grupos, vais a hacer un póster con vuestra familia imaginaria. Recortad fotos que representen a los miembros de la familia y haced un diagrama (con flechas) con las relaciones entre ellos. Añadid todas las informaciones sobre cada miembro de la familia.

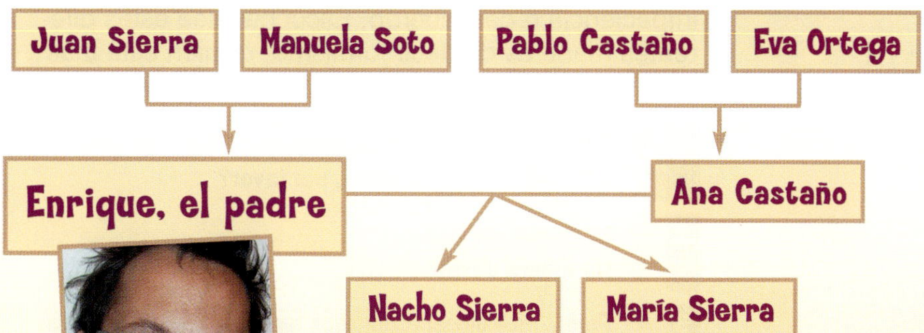

Es informático y trabaja para una empresa farmacéutica. Es alto y delgado. Lleva gafas y un poco de barba y tiene el pelo castaño. Es muy alegre y está casi siempre de buen humor pero últimamente está un poco nervioso por problemas en el trabajo. Le encanta ir en bicicleta, cocinar y escuchar música rock. Se lleva muy bien con sus hijos porque tiene mucha paciencia y sabe escucharlos, pero a veces se enfada con su hijo Nacho porque éste llega demasiado tarde a casa. No se lleva nada bien con su suegra porque siempre llama por teléfono molestando y preguntando cosas tontas.

3 la chuleta de gramática

DESCRIPCIONES FÍSICAS

Lleva barba / gafas / zapatos de tacón /...
Tiene el pelo rizado / los ojos azules /...
Se ha hecho un *piercing* / tatuaje.
Lleva el pelo teñido de rubio.
No es ni alto **ni** bajo.
Es más bien gordito.

DESCRIPCIONES DE CARÁCTER

Es muy / **bastante** / **demasiado** tímido/a.
Es una persona un poco especial.
Es un chico / **una chica** / **un señor** / **una señora** /... muy amable.

ESTADOS DE ÁNIMO

Silvia **está enfadada con** su hermano.
Está nerviosa / **de mal humor** / **triste** / **contenta** / **preocupada** /...

~~soy~~ contento/a
~~soy~~ preocupado/a
~~soy~~ de buen / mal humor

Sara **es** muy nerviosa. *(Es su carácter.)*
Sara hoy **está** muy nerviosa. *(Normalmente es una persona muy tranquila.)*

REACCIONES ANTE ACCIONES DE OTROS

YO / A MÍ	OTRA PERSONA
Me molesta (mucho)	
Me fastidia	
Lo que más me molesta es	
No soporto / aguanto	**que** + SUBJUNTIVO
Me da (mucha) rabia	que ella **se ponga**
Me pone (muy) nerviosa	mi ropa.
Me encanta	
Me hace reír	
...	

9. LOS DIÁLOGOS

A Vas a escuchar cuatro discusiones típicas de una familia. Completa una tabla como ésta en tu libreta.

	Tema sobre el que discuten	¿Quiénes son?	¿Cuál es el problema?
1.			
2.			
3.			
4.			

B Ahora lee las transcripciones. ¿Quién crees que tiene razón en cada caso?

1

Luis: Dame ahora mismo mi gorro.
Sofía: No me da la gana. Dame tú primero mis tijeras.
Luis: No quiero porque las necesito; además no son tuyas. Son de todos.
Sofía: Son mías porque las he comprado yo.
Luis: Ya, pero no con tu dinero...
Sofía: Es igual con qué dinero, pero las tijeras son mías.

2

Madre: David, ¿quieres bajar de una vez? Vamos a llegar tarde al cine.
Padre: Ya voy, ya voy, si tenemos tiempo de sobra...
Madre: ¡Cómo que tiempo de sobra! Son las siete y la película empieza a las ocho.
Padre: Pues eso, tiempo de sobra.
Madre: Pero, ¿qué dices? ¿Tú sabes el tráfico que hay ahora? Y, además, no tenemos las entradas reservadas. ¡Cómo se te ha olvidado...!
Padre: ¿A mí? La primera noticia que tengo. Ahora resulta que yo tenía que comprar las entradas...
Madre: Pues yo te lo dije...

3

Padre: No vas y se acabó.
Álvaro: ¿Pero por qué?
Padre: Pero... ¡cómo que por qué! Traes tres suspensos a casa... ¿y todavía preguntas que por qué no puedes salir esta noche? Pues porque estás castigado.
Álvaro: Papá, he estado todo el día estudiando en mi habitación y necesito salir un poco.
Padre: Haber pensado en eso antes de los exámenes.
Álvaro: Pero si es que los profes me tienen manía...

4

Madre: Sonia, recoge la mesa.
Sonia: ¿Por qué yo?
Madre: Pues porque tú también has comido. ¿O no?
Sonia: ¿Y Víctor?
Madre: Tu hermano ya ha puesto la mesa hoy mientras tú hablabas por teléfono horas y horas con María.
Sonia: Mamá, María me estaba preguntando una cosa de los deberes...
Madre: Ya... Y por eso teníais que hablar durante una hora... Hablar de Hugo, de la tele, de qué te vas a poner mañana...
Sonia: ¡Ya has estado otra vez escuchando!
Madre: No, hija, pero es que hablas tan alto...
Sonia: Mañana tengo que entregar un proyecto de Ciencias y todavía no he empezado...
Madre: Ya, ya... Pero cinco minutos para recoger seguro que los tienes.

C Ahora, con un compañero, decide quién tiene razón en cada caso y explica por qué.

D En las siguientes conversaciones hay algunos recursos muy típicos para mostrar enfado, impaciencia o desacuerdo. Escucha y lee estas diferentes maneras de decir lo mismo. ¿Quién está más enfadado, más agresivo o más impaciente: A o B?

1	A	Dame ahora mismo mi gorra.
	B	¿Me puedes dar la gorra, por favor?
2	A	No puedo dártela.
	B	No quiero dártela.
3	A	Pero... ¡qué dices! ¡Cómo que tenemos tiempo de sobra!
	B	Yo creo que no tenemos tiempo de sobra.
4	A	¿Quieres bajar de una vez?
	B	Tienes que bajar. Es tarde.
5	A	No entiendo que me preguntes por qué.
	B	¿Cómo que por qué?
6	A	No vas y se acabó.
	B	No vas a ir.

10. TEATRO DE VERDAD

A Estos son fragmentos de dos obras de teatro. Léelos y di a cuál de los dos corresponden estas afirmaciones.

1. El padre está enfadado con su hijo porque ha sacado malas notas.
2. La madre espera a que la hija vuelva a casa.
3. La madre se va muy pronto a la cama.
4. El chico puede salir con los amigos.

"Las bicicletas son para el verano"

de FERNANDO FERNÁN GÓMEZ

Es la historia de una familia y los cambios que sufren ellos y la ciudad donde viven, Madrid, durante la Guerra Civil. Es el cuadro segundo en el que Luis discute con su padre.

FERNANDO FERNÁN GÓMEZ es un escritor, director de cine y actor español.

LUIS: —Oye, papá...
DON LUIS: —¿Qué?
LUIS: —Lo de la bicicleta.
DON LUIS: —¿Qué pasa con la bicicleta?
LUIS: —Que a mí... lo de la bicicleta... me parece injusto.
DON LUIS: —¿Ah, sí?
DOÑA DOLORES: —Pero, ¿qué dices Luisito?
MANOLITA: —¡Anda, que al niño le ha hecho la boca un fraile!
LUIS: —*(Se vuelve, enfadado hacia su hermana)* ¡Déjame hablar! *(Sin replicar, Manolita sale del comedor)*
DON LUIS: —¡Habla!
LUIS: —Yo la bicicleta la quiero para el verano.
DON LUIS: —Pues el año que viene también tiene verano.
LUIS: —Sí, ya... Tú siempre tienes una respuesta. Pero como todos los chicos de mi panda tienen bicicleta, yo no puedo ir con mi panda.
DON LUIS: —Yo no sé cuál será tu panda pero los padres de las pandas que yo veo en esta calle no creo que tengan mucho dinero para bicicletas.
LUIS: —No son tan caras. Y con los plazos que yo te he conseguido...
DOÑA DOLORES: —¿Qué hablas tú de los plazos?
LUIS: —Claro. Como papá tiene un empleo fijo, se la dan a plazos. No es como Aguilar que como su padre tiene un empleo eventual la tendría que pagar al contado. Además... *(Ahora habla a su padre)* tú me dijiste que no era por el dinero. Es porque me han suspendido la Física.
DON LUIS: —Desde luego. Eso ya estaba hablado. Cuando apruebes, tienes la bicicleta. Es el acuerdo a que llegamos, ¿no?
LUIS: —Sí, pero yo no me había dado cuenta de lo del verano. Las bicicletas son para el verano.
DON LUIS: —Y los aprobados son para la primavera.

"Un día especial"

de GRISELDA GAMBARRO

Ana llega a su casa la madrugada antes de su matrimonio y allí encuentra a su madre, que la espera despierta a las dos de la mañana. Las dos mujeres se quieren pero han olvidado cómo comunicarse.

GRISELA GAMBARRO es una conocida novelista y dramaturga argentina.

Una mecedora y una silla.
Luisa está sentada en la mecedora, cabecea, hamacándose.
Entra Ana de la calle, tiene aspecto feliz.

ANA: —Hola, mamá. ¿Todavía despierta? ¿No tenés sueño?
LUISA: —No.
ANA: —Son las dos de la mañana. Es tarde.
LUISA: —Ya lo sé. Conozco la hora.
ANA: —*(Contenta)* Vieja, ¿me estabas esperando?
LUISA: —*(Ofendida)* ¿A vos?
ANA: —Sí.
LUISA: —Sos bastante grande para cuidarte. Hoy no tenía sueño. En una de esas ni me acuesto.
ANA: —¡Pero si a las ocho te vas a dormir! Como las gallinas.
LUISA: —Me levanto a las cinco. No como vos, que dormís hasta las doce.

B Ahora, formad grupos, distribuíos los papeles y leed los fragmentos en voz alta teniendo mucho cuidado con la entonación.

3 la chuleta de gramática

ORDENAR ALGO CON ENFADO

¡Vienes **y se acabó**!
¡Ven **ahora mismo**!
¿**Quieres** venir **de una vez**?

RECHAZAR LAS PALABRAS DEL INTERLOCUTOR

- ¿Por qué?
- ¡**Cómo que** por qué!

- Es pronto.
- **Pero... ¿qué dices?** **Pero si** son las 7 h.

- Dame el libro.
- **No me da la gana**.

JUSTIFICAR/SE

- ¿Por qué no quieres ir a casa de la abuela?
- **Pues porque** no tengo ganas.
  Pero es que tengo muchos deberes.
  Si es que vamos todos los días...
  Es que he quedado con Pili.

La Revista Loca

La nueva rumba

La rumba es un ritmo de origen afrocubano que se toca en muchas partes del mundo, también en España. Fueron los músicos gitanos catalanes **El Pescaílla** y **Peret** los que divulgaron la rumba en España y a partir de ellos pasó a formar parte del repertorio de la música popular. La característica de la rumba catalana es una forma de tocar la guitarra llamada "ventilador" que se combina con la armonía y el ritmo de los golpes en la madera, creando una doble musicalidad de cuerda y percusión. Artistas famosos por sus rumbas, además de los ya citados, son el **Gato Pérez, Los Chichos, Los Chunguitos, Sabor de Gracia, Los Amaya, Chipén, Ai Ai Ai, Bambino** y **Gipsy Kings.** La nueva rumba suena ahora en los escenarios fusionada con otras músicas del mundo, formando parte del lenguaje musical de los grupos jóvenes, entre ellos, **Ojos de Brujo, Amparanoia, Macaco, Estopa, Muchachito Bombo Infierno** o **La Troba Kung Fú.**

HISTORIA de las MÁSCARAS y las CARETAS

El origen de las máscaras y caretas es muy antiguo. Se cree que empezaron a hacerse con fines religiosos. Ya existían en el Paleolítico (se hacían con todo tipo de materiales) y se usaban mucho en el antiguo Egipto, donde las pintaban encima de los muertos.
En Roma también las utilizaban los actores en los entierros para recordar al difunto, y de ahí pasaron al teatro y a los carnavales.

Hay máscaras de muchos tipos: algunas son enormes, como las de Oceanía, y otras, como las de las mujeres esquimales, son muy pequeñas.
Muchos pueblos primitivos han usado las máscaras y caretas para realizar rituales: éstas representaban dioses o demonios, seres mitológicos o espíritus malignos. Otras culturas las utilizaban para ahuyentar pestes y enfermedades. Hoy día las encontramos aún en muchas fiestas populares y, claro, ¡en Carnaval!

MÍRAME

Como tú me miras, yo vivo
Como tú me miras, yo voy
...

Si tu mirada es perdida
Pierdo el sentido del norte en la vía
Y en tu mirada fija
Fijo mis ganas, mi punto de mira
Si tu mirada se aburre
Aburro el paisaje y lo cambio de traje
En tu mirada deseo
Deseo llevarme sin lastre sin freno

Como tú me miras, yo vivo
Como tú me miras, yo voy
...

Y en tu mirada gris
Futuro gris tormenta infeliz
Si tu mirada es suave
Duerme mi nave, despierta mi cante
Si tu mirada es triste
Tiro mi ancla, me quedo a flote
En tu mirada alegre
Toda la vela pa' mi navío

Como tú me miras, yo vivo
Como tú me miras, yo voy
...

Mírame, mírame
Que la chispa de tu mirada
E' un farito pa' mi bajel
Mírame, mírame
Que la chispa de tu mirada
E' un farito pa' mi bajel

Y en tus ojos de buey
Me quedo mirando el fondo
Y en tus ojos de gata
Soy uno más de los que atrapa
Si no me miras ná'
Me quedo ciego en mi caminar
si tú miras pa' lante
Adelantarte y así esperarte

Mírame, mírame
Que la chispa de tu mirada
E' un farito pa' mi bajel
Mírame, mírame
Que la chispa de tu mirada
E' un farito pa' mi bajel

Mírame, mírame
que en tu buen ojo confío
y dos ojos más pa' quemar los libros
Mírame, mírame
Que la chispa de tu miradita
E' un farito pa' mi bajel

Mírame, mírame...
Que la chispa de tu mirada
E' un farito pa' mi bajel

La Troba Kung Fú, "Mírame"

Teatro, música, baile y cine

Bodas de sangre es una de las obras de teatro más famosas de Federico García Lorca. En ella se narra una dramática historia de amor y de muerte que tiene como escenario la Andalucia rural de principios del siglo XX. Como en todas las obras de Lorca, aparecen personajes reales y personajes simbólicos: en este caso la Luna, que es la mensajera de la muerte.

La obra fue llevada al cine por uno de los directores españoles más conocidos, Carlos Saura, quien filmó una versión musical, con cantes y bailes interpretados por la compañía del "bailaor" flamenco Antonio Gades.

El resultado es una espléndida película en la que teatro, poesía, música y baile se mezclan brillantemente.

DON JUAN

José Zorrilla, autor de teatro, nació en Valladolid en 1817. Su obra *Don Juan Tenorio* es mundialmente famosa y el personaje se ha convertido en un estereotipo del hombre que vive una vida de placer y al que le gusta jugar con las mujeres. En España es tradición que esta obra se represente cada 1 de noviembre.

Doña Inés: ¡Don Juan de mi corazón!
Don Juan: ¡Silencio! ¿Habéis escuchado?
Doña Inés: ¿Qué?
Don Juan: Sí, una barca ha atracado
debajo de este balcón.
Un hombre embozado de ella
salta... perdonad, Inés Bella,
si sólo me importa estar.
Doña Inés: ¿Tardarás?
Don Juan: Poco ha de ser.
Doña Inés: A mi padre hemos de ver.
Don Juan: Sí, en cuanto empiece a
clarear. ¡Adiós!

TRABALENGUAS

¿Eres capaz de decirlo?

Erre con erre, cigarro.
Erre con erre, barril.
Rápido corren los carros
cargados de azúcar al
ferrocarril.

Quiero y no quiero querer
a quien no queriendo quiero.
He querido sin querer
y estoy sin querer queriendo.
Si por mucho que te quiero,
quieres que te quiera más,
te quiero más que me quieres
¿qué más quieres?, ¿quieres más?

LA PEÑA DEL GARAJE

EL PADRE DE ÁLVARO CAP. 3

LOS DE LA PEÑA DEL GARAJE SE LLAMAN ASÍ PORQUE SE ENCUENTRAN Y ENSAYAN EN EL GARAJE DE KIKE. ES EL TÍPICO GARAJE DE UNA FAMILIA NUMEROSA: ES GRANDE PERO ESTÁ REPLETO DE JUGUETES VIEJOS, DE CAJAS DE HERRAMIENTAS, DE BICICLETAS; DE COSAS DE CUANDO LOS NIÑOS ERAN PEQUEÑOS... LOS PADRES NUNCA GUARDAN EL COCHE Y ASÍ LOS CHICOS TIENEN UN LUGAR FANTÁSTICO PARA REUNIRSE, SIN ADULTOS CERCA. KIKE HA CONSEGUIDO COLOCAR UN SOFÁ Y UNA TELE VIEJA Y LA CONSOLA. TAMBIÉN DEJAN AHÍ TODOS LOS INSTRUMENTOS: LA GUITARRA ELÉCTRICA, UN TECLADO Y LA BATERÍA. PERO HOY NO TIENEN GANAS DE HACER NADA, NI DE TOCAR NI DE HACER DEBERES. ESTÁN TODOS UN POCO PREOCUPADOS POR ÁLVARO.

(CONTINUARÁ)

VAMOS A ESCRIBIR UNA PEQUEÑA OBRA DE TEATRO

1 Primero escribís una pequeña historia que le ocurre a una familia. Por ejemplo:

La familia Sánchez está pasando una crisis. Los dos hermanos están castigados sin el MP3 que les habían prometido sus padres porque...
Luego...
Y al final...

2 Definís a los personajes, tantos como personas hay en vuestro grupo. Recordad lo que hemos hecho en las páginas 36 y 37. Ya tenéis el póster con los personajes. ¿Queréis cambiar, añadir, o suprimir algo?
Ejemplo:

La abuela

Tiene setenta años pero parece más joven. Es una persona muy activa: va a la universidad de la tercera edad, tiene un grupo de amigos con los que juega a las cartas y va a hacer gimnasia acuática, entre otras muchas cosas. Vive con su compañero en una ciudad pequeña pero pasa muchas temporadas en la playa. No es ni alta ni baja y, aunque un poco gordita, está ágil y muy en forma. Lleva el pelo corto y sólo usa gafas para leer.

3 Vamos a escribir tres actos. Algo así como los actos que tienes a continuación.

Acto 1. Escena en la cocina.
La madre se enfada con Francisco porque no ayuda nada en casa ni recoge la habitación. También se enfada con Carmen porque ha sacado un suspenso en Inglés y otro en Física y deciden que es debido a que está demasiado tiempo hablando con las amigas por teléfono. Por lo tanto le quitan el móvil.

Acto 2. Escena en la habitación de Carmen.
Primero los dos hermanos se quejan de los padres e intentan hacer un plan. La abuela llega de visita y con su ayuda planean la estrategia.

Acto 3. Escena en el salón.
Hay una reunión familiar y los hijos exponen su plan que es aceptado por los padres gracias a la abuela.

4 Escribid los diálogos con las acotaciones. Podéis mirar más ejemplos en la actividad 4.

MADRE: (Muy enfadada y apuntando a la mesa con el dedo) Haz el favor de levantarte ahora mismo y recoger la mesa. Y cuando termines, vas a recoger tu habitación.

FRANCISCO: Vale, la mesa la recojo, pero mi habitación no. A mí me gusta como está.

MADRE: (Poniéndose más nerviosa y empezando a levantar la voz) ¡Pero cómo te va a gustar si está todo por el suelo!

FRANCISCO: (Poniendo cara de desesperación) Bueno, yo sé dónde están las cosas y a mí no me molesta. Es mi habitación.

CARMEN: (Con un tono irónico) Eso está muy claro. Cuando entras en la casa ya sabes de quién puede ser esa habitación.

FRANCISCO: ¡Vaya hombre!, ya habló la señorita ordenada. Yo no podría dormir ni una noche en una habitación donde todo está perfectamente alineado. Lo odio.

MADRE: Vale, chicos, parad. (Se acerca para que los chicos se calmen) Carmen, y...

5 Ahora, escribid la introducción donde se explican los escenarios y lo que están haciendo los personajes cuando comienza la acción (ver páginas 34 y 35), como en el ejemplo:

La familia está en el comedor. Son las tres de la tarde de un domingo y acaban de comer. Carmen está todavía en pijama y la madre lleva ropa deportiva porque acaba de ir correr. Los tres están sentados. Francisco tiene los pies encima de la mesa y Carmen, que está muy cansada, tiene la cabeza sobre la mesa. Acaban de terminar de comer. Encima de la mesa están todos los platos sucios. A la derecha, en la cocina, también hay platos y fuentes. La mesa es pequeña y hay cuatro sillas alrededor. A la izquierda hay una estantería y un cuadro con flores.

6 Os repartís los papeles y los aprendéis de memoria.

7 Se buscan o confeccionan los accesorios teatrales.

Para este primer acto de esta obra, se necesitarían platos y vasos, quizás un póster o dibujo con flores, la chica necesita un pijama y ropa deportiva para la madre...

8 Se confecciona el programa para el público.

PROGRAMA
Título: ....
Dónde se representa: ....
Cuándo: ....
Reparto: ....
Nombre de los personajes: ....
Nombre de los actores: ....
Realización de decorados: ....
Arreglos musicales: ....
Encargado de sonido: ....
Iluminación: ....
Vestuario: ....
Maquillaje: ....
Director: ....
Una producción de: ....

9 Se ensaya y se ensaya.

10 Se representa. Y si se puede, se filma.

11 Los espectadores deben escribir una pequeña crítica sobre la obra.

Repaso de las unidades 1, 2 y 3

1

¡Buen viaje!

En esta unidad vamos a:
Planificar un viaje a un lugar en el que se habla español.

Para ello vamos a:
- revisar las formas y los usos de los tiempos ya estudiados
- referirnos a lugares, a itinerarios, a distancias y a la duración
- hablar sobre los medios de transporte
- plantear problemas y a proponer soluciones
- dar y a pedir consejos
- expresar deseos
- practicar formas de preguntar
- aprender el Condicional y el Pretérito Pluscuamperfecto

2

Tengo un problema...

En esta unidad vamos a:
Inventar un problema personal para mandarlo a un consultorio.

Para ello vamos a aprender:
- a identificar personas
- a describir y a valorar caracteres
- a expresar sentimientos y a hablar de problemas
- a referirnos a las relaciones entre las personas
- a dar y a pedir consejos
- a hablar de la duración: **hace... que**, **¿desde cuándo...?**
- los posesivos tónicos: **un** amigo **mío**, **una** prima **mía**
- algunos verbos pronominales: **caerle bien** / **mal**, **llevarse bien** / **mal**, **enfadarse**...
- algunos usos del Presente de Subjuntivo

3

¿Quién tiene razón?

En esta unidad vamos a:
Escribir una pequeña obra de teatro sobre un conflicto familiar y a representarla delante de la clase.

Para ello vamos a aprender:
- a discutir y a mostrar desacuerdo
- a mostrar enfado
- a justificar y a argumentar
- a hablar de lo que nos molesta
- a hablar de movimiento y de posición: **sentarse**, **ponerse de pie**, **estar sentado**...
- algunas perífrasis verbales: **ponerse a** + Infinitivo, **dejar de** + Infinitivo, **seguir** + Gerundio, **estar a punto de** + Infinitivo, **acabar de** + Infinitivo...
- a expresar el modo: adverbios en **-mente**, Gerundio, **sin** + Infinitivo
- algunos usos de **estar**
- algunos usos del Subjuntivo: **me molesta que** + Subjuntivo

¿Ya sabes...?

1 Ahora ya sabes hacer todas estas cosas, ¿verdad? Con un par de compañeros, buscad una frase para ampliar cada uno de los apartados.

- **Hablar de lo que se puede hacer en un lugar**
  Se pueden visitar los monumentos, los museos...
  Se puede caminar, ir en bicicleta, correr...
  Puedes hacer excursiones, puedes ver animales...

- **Expresar deseos**
  Me gustaría visitar Nueva York.
  Yo iría de viaje a algún país de Asia.

- **Evocar situaciones imaginarias**
  ¿Qué te llevarías para hacer un viaje en barco?
  Yo nunca haría un safari.

- **Dar consejos**
  Es muy importante que hagas los deberes siempre.
  A España, lo mejor es que vayáis en primavera.

- **Expresar sentimientos y sensaciones**
  ¡Qué asco!
  Me da miedo volar.

- **Expresar la distancia**
  ¿Cuántos kilómetros hay entre Lima y Santiago?
  Zaragoza está a unos 300 km de Barcelona.

- **Expresar la duración**
  ¿Hace mucho que conoces a Eva?
  Llevo dos horas esperándote.

- **Expresar el modo**
  Entra sin hacer ruido.
  Salió del comedor llorando y gritando.

- **Reaccionar ante acciones de otros**
  Me molesta mucho el ruido.
  Me fastidia que no me escuchen.

- **Rechazar las palabras del interlocutor**
  ¡Cómo que por qué!
  Pero..., ¿qué dices?

- **Justificarse**
  Pues porque no tengo ganas.
  Pero es que tengo muchos deberes.

- **Expresar obligación**
  Hay que protegerse muy bien del sol.
  Tienes que llegar a casa antes de las seis.

- **Hablar de la relación entre las personas**
  Ramón y Julia se llevan fatal.
  Alberto nos ha caído muy bien.

- **Hablar del inicio de una relación**
  A Dani me lo presentó Nuria.
  Nos conocimos en un avión, de viaje a Londres.

- **Expresar estados de ánimo**
  Alex está contento porque ha ganado su equipo.
  Hoy estaba muy nerviosa por los exámenes finales.

- **Describir movimientos**
  Al final de la obra, todo el público se puso de pie.
  Toni se sentó a mi lado en el cumpleaños de Sira.

Palabras, palabras

2 Completa este correo electrónico que Marisa manda a su madre desde el norte de España con las palabras de la columna.

hierba
arena
rocas
valles
lago
paisajes
cuevas
monumentos
albergue

Entrada

Eliminar | Responder | Resp. a todos | Reenviar | Nuevo | Buzones | Recibir | Correo no deseado | Mensaje entero | Buscar en el buzón

¡Hola mamá!
Estamos pasando unos días geniales. Los (1)......... son maravillosos.
Antes de ayer por la mañana estuvimos en una playa en la que había unas (2)......... donde dicen que antiguamente se escondían los piratas. La playa, además de tener una (3)......... suave y blanca está rodeada de unas (4)......... muy altas. ¡Era preciosa!
Por la tarde fuimos a la ciudad de Oviedo y visitamos muchos (5)........., ya sabes, iglesias, palacios y esas cosas. Bonito, pero un poco aburrido.
Ayer nos fuimos a Cantabria, a los Picos de Europa. Hicimos senderismo todo el día y por la tarde llegamos a nuestro (6)........., donde había muchos chicos y chicas durmiendo. ¡Lo pasamos genial! Entre las montañas había (7)......... muy verdes, con (8)......... y muchas flores. Es que dicen que aquí llueve mucho... Esta mañana hemos estado en un (9)........., donde nos hemos bañado, y por la tarde nos han llevado a montar a caballo.
Ahora acabamos de llegar a Santander, donde he encontrado este cibercafé.
Bueno, te dejo, que me llaman.
Besos,
Marisa

3 Copia el cuadro en tu cuaderno y relaciona las palabras con las imágenes. ¡Cuidado! Algunas pueden ir en más de una columna.

personajes · **ensayar** · **vestuario** · **ruta** · **conocerse** · **estación** · **pasear** · **andar** · **sentimientos** · **escenario** · **billete** · **viajar** · **celos** · **máscara** · **recorrido** · **itinerario**

4 ¿Qué está haciendo este personaje o cómo está?

- Se levanta del sofá.
- Está tumbado en el suelo.
- Se acerca a la ventana.
- Está de rodillas.
- Se ha acostado en el sofá.
- Se pone de pie.
- Está sentado en una silla.
- Se aleja de la puerta.

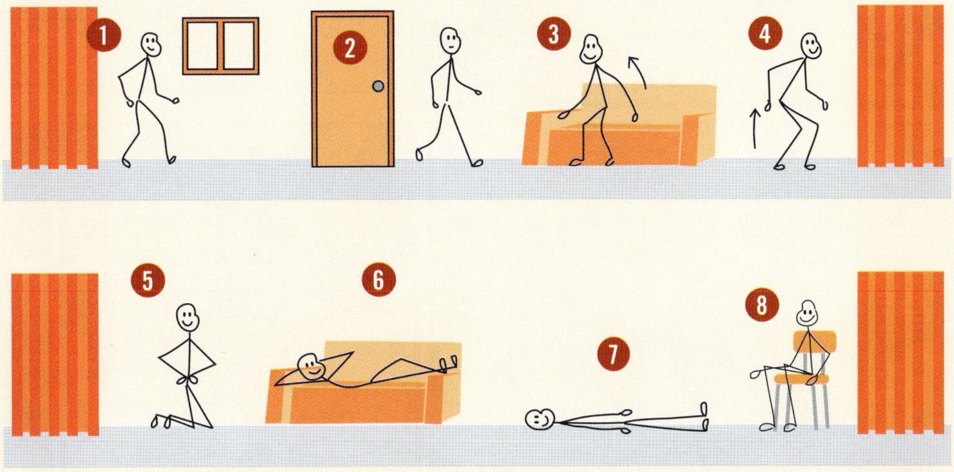

¿Entiendes?

5 Responde a las preguntas.

- ¿Qué hay dentro del paquete misterioso? ¿Para quién es? ¿Quién lo envía?
- ¿Sabes ya dónde está Álvaro?
- ¿Qué crees que va a pasar?

6 Lee este test de personalidad. Contesta del 1 al 5 según corresponda a tu carácter (En absoluto = 0; totalmente = 5).

¿Crees en la amistad?

A **Me gusta estar con otras personas.**
1 2 3 4 5

B **Me interesan los sentimientos de la gente.**
1 2 3 4 5

C **Soy una persona divertida.**
1 2 3 4 5

D **Aprendo rápidamente los nombres de la gente que conozco.**
1 2 3 4 5

E **Escucho con interés cuando me cuentan problemas.**
1 2 3 4 5

F **Me tomo los problemas con buen humor.**
1 2 3 4 5

G **Tengo buen carácter.**
1 2 3 4 5

H **No me pongo nervioso/a ante situaciones desagradables.**
1 2 3 4 5

I **Se me pasan enseguida los enfados.**
1 2 3 4 5

J **Expreso mis sentimientos abiertamente.**
1 2 3 4 5

K **Soy sensible y lloro fácilmente.**
1 2 3 4 5

L **Me preocupo mucho por los demás.**
1 2 3 4 5

M **No me enfado por cualquier cosa.**
1 2 3 4 5

CLAVE DE RESPUESTAS

Más de sesenta puntos: ¡Enhorabuena! Eres la persona ideal para tenerte como amigo/a.
Más de cincuenta: Puedes ser un/a buen/a amigo/a.
Más de cuarenta: Podrías ser un/a buen/a amigo/a, pero tienes que cambiar un poco.
Más de treinta: Empieza a reflexionar sobre tu carácter y sobre la relación con tus amigos.
Más de veinte: Tienes bastantes cosas que cambiar para ser un buen amigo.
Menos de veinte: Tienes que pensar seriamente en tu carácter y pensar si te gustaría tener un/a amigo/a como tú.

7 Vais a escuchar una grabación en la que se describen los movimientos que hacen dos personajes. Dividid la clase en dos: alumnos A y alumnos B. Formad parejas de un alumno A y otro B. Al escuchar la grabación, el alumno A debe reproducir con mímica lo que oye; el alumno B debe evaluar si lo hace bien.

¿Me lo explicas?

8 Preparad el siguiente juego de rol. Repartíos los papeles: uno de vosotros es el padre o la madre y el otro la hija o el hijo.

- El hijo o la hija tiene que pedir permiso al padre o a la madre para ir una semana a Andalucía con unos compañeros de clase para practicar el español.
- El padre o la madre tiene que hacerle preguntas sobre el viaje.

Si eres el hijo o la hija debes prepararte la información sobre:

- el itinerario,
- el alojamiento,
- el presupuesto,
- algunas actividades para practicar el español.

Al final el padre o la madre tiene que dar permiso o no para hacer el viaje y el hijo o la hija tiene que protestar e insistir o estar muy contento con la decisión.

9 Vamos a jugar a adivinar películas. Formad grupos pequeños:

- Una persona en cada grupo piensa en el personaje de una película muy famosa.
- Sin decir quién es, describe su físico, su carácter, cosas que hace o que le pasan, etc.
- El primer alumno del grupo que acierte qué personaje es tiene 1 punto y le toca continuar.
- Se sigue jugando hasta que un miembro del grupo llegue a los 5 puntos, que significa que ha ganado.

10 Imagina que estás haciendo un curso intensivo de español en España y hoy ha sido un día muy especial. Escribe en tu diario lo que ha pasado.

11 ¿Qué es para ti la amistad? ¿Puedes completar las frases que dicen estas chicas?

El test

12 Contesta el test y luego comprueba los resultados con un compañero.

1. El verano pasado .... Ecuador de vacaciones.

a. estuve en
b. he estado por
c. fui en

2. La ciudad .... unos cien kilómetros de la costa.

a. es a
b. está a
c. se encuentra en

3. He estado viajando sin parar .... dos días.

a. en
b. durante
c. para

4. ¿............ alguna vez en Cuba?

a. Estaban
b. Has estado
c. Estabas

5. No .... que lleves saco de dormir.

a. falta
b. haces falta
c. hace falta

6. El nuevo profesor de Historia .... muy bien.

a. nos ha caído
b. nos hemos caído
c. se han caído

7. El portátil es de ....

a. mío.
b. mí.
c. un amigo mío.

8. .... que mis padres ....

a. Me dan mucha rabia .... se enfaden.
b. Me da mucha rabia .... se enfaden.
c. Me doy mucha rabia .... se enfadan.

9. Si .... una estación del año, sería la primavera.

a. fuera
b. sería
c. era

10. Hace tres años que .... español.

a. estudio
b. estudiaba
c. he estudiado

11. ¡Llevas tres horas .... la televisión! Creo que deberías hacer otra cosa.

a. ver
b. viendo
c. visto

12. Pablo .... en el sofá y lee una revista.

a. es sentado
b. está sentado
c. está sentando

13. Felipe se puso inmediatamente .... ordenar su habitación.

a. de
b. para
c. a

14. Mi padre acaba .... en casa; voy a pedirle permiso para salir.

a. de entrar
b. entrado
c. entrando

15. Marta lleva el pelo teñido .... rubio.

a. de
b. en
c. con

16. .... me molesta de mi hermana es que se ponga mi ropa.

a. Cuanto lo más
b. Que más lo
c. Lo que más

17. Se enfada pero luego .... enseguida.

a. se pasa
b. se le pasa
c. pasa

18. Me da .... cantar sola en público.

a. vergüenza
b. nerviosa
c. triste

19. El año que viene me .... visitar Perú.

a. gustó
b. gustaría
c. gustaba

20. .... llevar un impermeable porque en Asturias llueve mucho.

a. Es imprescindible
b. Son muy importantes
c. Ten en cuenta

Vida sana

4

En esta unidad vamos a:

Confeccionar un folleto sobre la vida sana y a representar un debate en la tele sobre las drogas.

Para ello vamos a aprender:

- las construcciones pasivas con **se**
- el Imperativo (**usted** y **ustedes**)
- algunos cuantificadores: **más** / **menos de**, **un poco de**...
- los pesos y las medidas: **litros**, **kilos**...
- a recomendar o a aconsejar: **es bueno** / **malo** / **aconsejable que** + Subjuntivo, **ir** / **no ir bien** / **mal**, **hay que** + Infinitivo...
- **lo que más** / **menos**
- algunos conectores: **por eso**, **sin embargo**...
- algunos marcadores temporales: **cuando**, **siempre que**, **cada vez que**...

1. LA CESTA DE LA COMPRA

A Esta familia está haciendo la compra para toda la semana. Con un compañero, mira la ilustración y anota en tu cuaderno lo que han olvidado comprar de la lista. A lo mejor necesitáis el diccionario.

- *No han comprado pan...*

B Ahora copia esta tabla en tu cuaderno y clasifica los productos. Algunos pueden ir en varias columnas.

Productos que contienen azúcar	Productos que contienen grasas	Productos que contienen vitaminas	Productos que contienen proteínas	Productos que contienen carbohidratos

C ¿Crees que esta familia tiene una alimentación sana? ¿Por qué?

D Escucha ahora a una nutricionista, la doctora Nieto, y sus consejos para tener una alimentación sana. Comprueba si has clasificado bien los productos en la tabla. Después, apunta al menos tres de sus consejos.

E Ahora, vamos a averiguar cuál es el alimento que más gusta a la clase y el que más odiamos. Vamos a hacer una votación.

- *A mí lo que más me gusta es el aguacate y lo que menos, las zanahorias.*
- *Pues yo odio las espinacas.*

2. RECETAS

A Lee estas tres recetas. ¿Cuál te gusta más? ¿Cuál es la más fácil de preparar? ¿Cuál es la más sana? ¿Por qué?

GAZPACHO
(receta española)

INGREDIENTES

- *aceite de oliva*
- *vinagre*
- *sal*
- *1 diente de ajo*
- *6 tomates*
- *un trozo de cebolla*
- *1 pepino*
- *1 pimiento verde*
- *un poco de miga de pan*

PREPARACIÓN

- Se pelan los ajos y la cebolla, y se pican.
- Se mezclan con el pan mojado en el vinagre.
- Se bate todo.
- Se pelan el pepino y los tomates (para poder pelar mejor los tomates se pueden poner, primero, a hervir durante 5 minutos).
- Se añaden el pimiento, el aceite y la sal, y se bate todo.
- Se pone a enfriar en el frigorífico.
- Se puede decorar con trocitos de todos los ingredientes que hemos utilizado y cubitos de pan duro.

TACOS DE POLLO
(receta mexicana)

INGREDIENTES

- *8 tortitas para tacos*
- *250 g de pollo*
- *1 aguacate*
- *6 tomates medianos*
- *1 cebolla blanca pequeña*
- *2 limones*
- *2 cebollas rojas*
- *8 hojas de lechuga*
- *medio pimiento*
- *una pizca de azúcar*
- *aceite*
- *sal*
- *pimienta*

PREPARACIÓN

- Poner a hervir los 4 tomates.
- Pelarlos, quitarles las pepitas y mezclarlos con la cebolla picada, el pimiento y el azúcar. Salpimentar.
- Pelar las cebollas rojas.
- Pelar el aguacate, cortarlo en dados y echar por encima un chorrito de limón.
- Cortar los 2 últimos tomates en dados.
- Calentar el aceite en una sartén y freír los filetes de pollo troceados.
- Salpimentarlos y echar un chorrito de limón por encima.
- Rellenar los tacos con los dados de tomates, los trozos de pollo, el aguacate, las cebollas rojas y alguna salsa picante.
- Servir en las hojas de lechuga con el resto del relleno.
- Decorar con el limón.

DULCE DE LECHE
(receta argentina)

INGREDIENTES

- *4 l de leche*
- *1 kg de azúcar*
- *esencia de vainilla*
- *una pizca de bicarbonato*

PREPARACIÓN

- Disuelva el azúcar y la vainilla en la leche y ponga a cocer a fuego muy lento, removiendo a menudo con una cuchara de palo. Se va reduciendo, espesando y va tomando un color marrón.
- Cuando tenga una consistencia espesa, apague el fuego y agregue el bicarbonato.
- Se puede utilizar para rellenar crepes, que en Argentina se llaman "panqueques".

B Mira las formas verbales que aparecen en las recetas. ¿Cuáles son?

C Con un compañero y con la ayuda del diccionario escribid una receta típica de vuestro país con una de las formas verbales de las recetas anteriores. Luego, la podéis compartir con los demás compañeros, que deberán tomar notas.

4 la chuleta de gramática

SE + TERCERA PERSONA

Se pel**a** el tomate y... — singular
Se pel**an** los tomates y... — plural

EL IMPERATIVO (USTED/USTEDES)

-AR: CORTAR: cort**e**, cort**en**
no cort**e**, no cort**en**
-ER/-IR: AÑADIR: añad**a**, añad**an**
no añad**a**, no añad**an**

Cuando la raíz del Presente es irregular:

	Presente →	IMPERATIVO usted	ustedes
PONER	pon**g**o	→ pon**g**a	pon**g**an
HACER	ha**g**o	→ ha**g**a	ha**g**an
TENER	ten**g**o	→ ten**g**a	ten**g**an
REMOVER	rem**ue**vo	→ rem**ue**va	rem**ue**van

CUANTIFICADORES

Aquí hay **más de** tres litros de leche, ¿no?
¿Tú pesas **menos de** 50 kilos?
Hay que beber **por lo menos** / **al menos** dos litros de agua.

algo de sal
un poco de sal
un poquito de sal
una pizca de sal
nada de sal

Pon **un poquito más de** sal.
Yo no como **nada de** pasta.

100 **gramos de** sal
medio kilo de sal
un kilo de sal

CONSEJOS Y RECOMENDACIONES

Hay que comer fruta.
No se debe tomar demasiado azúcar.

Es **importante** / **conveniente** / **necesario** / ... desayunar bien.

LO QUE MÁS/MENOS

Lo que más me gusta es el aguacate.
Lo que menos me gusta son las lentejas.

3. LA IMAGEN

¿Qué importancia tiene el físico para ti? ¿Y en la elección de tu pareja? Escucha a estos chicos que contestan a las seis preguntas de tu derecha. Luego, completa una tabla como ésta en tu cuaderno.

	1	2	3	4	5	6
Juana	El pelo grasiento					
Marcos						
Pilar						

1. ¿Hay algo que te molesta particularmente del físico de una persona?
2. ¿Hay alguna parte del cuerpo en la que te fijas más?
3. ¿Cambiarías alguna parte de tu cuerpo? ¿Cuál?
4. ¿Qué opinas de la cirugía estética?
5. ¿Cuál es la parte de tu cuerpo que te gusta más?
6. ¿Qué prefieres? ¿La gente delgada o gordita?

4. LOS EXTREMOS SIEMPRE SON MALOS

Lee los siguientes textos y contesta a estas tres preguntas.

- ¿Qué son la anorexia y la obesidad?
- ¿Cuáles son las causas según tu opinión?
- ¿Cómo se pueden evitar o curar?

La anorexia nerviosa

La anorexia nerviosa es una enfermedad mental que consiste en una pérdida voluntaria de peso. Las personas que la sufren sienten un deseo patológico de adelgazar y consiguen perder peso mediante uno o más de los siguientes procedimientos:

- reducción de la alimentación, especialmente de los alimentos que contienen más calorías,
- ejercicio físico excesivo,
- utilización de medicamentos reductores del apetito, laxantes o diuréticos,
- vómitos provocados.

De esta manera, se produce una desnutrición progresiva y, como consecuencia, ciertos trastornos físicos y mentales que pueden ser muy graves y que, incluso, pueden conducir a la muerte.

Según los expertos, la imagen de la mujer y del hombre que transmiten algunos medios de comunicación influye negativamente en los jóvenes, que se obsesionan por tener un cuerpo perfecto. Por eso, la anorexia sigue destruyendo a muchas personas, en particular a chicas jóvenes de edades comprendidas entre 14 y 18 años (90% de los casos).

No hay que obsesionarse por tener un cuerpo extremadamente delgado. Además, es muy importante que los adolescentes hagan una dieta equilibrada y variada para su correcto desarrollo y, aunque realizar ejercicio físico es excelente, siempre debe estar controlado y no llevarlo a extremos peligrosos. ■

LA OBESIDAD

La obesidad es un gran problema para algunos adolescentes. Es una enfermedad que se carecteriza por un exceso de grasa, lo que provoca un aumento de peso. En la mayoría de los casos, esto se debe a una mala alimentación y a la falta de ejercicio físico.

Durante mucho tiempo la obesidad se consideraba algo positivo. Se veía como un símbolo de salud, de riqueza e incluso de belleza, sobre todo en la mujer. Hoy en día, sabemos que, aunque la obesidad no es una enfermedad mortal, sí es la causa de numerosas enfermedades como la hipertensión arterial y la diabetes, así como de algunas enfermedades cardiovasculares, dermatológicas y gastrointestinales. Además, la obesidad es la causa de algunas alteraciones psicológicas de los adolescentes, como la depresión o la falta de confianza en uno mismo.

Para combatir la obesidad suelen ser suficientes algunos pequeños cambios en los hábitos. En primer lugar, se deben cambiar algunos hábitos en la alimentación (no comer tantas grasas, azúcares y sobre todo no tomar comida prefabricada) y, por otra parte, hay que aumentar la actividad física. Es decir, no se puede estar muchas horas frente al ordenador o al televisor y se debe procurar hacer deporte (salir en bici, patinar...) o, como mínimo, caminar un poco todos los días. ■

5. MALOS HÁBITOS

A Aquí tienes los diferentes párrafos de un artículo. Con ayuda de los conectores, organiza el texto con tu compañero.

Recuerda que, en un texto bien escrito, los diferentes argumentos deben estar articulados con conectores. ¡Mira la Chuleta y los textos de la actividad 4!

Cuando están activos, se ponen esos zapatos demasiados estrechos que deforman los pies y, en lugar de unas buenas mochilas en la parte alta de la espalda, llevan bolsos demasiados grandes y colgados de un hombro que destrozan la columna vertebral.

La nicotina es una de las drogas más perjudiciales y su uso se inicia a edades cada vez más tempranas. El humo del cigarro contiene una gran cantidad de gases que causan infecciones y enfermedades respiratorias, cáncer u otras patologías.

NUESTROS JÓVENES MAÑANA

El tabaquismo afecta a la mayor parte del cuerpo y es una de las principales causas de muerte en el mundo.

Normalmente, estas pantallas restan horas de sueño y los chicos no duermen lo suficiente.

Pasan demasiado tiempo delante de la pantalla del ordenador, de la videoconsola o de la televisión, por lo que terminan con obesidad, debido a la falta de ejercicio, y con dolores de espalda por las malas posturas.

El alcoholismo es una enfermedad crónica que tiene efectos muy graves en la salud así como en la vida social y familiar.

Tenemos un solo cuerpo para toda la vida. ¿No merece la pena cuidarlo?

Si dormimos poco, destruimos esta última etapa y pagamos las consecuencias.

Hay que saber que en el sueño tenemos las fases REM, que tienen una duración de unos 90 a 120 minutos. La más importante de estas fases es la última ya que durante ésta, entre otras cosas, almacenamos lo aprendido durante el día en la memoria larga.

Son muchos los malos hábitos de los chicos de hoy en día.

Algunos adolescentes empiezan a fumar o a beber alcohol e incluso a tomar drogas.

B Ahora que ya has ordenado el artículo, completa la siguiente tabla en tu cuaderno.

MAL HÁBITO	CONSECUENCIA	RECOMENDACIÓN

4 la chuleta de gramática

ARTÍCULOS

Con partes del cuerpo y con objetos únicos, si no hay ambigüedad, se usan los artículos **el/la/los/las**.

¿Has cogido **la** chaqueta?
Me he olvidado **el** bolso en casa.
Se me ha metido algo en **el** ojo.
Tiene **las** piernas muy largas.
Lo que más me gusta de Feli son **los** labios.

PARA ORGANIZAR UN TEXTO

PARA REFORMULAR
Es decir...
O sea...

PARA ORDENAR ARGUMENTOS
En primer lugar...
Por una parte...
Por otra parte...
Por último...

PARA AÑADIR ARGUMENTO
Además...
Por otro lado...
Por otra parte...

PARA HABLAR DE LA CAUSA
Esto es debido a (que)...
Esto se debe a (que)...
Esto es así porque...

PARA EXPRESAR LA CONSECUENCIA
Por eso,...
Por tanto,...
... por lo que

PARA EXPRESAR UNA CONTRADICCIÓN
Aunque...
Sin embargo,...

6. ENERGÍA POSITIVA Y NEGATIVA

A La salud no está sólo en el cuerpo. También tenemos que cuidar nuestra mente: ¿quieres relajarte y conseguir el equilibrio? Practica este tipo de yoga. Lee este texto y empareja cada párrafo con los dibujos.

B ¿Conoces tú algún otro ejercicio de relajación? ¿Puedes explicarlo a la clase?

LOS MUDRAS

Se conoce con el nombre de mudra **a la posición que se realiza con los dedos de las manos para abrir o cerrar circuitos de energía. Es muy importante hacer los mudras de manera suave y completamente relajada.**

1

2
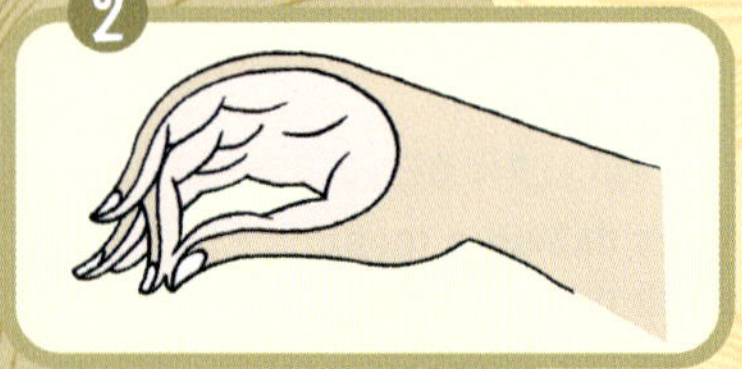

3
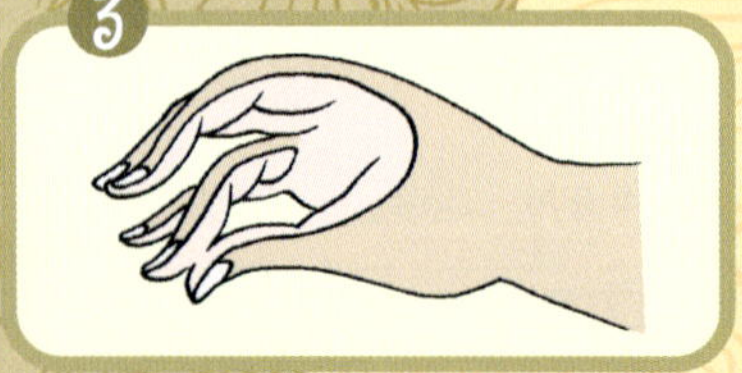

4
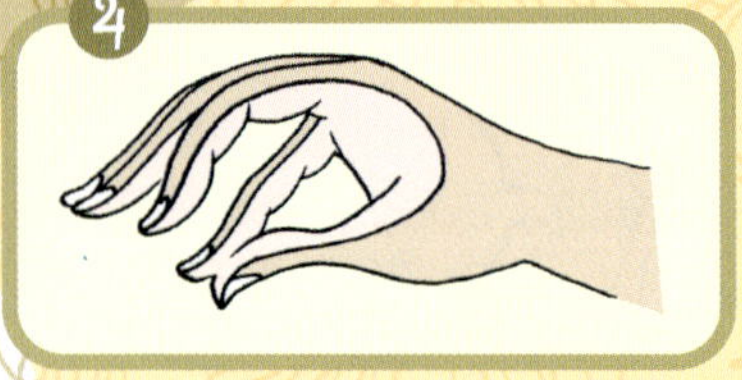

5

Mudra de la energía y de la vitalidad

Para realizar este mudra, une tu dedo pulgar con el anular en ambas manos; el resto de los dedos permanecerán extendidos. Este tipo de mudra podrás utilizarlo cuando te sientas cansado o agotado y te ayudará a revitalizarte en tus trabajos de relajación y de meditación.

Mudra de la armonía

Se hace uniendo el dedo pulgar con el dedo índice en ambas manos y extendiendo el resto de los dedos, es decir, la palma de la mano debe quedar completamente abierta y solamente la unión de los dedos índice y pulgar, hacen que se cierre un circuito de energía, que nos permitirá, al relajarnos, entrar en una armonía perfecta.

Mudra del amor

Este mudra se forma al unir las dos palmas de las manos, a la altura del pecho, se utiliza mucho para hacer oración pero sirve también para conectarnos con la fuerza del amor, que reside en el centro de nuestro corazón. Es un mudra que ayuda muchísimo, ya que canaliza la energía del amor en ambas palmas, y la recicla para todo nuestro sistema energético.

Mudra de la sabiduría

Se realiza al unir el dedo pulgar con el dedo corazón (medio) de ambas manos; el resto de los dedos quedan extendidos. En este caso, lo que se pretende es conectarnos con la sabiduría universal. Cuando hagas tus ejercicios de relajación, utiliza este mudra y cosas importantes surgirán en lo más profundo de tu conciencia.

Mudra de la claridad

En este mudra debes unir el dedo pulgar con el meñique; el resto de los dedos quedan también extendidos. Este mudra te hará lograr una comunicación clara e intuitiva.

7. REMEDIOS DE LA ABUELA

A Si tu salud te falla, no siempre tienes que usar medicinas o productos caros para solucionar tus problemas. Escucha este consultorio radiofónico, Los Remedios de la abuela, y contesta a cada problema de los oyentes con uno de los siguientes remedios.

- *Para el problema de tus mareos, lo que puedes hacer es mojarte las muñecas, la nuca y la frente con agua muy fría. Además, al viajar siempre deberías llevar un manojo de perejil en el pecho, debajo de la ropa y en contacto con la piel.*

Remedios de la abuela

- **Dolor de oídos**
  Cuando te empiecen a doler los oídos, ponte cebolla muy picadita envuelta en un trapo en la oreja (¡pero no dentro!).
- **Malestar general y mareos**
  Siempre que te marees, mójate las muñecas, la nuca y la frente con agua muy fría. Y cada vez que salgas de viaje, lleva un manojo de perejil en el pecho, debajo de la ropa, en contacto con la piel.
- **Olor corporal**
  Para evitar el olor corporal excesivamente fuerte, que puede ser consecuencia de un trastorno hormonal, te puedes frotar el cuerpo con una infusión de salvia mientras te duchas. Para la infusión, verter un cuarto de litro de agua templada sobre dos cucharaditas llenas de hojas picadas; se endulza con miel. Después de ducharte, ponte tu crema habitual.
- **Dolores abdominales y problemas digestivos**
  El jugo de aloe vera en un vaso de agua, tomado tres veces al día, va muy bien para todo el aparato digestivo.
- **Fiebre**
  Siempre que tengas fiebre o dolor de garganta, moja una toalla en agua muy fría y póntela en la garganta o, si es sólo fiebre, en los tobillos.
- **Picaduras de mosquitos**
  Puedes frotar las picaduras de los mosquitos con la parte interior de la cáscara de plátano.
- **Bloqueo mental**
  Para prevenir los bloqueos mentales, antes de ir a un examen, nada mejor que un vasito de pasiflora (también llamada flor de la pasión). Disuelve una cucharada de pasiflora en 250 ml de agua. Tiene excelentes propiedades sedantes.
- **Tos y resfriados**
  Antes de irte a dormir, puedes cortar una cebolla por la mitad y dejarla en la mesa de noche. También puedes tomar zumo de limón con miel.
- **Ojeras y ojos inflamados**
  Pasa un algodón con té frío de manzanilla y luego ponte un pañuelo mojado en leche muy fría.
- **Hemorragias de nariz**
  Cuando empieces a sangrar, mójate la nuca con agua fría.
- **Sueño**
  Si no te puedes dormir, bebe un vaso de leche con azúcar o con miel antes de acostarte.
- **Puntos negros o espinillas**
  Para limpiar la piel de la cara de puntos negros, haz una mascarilla con yogur natural, limón y vinagre. Después de dejártela media hora, hay que lavarse la cara con agua tibia. Además, para secar las espinillas puedes aplicar un poco de pasta dentífrica.

B ¿Conocéis algún otro remedio casero? En grupos, podéis continuar el programa de radio con otras consultas y otros consejos.

4 la chuleta de gramática

MARCADORES TEMPORALES

ACCIONES HABITUALES ► INDICATIVO

Cuando
Siempre que **viajo** en barco, me mareo.
Cada vez que

ACCIONES FUTURAS ► SUBJUNTIVO

Cuando
Siempre que **viajes**, lleva perejil.
Cada vez que

SI + INDICATIVO

Si tienes fiebre, báñate con agua fría.

INFINITIVO

Antes de
Después de desayunar, me ducho.

PARA

Para comer bien, hay que cocinar.
Para la espalda no es bueno llevar mochila.

¿TE LA VAS A JUGAR?

El Plan Nacional sobre Drogas (PNSD) es una iniciativa del Gobierno español para prevenir el uso de las drogas, sobre todo entre la población más joven.

Este plan impulsa cada año una campaña en los medios de comunicación (periódicos, revistas, lugares públicos, televisión...) que tiene dos objetivos fundamentales:

- potenciar una cultura del rechazo a las drogas.
- informar y educar a los ciudadanos en general, y muy especialmente a los más jóvenes, para que desarrollen estilos de vida saludables y para que no caigan en las dependencias ni de la droga ni del alcohol.

Éstos son algunos de los carteles que se han publicado en los últimos años.

Lazarillo de Tormes

El *Lazarillo de Tormes* es un libro muy popular de la literatura española. Se trata de uno de los mejores ejemplos de novela picaresca, llamada así porque el protagonista es un pícaro, un niño sin familia y muy pobre que se tiene que buscar la vida para no morirse de hambre. Este libro es anónimo y del siglo XVI. Cuenta la historia de Lázaro, un niño que trabaja para varios amos, de los que irá aprendiendo muchas cosas. El primero es un ciego muy listo y muy malo que le enseña mucho sobre la vida. A continuación, tienes un fragmento del libro.

El Lazarillo y las uvas

Sucedió que llegando a un lugar que llaman Almorox al tiempo que cogían las uvas, un vendimiador le dio un racimo de ellas de limosna. Como estaban muy maduras, se le desgranaba el racimo en la mano, y acordó no echarlas en el fardel*.

—Ven Lázaro —me dijo—; guíame hasta la sombra de algún árbol que esté cerca de aquí.

Hice lo que me pidió, y cuando estuvimos acomodados me dijo:

—Para que veas hasta donde llega mi liberalidad, quiero que hoy comamos ambos de estas uvas, en partes iguales. Haremos una cosa: tú picarás una vez y yo otra, con tal que me prometas no tomar cada vez más de una uva. Yo haré lo mismo hasta que las acabemos, y de esta suerte no habrá engaño.

Hecho así el concierto, comenzamos; más pronto el traidor mudó su propósito y empezó a tomar de dos en dos, considerando, en su malicia, que yo debía hacer lo mismo. Como vi que él quebraba la postura, no me contenté con ir a la par con él: dos a dos y tres a tres y como podía las comía. Acabado el racimo, estuvo un poco con el escobajo en la mano y, meneando la cabeza, dijo:

—Lázaro, me has engañado. Aseguraría que tú has comido las uvas de tres a tres.

—No es cierto —respondí yo— mas ¿por qué sospecháis eso?

Contestó el sagacísimo viejo:

—¿Sabes en qué veo que las comiste de tres en tres? En que yo comía de dos a dos y callabas.

Tan cortado me dejó la respuesta que no supe qué decir.

(...)

*fardel: bolsa

*sagacísimo: muy listo

Ja, ja, ja, ja...

- Doctor, me duele todo.
- ¿Todo?
- Sí, me toco la cabeza y me duele. Me toco el estómago y me duele. Me toco el brazo y me duele. Me toco...
- ¡Usted tiene el dedo roto!

Fruta fresca

Ese beso de tu boca
que me sabe a fruta fresca,
que se escapó de tus labios
y se metió en mi cabeza.
Ese beso con que sueño
cuando las penas me acechan,
que me lleva al mismo cielo
y a la tierra me regresa.
Y que reza, reza, que reza
y aunque ya no tenga cura,
el recuerdo de sus besos
me lleve hasta la locura.
Sí, sí, sí,
que este amor es tan profundo,
que tú eres mi consentida,
y que lo sepa todo el mundo.
Que tú eres mi consentida,
la niñita de mis ojos,
la que me endulza la vida,
la que calma mis enojos.
La que se pone más linda
cuando la llevo a una fiesta,
esa que siempre en mi cama
con los ángeles se acuesta.
(...)

Escucha esta canción.

1. **A ti, ¿en qué te hace pensar la expresión** fruta fresca**?**
2. **¿Cuántas partes del cuerpo se mencionan? Escríbelas.**
3. **¿Cuál de estas declaraciones de amor no es de la canción?**
   Te quiero de veras / Como tú no hay ninguna / Siempre te amaré

LA PEÑA DEL GARAJE

HELADOS PELIGROSOS CAP. 5

KIKE Y SUS AMIGOS HAN DEJADO EL PAQUETE CON EL PELO Y LA CARTA DE LOS SECUESTRADORES EN LA ENTRADA DE LA CASA DE ÁLVARO. ASÍ SU PADRE LO VERÁ. SIN PERDER TIEMPO VAN A REUNIRSE EN EL GARAJE. MIGUEL TIENE EL TELÉFONO MÓVIL DE UNO DE LOS HOMBRES DEL TODOTERRENO. PROBABLEMENTE ESO LES DARÁ ALGUNA IDEA PARA SEGUIR INVESTIGANDO O PARA DECIDIR QUÉ PUEDEN HACER PARA AYUDAR A SU AMIGO Y A SU FAMILIA.

(CONTINUARÁ)

El DOSSIER de la CLASE

1 Responde individualmente a este test sobre la vida sana.
Después de haber hecho el test, en parejas decidid si lleváis una vida sana.

1. Todos los días bebes...
a. más de tres litros de agua.
b. más de un litro de agua.
c. No bebes nada de agua porque no te gusta.

2. Comes comida prefabricada...
a. una vez a la semana.
b. más de tres veces a la semana.
c. todos los días.

3. Haces ejercicio...
a. una hora al día.
b. unas tres horas a la semana.
c. menos de tres horas a la semana.

4. Al colegio...
a. siempre vas en coche.
b. a veces vas en bicicleta o andando.
c. nunca vas en coche.

5. Duermes...
a. más de ocho horas.
b. unas ocho horas.
c. menos de ocho horas.

6. Todos los días estás al aire libre...
a. más de dos horas.
b. unas dos horas.
c. por lo menos media hora.

7. Tomas bebidas con gas...
a. una vez a la semana.
b. más de tres veces a la semana.
c. todos los días.

8. Estás frente a una pantalla...
a. más de tres horas al día.
b. unas tres horas.
c. menos de tres horas.

9. Llevas tu material escolar...
a. en una mochila colocada en la parte alta de la espalda.
b. en una mochila colocada en la parte baja de la espalda.
c. en una bolsa colgada de un hombro.

10. Tomas chuches o chocolate...
a. todos los días.
b. dos o tres veces por semana.
c. una vez a la semana.

11. La medicina natural...
a. es la única para mí.
b. la utilizo para algunas enfermedades.
c. no la utilizo.

2 Ahora, en grupos, vais a confeccionar un folleto sobre vida sana. Debe constar de las siguientes partes:

1. Una portada con dibujos o imágenes.
2. Siete recomendaciones para una buena nutrición.
3. Un ejemplo de un menú equilibrado y sano para una semana (desayuno, comida y cena).
4. Una encuesta con cinco preguntas sobre vida sana. Después, la haremos a la clase y pondremos los resultados en un gráfico con colores. Aquí tienes dos preguntas de modelo:

¿Cuál es el deporte favorito de la clase?
¿Cuántas horas a la semana se practica este deporte?

5. Un pequeño artículo sobre "la imagen ideal" para los jóvenes. ¿Qué se considera imagen ideal? ¿Cuáles son las razones? ¿Cuáles son los peligros? ¿Cómo ha sido a lo largo de la historia la imagen ideal? Recuerda que un texto no es sólo una sucesión de frases: piensa en la estructura, conecta las diferentes partes, etc. Puedes consultar los textos y los conectores de las páginas 56 y 57 de esta unidad.

El DOSSIER de la CLASE

DEBATE TELEVISIVO

Ahora vamos a realizar un debate televisivo con diferentes roles. Cada uno puede elegir uno de los que hay en la parte inferior de la página o puede inventar otro. Intentad que tengan distintos puntos de vista.

TAREA

A Lee la carta. ¿Qué crees que le ha pasado a la amiga de Eva? ¿Conoces alguna historia parecida? Coméntalo con tus compañeros.

B Vamos a realizar el debate. Tiene que haber un/a moderador/a que animará el debate a partir de las siguientes preguntas u otras.

- ¿Creen ustedes que se debe prohibir el consumo de tabaco como se hace con otras drogas? ¿Por qué?
- ¿Cuál es en su opinión la droga más utilizada entre los chicos jóvenes? ¿Por qué?
- ¿Cómo se puede prevenir la drogodependencia?
- ¿Cómo puede explicar que unas personas se enganchen a las drogas y que otras no? ¿Por qué se empieza con las drogas?
- ¿Quién tiene la culpa del consumo de drogas?
- ¿Creen que el deporte puede prevenir el consumo de drogas?

C Cada uno tiene que:

- decidir a qué personaje representa, quién es y cómo es,
- pensar qué ideas puede tener el personaje respecto a cada pregunta,
- preparar las opiniones de su personaje en un borrador en español.

NECESITAMOS...

- Algún objeto para caracterizar a nuestro personaje
- Si podemos, una cámara para filmar el debate

Querida amiga:
Hoy he hablado con tus padres. Ellos te extrañan mucho. Ya ha pasado año y medio y todavía nadie puede creer que ya no estás aquí. ¡Cómo me gustaría retroceder en el tiempo!

¿Sabes? Tu hermana ya fue a la universidad. Quería ir a los Estados Unidos para estudiar pero como tú no estás, se quedó aquí para estar cerca de tus padres y de tu hermanito. Él todavía no comprende nada de lo que ha pasado. Pero bueno, sólo tiene 7 años.

¿Yo tampoco lo comprendo completamente. Bueno, claro que comprendo lo que ha pasado pero no lo creo... Cada día me despierto y espero verte en el colegio. Cuando llego y no te veo... Recuerdo lo que ha pasado y el resto del día es un infierno para mí. ¿Qué pensábamos? ¿Que todo era un juego? ¿Que éramos las heroínas invencibles de una película con final feliz? Nos habían hablado tanto del tema en el colegio... ¿Cómo no nos dimos cuenta de lo que nos podía pasar? ¡Cómo pudimos ser tan imbéciles! No creo que haya nada peor que esto.

¿Bueno, te gustará saber que yo he dejado incluso el tabaco.

¿Te recuerdo todos los días y te extraño mucho. ¡Que duermas bien!

¿Tu amiga para siempre,
EVA

Un/a chico/a que ha sido drogadicto/a durante varios años pero que ha podido rehabilitarse.

El/La novio/a de un/a chico/a que tuvo un accidente de coche bajo la influencia del alcohol.

Un/a chico/a que fuma y bebe con moderación y piensa que lo tiene controlado.

Un/a deportista muy famoso/a.

Un/a médico que trabaja en un centro de toxicómanos.

Una persona que trabaja en un centro de rehabilitación.

El/La jefe/a de una fábrica de vodka.

Un/a policía que trabaja en uno de los barrios de más consumo de drogas.

Un/a político/a conservador/a.

Un/a profesor/a de enseñanza secundaria.

5 Nosotros, los jóvenes

En esta unidad vamos a:

Preparar un pequeño discurso con nuestras opiniones sobre los problemas sociales que más nos preocupan.

Para ello vamos a aprender:

- a hablar de derechos
- a expresar y a debatir puntos de vista: **yo pienso** / **opino** / **creo**/...
- a valorar situaciones: **es injusto** / **horrible** / **muy triste** /... **que** + Subjuntivo
- a exponer un problema y sus causas
- a expresar obligación y prohibición: **deber** / **no deber** + Infinitivo
- a proponer soluciones: **tendrían que** / **habría que** + Infinitivo, **debería**/**as**/**a**... + Infinitivo
- **muy** / **mucho**/**a**/**os**/**as**, **tan** / **tanto**/**a**/**os**/**as**
- algunas frases relativas con Subjuntivo
- a expresar causa: **por qué**, **porque**
- a referirnos a la finalidad: **¿para qué?**, **para que**...

1. LOS DERECHOS DEL NIÑO

Convención sobre los Derechos del Niño

unicef

La **Convención sobre los Derechos del Niño** describe los derechos fundamentales de los niños y de los adolescentes. Se entiende por niño todo ser humano desde su nacimiento hasta los 18 años. Se aprobó el 20 de noviembre de 1989 y 191 países la han firmado. La Convención describe sus derechos en 54 artículos. Aquí tienes un resumen de algunos.

Derecho a un nombre y a una nacionalidad
Todo niño tiene derecho a un nombre desde su nacimiento y a obtener una nacionalidad.

Derecho a vivir con sus padres
Todo niño tiene derecho a vivir con sus padres, excepto cuando la separación es necesaria para el interés del propio niño.

Derecho a opinar
El niño tiene derecho a expresar su opinión en todos los asuntos que le afectan.

Derecho a la libertad de pensamiento
El niño tiene derecho a la libertad de pensamiento, de conciencia y de religión.

Derecho a la protección contra los malos tratos
El Estado debe proteger a los niños de todas las formas de malos tratos.

Derecho a la salud y servicios médicos
Los niños tienen derecho a disfrutar del más alto nivel posible de salud y de los servicios médicos.

Derecho a la educación
Todo niño tiene derecho a la educación gratuita y obligatoria.

Derecho a la propia cultura
Los niños que pertenecen a minorías o a poblaciones indígenas tienen derecho a vivir en su propia cultura, a practicar su propia religión y a usar su propio idioma.

Derecho a tener tiempo y lugar para jugar y descansar
El niño tiene derecho al juego y a participar en las actividades artísticas y culturales.

Derecho a la paz
Ningún niño menor de 15 años debe participar directamente en la guerra. Todos los niños afectados por conflictos armados tienen derecho a recibir protección y cuidados especiales.

A Cada uno de vosotros elige uno de los derechos. Lo copia en una hoja y dibuja un logotipo, un símbolo gráfico, que lo represente. Con las hojas podemos hacer carteles y exponerlos en la clase.

B ¿Crees que estos derechos siempre se respetan? Con un compañero, leedlos de nuevo y pensad si conocéis casos en los que no se respetan, en vuestro país o en otros países. Después, contadlo a la clase. Podéis usar:

Creo que algunos niños...
bastantes niños...
muchos niños...
muchísimos niños...
la mayoría de los niños...
no todos los niños...

C ¿Se os ocurre algún otro derecho del niño? Tratad de formularlo por escrito.

D Entre todos, ¿podéis escribir algunos "derechos del alumno"? ¿Y algunos "derechos del profesor"?

2. BUENAS Y MALAS NOTICIAS

A Lee estos recortes de periódicos. ¿Con qué derechos del niño tienen relación?

CONCIERTO "PRINCIPALES SOLIDARIOS, TODOS CONTRA EL HAMBRE EN ÁFRICA"

El pasado sábado, 17 de diciembre, unas 15 000 personas asistieron al concierto "Principales Solidarios, todos contra el hambre en África" que organizaba la emisora de radio 40 Principales, en beneficio de las organizaciones Acción contra el Hambre y Save the Children. Los fondos recaudados se destinarán íntegramente a los proyectos que Acción contra el Hambre está llevando a cabo en Níger a consecuencia de la grave crisis nutricional que se vive en ese país. ■

Nuevas vacunas disponibles

En un futuro próximo habrá nuevas vacunas disponibles. Los progresos científicos y tecnológicos hacen pensar que en los próximos cinco a siete años existirán vacunas contra determinados tipos de diarrea y de neumonía. También se están investigando vacunas contra el VIH (SIDA) y contra el paludismo, y se están desarrollando vacunas reforzadas contra la tuberculosis. ■

EL ACCESO AL AGUA POTABLE HA MEJORADO EN TODO EL MUNDO

En los últimos cinco años ha aumentado de forma considerable el acceso a fuentes de suministro de agua potable. Sin embargo, aún hay más de 1000 millones de personas, la mayoría en zonas rurales y en suburbios urbanos, que todavía no disponen de agua potable. ■

México mejora en educación preescolar

Según datos de la UNESCO, México encabeza la lista de los nueve países en desarrollo más poblados del mundo con el mayor índice de niños de más de tres años que cursan la educación preescolar, al sumar el 76 % de su población infantil. ■

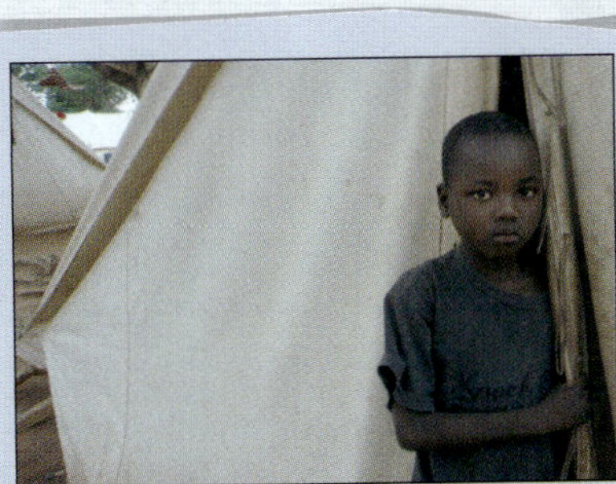

Huérfanos del SIDA

Save the Children, el movimiento independiente internacional de ayuda a la infancia más grande del mundo, calcula que en la próxima década el SIDA (VIH) dejará huérfanos a unos 40 millones de niños. ■

B ¿Cuáles son buenas noticias y cuáles son malas noticias?

- *Yo pienso que lo del agua potable es una buena noticia.*

C ¿Cuáles de estas realidades os parecen injustas? Con un compañero formulad vuestras opiniones.

- *A nosotros nos parece muy injusto que haya gente sin agua potable en el mundo.*

D Ahora escucha estas noticias de la radio. ¿De qué tratan? ¿Son buenas o malas noticias? ¿Tú qué opinas?

E ¿Has escuchado las noticias estos últimos días? ¿Recuerdas alguna noticia importante o que te haya llamado la atención? Explícasela a tus compañeros.

- *Yo he visto en la tele lo de los terremotos...*

5 la chuleta de gramática

DEBER / NO DEBER

DEBER + INFINITIVO
El Estado **debe proteger** a los niños.

NO DEBER + INFINITIVO
El Estado **no debe gastar** dinero en armas.

LO DE

LO DE + TEMA CONOCIDO O YA MENCIONADO
Lo de las vacunas es muy importante.
No entiendo **lo de** México.
Lo del agua es una buena noticia.

VALORAR

Es injusto
Es horrible
Es una vergüenza
Es...
que + PRESENTE DE SUBJUNTIVO

Está bien
Es estupendo
Es bueno
Es una buena noticia
Es...
que + PRESENTE DE SUBJUNTIVO

MUY / MUCHO/A/OS/AS, TAN / TANTO/A/OS/AS

- Es **muy** necesario que los gobiernos inviertan en investigación espacial.
- ○ Para mí no es **tan** necesario. Es más necesario que inviertan en medioambiente.

- Los gobiernos gastan **mucho** dinero en armas.
- ○ Sí es verdad, es horrible que gasten **tanto**.

- En el cole hay **muchas** chicas, más de cien.
- ○ ¿**Tantas**?

- La ortografía es **muy** importante.
- ○ Bueno..., para mí **no tanto**. Para mí es más importante hablar bien.

muy	→	**tan**
mucho	→	**tanto**
mucha	→	**tanta**
muchos	→	**tantos**
muchas	→	**tantas**

3. ¡NO A LA GUERRA!

A Mira los eslóganes. ¿A cuál de estos de problemas se refieren?

- GUERRAS
- PROBLEMAS ECOLÓGICOS
- DERECHOS DE LOS ANIMALES
- DERECHOS HUMANOS
- PROBLEMAS SOCIALES
- DISCRIMINACIÓN

B ¿Por qué y para qué se manifiestan? Elige tres eslóganes e interprétalos escribiendo en tu cuaderno el porqué y el para qué, como en la pizarra.

NO AL COMERCIO DE ANIMALES EXÓTICOS

¿Por qué?	¿Para qué?
Porque hay especies que están en peligro y se cazan ilegalmente.	Es para que no desaparezcan especies protegidas.

4. DE TUCUMÁN A BUENOS AIRES

Marcha por la Vida de Los Chicos del Pueblo

Del 20 de junio al 1 de julio de este año se realizó en Argentina una nueva "Marcha por la Vida", organizada por el Movimiento Nacional de los Chicos del Pueblo: 300 niños recorrieron más de 2000 km.

Primero queremos decirles quiénes somos: somos niños. Somos personas, somos humanos, somos los villeros, somos los negritos. Somos la voz de los otros chicos que no pueden marchar. Somos argentinos.

¡¡¡Argentina!!! Estamos acá para marchar por la vida, para defender nuestros derechos, para cantar, para hablar, para gritar, para explicar, para juntar los pedacitos de nuestros sueños y armar un gran rompecabezas.

Nosotros, los chicos del pueblo, queremos decirle basta ya al hambre.

¡EL HAMBRE ES UN CRIMEN!

Aluminé, de General Rodríguez, 14 años

Para los que no saben por qué marchamos les queremos contar que el 20 de junio salimos de Tucumán porque ya no aguantamos ver más a las mamás y a los papás juntando cosas en la calle.

No queremos ver más amiguitos y hermanitos sin zapatillas, a nuestras familias con hambre porque no tienen trabajo. No queremos más muertes por desnutrición.

Porque no nos gusta que nos cuenten el cuentito de que el país es pobre. Recorrimos las rutas y vimos que nuestro país es rico. Hay que repartir mejor.

¡ESTO NO VA MÁS! ¡BASTA YA!

Julio, de Villa Fiorito, 12 años

Nosotros, los chicos, queremos que nuestros padres tengan trabajo, porque trabajo hay.

El gobierno tendría que poner toda la plata necesaria para abrir las fábricas y cultivar los campos, así nuestros papás tendrían trabajo para poder comprar comida y poder comer en nuestras casas y no en comedores, como la mayoría de los pibes lo hacen.

Si los poderosos nos devuelven nuestra plata, podríamos tener pan calentito para compartir con nuestras familias.

A todos les decimos que para que nuestros sueños sean realidad, lo primero que necesitamos es que nuestros papás ¡TENGAN TRABAJO!

Laura, de Lomas de Zamora, 13 años

A ¿Qué sabes de Argentina? ¿Sabes si es un país rico o pobre? ¿Cuáles son los problemas más importantes por los que han organizado la Marcha? Con un compañero haz una lista.

B Ahora escucha a Cristian, un chico de 13 años de Tucumán. ¿Con qué sueñan él y los otros chicos de la Marcha? Anota el máximo de "sueños" de los que menciona en su discurso.

• Sueña con tener una casa y...

5 la chuleta de gramática

¿POR QUÉ? / ¿PARA QUÉ?

CAUSA

¿**Por qué** están de huelga?
Porque no les **pagan**. — INDICATIVO

FINALIDAD

¿**Para qué** están de huelga?
Para que les **paguen**. — SUBJUNTIVO
Para cobrar. — INFINITIVO

A FAVOR / EN CONTRA

● ¿**Estáis a favor o en contra de** los toros?
❍ **Yo estoy a favor**.
■ **Yo, en contra**.

RELATIVAS: INDICATIVO / SUBJUNTIVO

Tienen **un colegio donde** / **en el que** **pueden** estudiar. — INDICATIVO

Piden **un colegio donde** / **en el que** **puedan** estudiar. — SUBJUNTIVO

Tienen **un trabajo que** les **permite** vivir. — INDICATIVO

Necesitan **un trabajo que** les **permita** vivir. — SUBJUNTIVO

5. EN NUESTRO PAÍS...

A Escucha a estas chicas que hablan sobre los problemas de sus países. Copia el cuadro en tu cuaderno y complétalo.

1 Berenice

2 Eva

3 Patricia

	PAÍS DE ORIGEN	PROBLEMAS PRINCIPALES	POSIBLES SOLUCIONES
BERENICE	----------	---------------	-------------
EVA	----------	---------------	-------------
PATRICIA	----------	---------------	-------------

B Éstos son algunos de los problemas que pueden darse en una región o en un país. ¿Crees que existen en el lugar en el que vives? Primero, léelos individualmente. Luego, ponte de acuerdo con dos compañeros.

1 Las mujeres están discriminadas: tienen menos derechos y ganan menos por el mismo trabajo. ..... SÍ NO
2 Hay niños que trabajan. .... SÍ NO
3 Hay poca vida familiar, los padres no tienen tiempo para estar con los hijos. .... SÍ NO
4 Hay muchos jóvenes que tienen problemas con las drogas. .... SÍ NO
5 El gobierno gasta poco en educación. .... SÍ NO
6 Hay mucha gente sin trabajo. .... SÍ NO
7 Hay muchas familias que no tienen suficiente dinero para vivir. .... SÍ NO
8 Hay personas discriminadas por su raza o por su cultura. .... SÍ NO

- *¿Vosotros pensáis que aquí las mujeres están muy discriminadas?*
- *No, no tanto; creo yo.*
- *Pues yo opino que sí, mucho... Hay muchas mujeres sin trabajo.*

C Elegid tres problemas que creéis que existen en vuestra ciudad o región. ¿Qué se puede hacer? Pensad en varias soluciones.

- *Nosotros creemos que el ayuntamiento debería construir más guarderías porque...*

6. PEQUEÑOS TRUCOS PARA UN MUNDO MEJOR

A Lee estas recomendaciones. ¿Cuáles son para ti las cinco más importantes? ¿Hay alguna con la que no estás de acuerdo?

Las relaciones entre los pueblos y las personas y la conservación del medioambiente son probablemente los mayores problemas que se plantea la Humanidad en la actualidad. A continuación, tienes 22 recomendaciones, no tan difíciles de aplicar, que nos ayudarán a contribuir, cotidianamente, a la construcción de un mundo más solidario, más justo y más sostenible.

PARA QUE CAMBIE EL MUNDO, HEMOS DE EMPEZAR POR CAMBIAR NOSOTROS

1 Antes de comprar un producto, pregúntate si realmente lo necesitas. Cualquier consumo innecesario es antiecológico.

2 No te dejes manipular por la publicidad. Mira las cualidades de los productos, y no los sueños que te venden en los anuncios.

3 Antes de tirar cualquier cosa a la basura, piensa si se puede reutilizar, reciclar o reparar, o si puede ser útil para otra persona. Hay muchas organizaciones que saben quién necesita lo que tú no quieres.

4 No compres latas de bebidas, vale más el envase que su contenido y apenas se recuperan. La energía necesaria para producir y transportar una lata equivale a la mitad del bote lleno de petróleo.

5 Aprovecha bien el papel: úsalo por las dos caras, utilízalo reciclado y envíalo después a reciclar.

6 En la alimentación, evita la comida basura o precocinada, que suele contener muchos aditivos y conservantes. Procura consumir alimentos frescos, de temporada y de producción local.

7 Cuando salgas al campo, o cuando vayas al mar, respeta la naturaleza. ¡No tires nada por ahí!

8 Si puedes, ve al cole en bici.

9 Es absurdo estar en manga corta durante el invierno por un exceso de calefacción. Sólo sirve para gastar energía. Es preferible ponerse un jersey.

10 En el jardín, en el cole, en el campo... planta un árbol.

11 Si en tu ciudad hay, compra en las tiendas de Comercio Justo.

12 No compres productos de empresas que no respetan los derechos humanos y que usan mano de obra infantil.

13 No aceptes la publicidad sexista. Rechaza los productos que se venden con imágenes de mujeres-objeto.

14 Seguro que hay personas ancianas a tu alrededor. No olvides que en muchas situaciones cotidianas necesitan la ayuda de un joven.

15 Lee cosas sobre otras culturas. Te ayudará a comprender mejor a los extranjeros que viven cerca de ti.

16 No discrimines a nadie por su aspecto. ¡Lo importante no se ve!

17 Cuando tengas un problema con alguien, trata siempre de dialogar. La comunicación es siempre el mejor camino.

18 No pienses que todo se compra y se vende. ¡Las cosas más importantes en la vida (la salud, el amor, la amistad...) no están en venta!

19 Si viajas, trata de entender las costumbres del país donde te reciben de vacaciones. No critiques las costumbres sin conocerlas.

20 Infórmate sobre lo que pasa en el mundo. Todo tiene algo que ver contigo en la era de la globalización.

21 Estudia idiomas: te ayudará a ver el mundo con los ojos de otras culturas.

22 Y por último:

¡no digas nunca "yo no puedo hacer nada"!

B ¿Cuántas de estas cosas ya haces? ¿Cuáles deberías hacer?

- *Yo debería gastar menos papel y reciclarlo.*

C Termina estas frases con ideas sacadas de las recomendaciones. Luego pondremos todas nuestras ideas en común.

En lugar de comprar latas, deberíamos...
En lugar de fijarnos en el exterior de la gente, ...
En lugar de consumir como locos, ...
En lugar de ir en coche a todas partes,...
En lugar de pensar que lo nuestro es lo único y lo mejor, ...

D Reúnete ahora con un compañero y añadid dos recomendaciones más.

5 la chuleta de gramática

PROPONER SOLUCIONES

CON SUJETO PERSONAL

El gobierno **debería** construir más centros sanitarios y más escuelas, **en lugar de** gastar tanto en armas.

Deberíamos estudiar más idiomas.

IMPERSONAL

Habría que / **Se debería** estudiar más idiomas.

HAY MUCHA GENTE QUE...

Hay mucha gente que se preocupa por el medioambiente.
Hay muchos jóvenes que leen muy poco.
Hay muchas personas que colaboran con una ONG.

La Revista Loca

Igualdad y ecología: COMERCIO JUSTO

El Comercio Justo no es una ayuda a los países pobres, es una forma de intercambio justo. Consumir productos de Comercio Justo es luchar contra las desigualdades

¿Quién hace los productos que compramos?

Todos compramos y vendemos cosas. ¿Nos hemos preguntado alguna vez qué y quién hay detrás de la tableta de chocolate, del paquete de azúcar, de las zapatillas deportivas o de la camiseta de algodón que compramos?

La respuesta no es muy agradable. Estos productos han sido producidos, envasados o fabricados en países del Cono Sur, que son países de producción agrícola y que están poco desarrollados tecnológicamente. Los productos han sido cultivados, recolectados y cosidos por personas, entre ellos niños y niñas, que han trabajado en condiciones y horarios agotadores, y que cobran un sueldo insuficiente para tener una vida digna. Además, han sido producidos en fábricas o en explotaciones agrícolas que no respetan el medioambiente, que contaminan, deforestan, utilizan sustancias químicas y destrozan las tierras en las que están situadas.

¿Y todo esto por qué? Pues porque la mayoría de productos que son la base del comercio Norte-Sur está en manos de grandes fabricantes del Norte que quieren ganar mucho dinero en el menor tiempo posible, sin tener en cuenta los daños que provocan a los derechos de las personas ni al medioambiente. La consecuencia es que las diferencias entre los países del Norte y los del Sur aumentan en vez de disminuir; en los países del Sur cada vez hay más pobreza y más degradación ecológica.

Cambiar el comercio, cambiar el mundo

Para intentar frenar este proceso, y para denunciarlo, hace unos años surgió el movimiento del Comercio Justo. Su objetivo es cambiar las reglas de juego del comercio internacional: tratan de crear nuevas formas de intercambio comercial justas, equitativas y respetuosas con el medioambiente.

El Comercio Justo agrupa un colectivo cada vez más importante de cooperativas y tiendas en todos los continentes que tienen en común los siguientes principios:

- **Pagar a las personas que producen y fabrican los productos unos salarios justos que les permitan tener una vida digna.**
- **Pagar el mismo sueldo a los hombres y a las mujeres.**
- **Respetar los derechos de los niños y las niñas a su educación. No admitir niños ni niñas como trabajadores.**
- **No usar productos contaminantes.**
- **Respetar la tierra, los bosques, los ríos. No utilizar semillas transgénicas.**

somos diferentes, somos iguales

- **Si la democracia viene de los griegos, el cristianismo, de los judíos, y la técnica de meditación, de Oriente...**
- **Si las cifras que sumamos son árabes, las letras que escribimos, latinas y la imprescindible rueda es persa...**
- **Si Asia entregó el arroz, los países mediterráneos, el trigo, y América, el maíz...**
- **Si muchos ritmos que bailamos son africanos... la no violencia que más inspira es india... y el universal villancico "Noche de Paz" es germánico...**
- **Si la raza humana es de todas las personas de esta tierra... ¿por qué no luchar para que todas las culturas dialoguen y aporten en la construcción de un mundo en justicia y en paz?**

Fuente: *Agenda Latinoamericana Mundial*

CANCIONES PARA PROTESTAR Y RESISTIR

La canción como forma de protesta social es un fenómeno que podemos encontrar en todas las culturas y en muchísimos países del mundo. En los países de Latinoamérica, el movimiento de los cantautores comprometidos ideológicamente tuvo su momento de mayor apogeo entre los años sesenta y setenta y tiene continuidad en jóvenes artistas actuales que incorporan nuevos ritmos y nuevos temas al repertorio clásico.

Las canciones de este movimiento llamado "Nueva canción latinoamericana" son el resultado de dos energías: la poesía y el deseo de cambiar el mundo. En este momento forman parte de la memoria colectiva de los pueblos que las inspiraron y, superando fronteras, acompañan poética y musicalmente las luchas por una sociedad más justa.

Sólo le pido a Dios

Letra y música: León Gieco

Sólo le pido a Dios
que el dolor no me sea indiferente,
que la reseca muerte no me encuentre
vacío y solo sin haber hecho lo suficiente.

Sólo le pido a Dios
que lo injusto no me sea indiferente,
que no me abofeteen la otra mejilla
después que una garra me arañó esta suerte.

Sólo le pido a Dios
que la guerra no me sea indiferente,
es un monstruo grande y pisa fuerte
toda la pobre inocencia de la gente.

Sólo le pido a Dios
que el engaño no me sea indiferente
si un traidor puede más que unos cuantos,
que esos cuantos no lo olviden fácilmente.

Sólo le pido a Dios
que el futuro no me sea indiferente,
desahuciado está el que tiene que marchar
a vivir una cultura diferente.

**¿Y tú? ¿Qué le pides a Dios, a la vida o al futuro?
Con un compañero imagina una estrofa más.**

Algunos nombres

Argentina: León Gieco, Alberto Cortez, Mercedes Sosa

Cuba: Pablo Milanés, Silvio Rodríguez, Amauri Pérez

Chile: Violeta Parra, Víctor Jara

Guatemala: Ricardo Arjona

Nicaragua: Carlos Mejía Godoy

Uruguay: Daniel Viglietti

LA PEÑA DEL GARAJE
LOS CHICOS ESTÁN MUY ASUSTADOS. ESOS TIPOS DEL TODOTERRENO Y DE LAS MOTOS PARECEN PELIGROSOS Y CASI LOS DESCUBREN. ESCONDIDOS DETRÁS DE UNO DE LOS CAMIONES DE LA EMPRESA DE HELADOS, NUESTROS AMIGOS DISCUTEN QUÉ PUEDEN HACER AHORA. Y NO SE PONEN DE ACUERDO. UNOS QUIEREN ENTRAR A VER QUÉ PASA DENTRO DE LA FÁBRICA. OTROS OPINAN QUE ES MEJOR AVISAR A LA POLICÍA O HABLAR CON SUS PADRES.
EN LA FÁBRICA
CAP. 6
PUES YO PIENSO QUE ES UNA LOCURA ENTRAR.
DEBERÍAMOS LLAMAR A LA POLICÍA.
A MÍ ME PARECE MUY MAL IRNOS A CASA TAN TRANQUILOS SIN HACER NADA... DEBERÍAMOS SEGUIR INVESTIGANDO.
DE PRONTO ENTRA EN ESCENA ¡EL PADRE DE ÁLVARO! LOS CHICOS INTENTAN ESCUCHAR...
¿YA ESTÁ TODO PREPARADO? LOS HELADOS TIENEN QUE SALIR HOY HACIA LA CORUÑA.
NO TAN DEPRISA. PRIMERO DEBERÍAMOS HABLAR DE MI HIJO, ¿NO? TENDRÉIS LOS HELADOS CUANDO ÁLVARO ESTÉ AQUÍ, A MI LADO...
LAS CAJAS CON LOS 10000 HELADOS ESTÁN EN ESE CAMIÓN. Y LA DROGA ESTÁ DENTRO DE ESTOS CUCURUCHOS...
O SEA, QUE YO YA HE CUMPLIDO CON EL TRATO. PERO AHORA QUIERO A MI HIJO.
DE PRONTO PASA ALGO HORRIBLE...
¡ACHUUUUUUUUUUUUUM...!
¿QUIÉN ANDA AHÍ? GONZÁLEZ, SI HAS AVISADO A LA POLI, DESPÍDETE DE TU HIJITO..
VAMOS, CHICOS, CORRAMOS... POR ESA VENTANA.
CÓMO MOLA. KILOS Y KILOS DE HELADOS... DE FRESA, DE CHOCOLATE, DE NATA...
¿CÓMO PUEDES PENSAR EN HELADOS AHORA, MIGUEL...?
¿CHICO, ADÓNDE VAS TAN DEPRISA?
¡DEBERÍA USTED PROBAR ESTE CHOCOLATE TAN BUENO!!!!
ON

(CONTINUARÁ)

Lee este manifiesto que han firmado un grupo de Premios Nobel. ¿Lo firmarías? ¿Por qué?

Los 6 puntos claves del Manifiesto

¿Y si el nuevo milenio fuera un nuevo comienzo, la ocasión de transformar –juntos– la cultura de guerra y violencia en una **cultura de paz y** de **no violencia**?

Son los seis puntos del Manifiesto 2000 ya firmado por los Premios Nobel de la Paz. Usted también puede firmarlo.

Porque el año 2000 debe ser un nuevo comienzo para todos nosotros. Juntos podemos transformar la cultura de guerra y de violencia en una cultura de paz y de no violencia.

Porque esta evolución exige la participación de cada uno de nosotros y ofrece a los jóvenes y a las generaciones futuras valores que les ayuden a forjar un mundo más justo, más solidario, más libre, digno y armonioso, y más próspero para todos.

Porque la cultura de paz hace posible el desarrollo duradero, la protección del medioambiente y la satisfacción personal de cada ser humano.

Porque soy consciente de mi parte de responsabilidad ante el futuro de la humanidad, especialmente para los niños de hoy y de mañana.

Me comprometo en mi vida cotidiana, en mi familia, en mi trabajo, en mi comunidad, en mi país y en mi región a:

respetar la vida y la dignidad de cada persona, sin discriminación ni prejuicios;

practicar la no violencia activa, rechazando la violencia en todas sus formas: física, sexual, psicológica, económica y social, en particular hacia los más débiles y vulnerables, como los niños y los adolescentes;

compartir mi tiempo y mis recursos materiales, cultivando la generosidad para terminar con la exclusión, la injusticia y la opresión política y económica;

defender la libertad de expresión y la diversidad cultural, privilegiando siempre la escucha y el diálogo, sin ceder al fanatismo, ni a la maledicencia y al rechazo del prójimo;

promover un consumo responsable y un modo de desarrollo que tenga en cuenta la importancia de todas las formas de vida y el equilibrio de los recursos naturales del planeta;

contribuir al desarrollo de mi comunidad, propiciando la plena participación de las mujeres y el respeto de los principios democráticos, con el fin de crear juntos nuevas formas de solidaridad.

El **Manifiesto 2000 para una cultura de paz y de no violencia**, creado por un grupo de Premios Nobel, traduce las resoluciones de las Naciones Unidas en el idioma cotidiano para hacerlo accesible al mayor número de personas.

El **Manifiesto 2000** no es un llamamiento, ni una petición dirigida a instancias superiores; se trata de un compromiso que empieza a nivel individual.

El DOSSIER de la CLASE

NUESTRA DECLARACIÓN

Ahora nosotros vamos a redactar un pequeño manifiesto para mandarlo a las Naciones Unidas.

TAREA

1 En pequeños grupos decidimos cuáles son los tres problemas más graves que tiene nuestro mundo actual.

- las guerras
- el comercio de armas
- el hambre
- la corrupción de los políticos
- el agua
- las drogas
- el medioambiente
- la desigualdad entre los países ricos y los pobres
- la energía
- el racismo
- la violencia
- el paro
- ...

2 Explicaremos en qué consiste cada problema y cuáles son sus causas o cómo lo entendemos nosotros.

3 Daremos también sugerencias para solucionarlo o para mejorarlo.

4 Escribimos el discurso, nos repartimos sus partes y lo ensayamos.

5 Cuando lo tengamos muy bien ensayado, lo leeremos ante toda la clase.

6 Los demás compañeros podrán hacernos preguntas.

6

Poesía eres tú

En esta unidad vamos a:

Escribir varios poemas y a hacer un libro de poesía.

Para ello vamos a:

- trabajar con poesía (rima, imágenes, figuras retóricas...)
- aprender poemas en español
- aprender cosas sobre poetas del mundo hispano
- leer, a recitar y a reconstruir poemas
- explicar nuestras emociones y nuestros gustos
- comparar
- evocar sensaciones y recuerdos
- algunas reglas de acentuación: la tilde diacrítica y los diptongos
- aprender el Imperfecto de Subjuntivo

1. LA POESÍA Y TÚ

¿Qué piensas sobre la poesía? Copia en tu cuaderno las frases de esta lista que reflejan tus experiencias. Luego habla con tu compañero, encontrad vuestras diferencias y explicádselo al resto de la clase.

- A mí no me gusta nada.
- Yo pienso que la poesía es cursi.
- Para mí, escribir poesía es muy difícil.
- Yo no la entiendo.
- A mí no me dice nada.
- Yo nunca he escrito un poema.
- Yo a veces escribo poesía.
- Alguna vez alguien me ha enviado un poema.
- La poesía sólo trata de tres temas: el amor, la vida y la muerte.
- Yo conozco una poesía de memoria en mi idioma.
- Hay poesías que me gustan mucho.
- Las poesías me ayudan cuando estoy triste.
- A veces las poesías expresan lo que yo no sé expresar.
- A mí me apasiona leer y escribir poesías.

● *Ella piensa que la poesía es muy difícil de entender y yo pienso que, a veces, la poesía expresa lo que yo no sé expresar...*

2. ¿QUÉ ES POESÍA?

A Relaciona los textos que hablan del mismo tema.

B Seis de estos textos son fragmentos de poesías españolas. ¿Cuáles? Habla con tu compañero y decidid cuáles son.

● *Yo creo que el texto 2 es una poesía.*
○ *No sé... ¿Seguro?*
● *Yo creo que sí.*

C ¿Por qué crees que estos textos son poemas?

- Porque tienen palabras más difíciles.
- Porque hay palabras que se repiten.
- Porque las palabras terminan igual.
- Porque las frases tienen un ritmo.
- Porque las palabras son más bonitas.
- Porque las palabras están dispuestas en líneas cortas, unas debajo de otras.
- Porque tienen palabras que sorprenden, que no te esperas.
- ...

D ¿Qué texto te ha gustado más? Copia en tu cuaderno las palabras o las frases que te hayan gustado más.

1

Córdoba, 29 de julio de 1903

Pelea Mortal

Alertada por un denunciante anónimo, la Guardia Civil encontró el cadáver de un hombre con heridas de arma blanca, probablemente una navaja, en el fondo del barranco del río Guadajoz, cerca del camino que une las localidades de Ízcar y Castro del Río. El cadáver fue identificado como el de J. A. Gálvez, de 29 años, natural y vecino de la localidad cercana de Montilla. Algunos vecinos de Castro del Río han explicado a los reporteros de este periódico que el difunto fue herido mortalmente en el transcurso de una pelea entre él y otro joven causada por una rivalidad familiar. La pelea tuvo lugar en el paraje llamado El olivar de Encija, en presencia de varias mujeres y varios hombres, miembros de las dos familias, que llegaron montados a caballo desde los pueblos cercanos.

2

...Y MORIRÉ DE AMOR
PORQUE TE QUIERO,
PORQUE TE QUIERO,
AMOR, A SANGRE Y FUEGO.

3

Tengo miedo de verte
necesidad de verte
esperanza de verte
desazones de verte.

4

El 20 de Julio de 1969, Neil Armstrong se convirtió en el primer hombre que pisó la Luna. Fue seguido por Edwin Aldrin, ambos pertenecientes a la misión Apollo 11. Los astronautas experimentaron la diferencia de la gravedad. La gravedad lunar es un sexto de la gravedad terrestre, es decir, un hombre que pese unos 82 kg en la Tierra, pesará sólo 14 kg en la Luna.

5

En la mitad del barranco
las navajas de Albacete,
bellas de sangre contraria,
relucen como los peces.
Una dura luz de naipe
recorta en el agrio verde,
caballos enfurecidos
y perfiles de jinetes.
En la copa de un olivo
lloran dos viejas mujeres.

El toro de la reyerta
se sube por la paredes.
Ángeles negros traían
pañuelos y agua de nieve.
Ángeles con grandes alas
de navajas de Albacete.
Juan Antonio el de Montilla
rueda muerto la pendiente,
su cuerpo lleno de lirios
y una granada en las sienes.

6

átomo. (Del lat. *atŏmum*, y este del gr. ἄτομου) m. *Fís.* y *Quím.* Cantidad menor de un elemento químico que tiene existencia propia y se consideró indivisible. Se compone de un núcleo, con protones y neutrones, y de electrones orbitales, en número característico para cada elemento químico. || 2. m. Partícula material de pequeñez extremada.

7

http://www.mensajeslocos.es

Mi AMOR

Hola mi amor ♥♥ te escribo para decirte lo feliz que me siento por haber encontrado la felicidad junto a ti. Estoy enamorado de ti ☺♥♥♥♥♥♥♥♥☺ y no sabes cuánto, espero que me quieras cada día. Estoy feliz pero también tengo miedo de perderte y de que me dejes, porque dañarías mi vida ☹☹. Te quiero, te adoro ☺☺. Tengo miedo y soy feliz. Soy feliz y tengo miedo. ¡Qué lío!

8

9

10

La luna se puede tomar a cucharadas o como una cápsula cada dos horas.
Es buena como hipnótico y sedante y también alivia a los que se han intoxicado de filosofía.
Un pedazo de luna en el bolsillo es mejor amuleto que la pata de conejo: sirve para encontrar a quien se ama, y para alejar a los médicos y las clínicas.
Se puede dar de postre a los niños cuando no se han dormido.

La luna

11

El mar, el mar y tú, plural espejo, el mar de torso perezoso y lento nadando por el mar, del mar sediento: el mar que muere y nace en un reflejo.

12

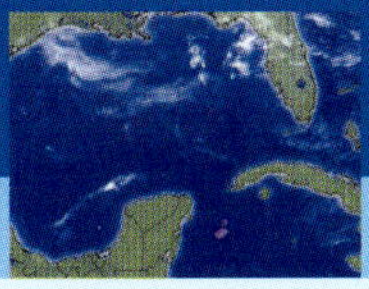

ESTADO DE LA MAR
Golfo de México
Previsión para esta semana

Vientos débiles de fuerza 2 en el Este y el Noroeste. Fuerza 2 a 3 en el Norte; 3 a 4 en el Sur. De marejada a marejadilla. Buena visibilidad.

6 la chuleta de gramática

HABLAR DE GUSTOS

(A mí) me encanta...
(A mí) me gusta mucho...
(A mí) me gusta bastante...
(A mí) mo me gusta demasiado...
(A mí) mo me gusta nada...
(Yo) odio...
(Yo) detesto...

● **A mí encanta** leer poemas.
❍ Pues **a mí no me gusta demasiado**.
■ Pues **yo odio** la poesía.

ESPECULAR

● **(Yo) creo que** este texto es una poesía.
❍ **No sé.**
No creo.
Es posible.
Sí, seguro.
Segurísimo.

RECLAMAR ATENCIÓN

Fíjate en que esta frase es muy rara.

3. POESÍA Y MÚSICA

A Escucha atentamente estos dos poemas y responde a las preguntas en tu cuaderno.

- ¿Cuál de los dos te gusta más?
- ¿Qué palabras o frases comprendes?
- ¿Qué frase puedes recordar?

No es necesario que entiendas TODAS las palabras. La música, el ritmo, los sonidos son parte de la poesía. Déjate llevar. Si el vocabulario te parece muy difícil y crees que necesitas entenderlo, piensa primero en qué puede querer decir. Y luego, mira en el diccionario para verificar si tu hipótesis era la correcta.

B Formad grupos de cuatro y escuchad de nuevo las poesías.

¿Qué frase de estos poemas eligirías para...

1. **felicitar a una compañera?**
2. **felicitar a un compañero?**
3. **hacer una declaración de amor?**
4. **el título de una revista literaria de la clase?**
5. **un punto de libro?**
6. **escribir en vuestra agenda?**

C El profesor os volverá a pasar las grabaciones. Intenta memorizar un fragmento. Luego, recítalo en voz alta.

4. RIMAS

A En parejas, leed los siguientes poemas. ¿Con qué fotografías los relacionáis? ¿Por qué? ¿Cuál os gusta más?

- *Yo creo que la foto XX va con el poema "Yo voy soñando caminos" porque...*

Yo voy soñando caminos

Antonio Machado

Yo voy soñando caminos
de la tarde. ¡Las colinas
doradas, los verdes pinos,
las polvorientas encinas!...

¿Adónde el camino irá?
Yo voy cantando, viajero,
a lo largo del sendero...

–La tarde, cayendo está–.

"En el corazón tenía
la espina de una pasión;
logré arrancármela un día:
ya no siento el corazón. (...)

Si el hambre es buena

Gloria Fuertes

Si el hambre es buena,
un mendrugo de pan
¿para qué más?
Si la playa es buena,
¿para qué navegar?
¿para qué más?
Si la amistad te llena,
¿para qué buscar?
¿para qué más?

Si el amor es AMOR,
loco es quien no dice:
¿para qué más?

Rima XXI

Gustavo Adolfo Bécquer

¿Qué es poesía?, dices, mientras clavas
en mi pupila tu pupila azul.
¡Qué es poesía! ¿Y tú me lo preguntas?
Poesía... eres tú.

La **rima** es uno de los recursos principales de la poesía. Consiste en la repetición de fonemas al final del verso, a partir de la última vocal acentuada (incluida ésta).

Se llama **rima consonante** cuando se repiten todas las vocales y las consonantes de las sílabas.	**poesía** **fantasía**
Se llama **rima asonante** cuando se repiten una o dos vocales.	**arena** **tierra**

B En casa, buscad una música de fondo. Para el próximo día de clase deberéis leer una de las poesías en voz alta con la música que hayáis escogido.

C Haced listas con las palabras que riman y pintad las rimas en distintos colores.

CAMINOS — PINOS

AZUL — TÚ

PAN — MÁS

D Haced una lista de palabras que rimen con las siguientes.

agua, lágrimas, sol, besos, AMOR, SOLEDAD, alma, arena, mar, luna, emoción

E Escribid un poema parecido al de Gloria Fuertes, "Si el hambre es buena", pero cambiando los sustantivos por las palabras de la lista anterior. También podéis añadir otras palabras que os gusten. Los versos deben rimar. Luego, ponedlo en una cartulina y colgadlo por la clase.

6 la chuleta de gramática

SÍLABAS TÓNICAS Y ÁTONAS

Las palabras se dividen en sílabas:
ma-ri-po-sa

Hay sílabas tónicas (o fuertes), que son las que se pronuncian con mayor intensidad:
ma-ri-**po**-sa

Y sílabas átonas, que son todas las demás:
ma-ri-po-**sa**

Según la posición de la sílaba tónica, las palabras pueden ser agudas, llanas o esdrújulas.

Agudas: la sílaba fuerte es la última.
cora**zón**, liber**tad**, llega**rá**

Llanas: la sílaba fuerte es la penúltima.
pecho, **bo**ca, dor**mi**do, **al**ma

Esdrújulas: la sílaba fuerte es la antepenúltima.
mástiles, nos**tál**gicas, **pá**jaros

LA TILDE (´)

La tilde es el acento ortográfico. Se coloca encima de una de las vocales que forman la sílaba tónica. Las reglas de acentuación son:

Agudas: llevan tilde todas las palabras que terminan en **vocal**, en **n** o en **s**: ra**zón**, llega**rá**.

Llanas: llevan tilde todas las que no terminan en **vocal** ni en **n** ni en **s**: **fá**cil, di**fí**cil.

Esdrújulas: siempre llevan tilde: **más**tiles, nos**tál**gicas, **pá**jaros, **lá**grimas.

TILDE DIACRÍTICA

Las palabras monosílabas no llevan nunca tilde excepto unas cuantas, que se acentúan para diferenciar palabras que se escriben igual.

Me gusta **tu** hermano. Me gustas **tú**.

- Digo lo **que** veo y lo **que** pienso.
- ¿**Qué** ves? ¿**Qué** piensas?
- **Si** quieres, te digo una cosa.
- **Sí**, dímela, por favor.

DIPTONGO

Un diptongo es un conjunto de dos vocales: una abierta (**a**, **e**, **o**) y una cerrada (**i**, **u**), o bien de dos cerradas (**i**, **u**) en una misma sílaba.

ai-re **mue**-vo **rui**-do **diur**-no

Si tenemos una vocal abierta más vocal cerrada y la cerrada se pronuncia tónica, ésta se acentúa:

Ma-**rí**-a ~~Ma-ria~~ po-e-**sí**-a ~~po-e-sia~~

5. ROMPECABEZAS POÉTICO

A Escribe un sustantivo en una hoja de papel. Luego, dóblala de manera que no se vea lo que has escrito e intercámbiala con la de un compañero. Ahora, escribe un adjetivo en la otra parte de la hoja. Abre el papel. ¿Cuáles son las frases más sorprendentes?

B Aquí tienes el inicio de dos poemas de dos poetas españoles muy conocidos. Cópialos en tu cuaderno y, luego, con un compañero, completadlos con las frases que tenéis desordenadas.

Si mi voz muriera en tierra

Rafael Alberti

Si mi voz muriera en tierra
llevadla al nivel del mar

Romance sonámbulo

Federico García Lorca

Verde, que te quiero verde.
Verde viento. Verdes ramas.

Verde, que te quiero verde.

verde carne, pelo verde,
con ojos de fría plata.

¡Oh mi voz condecorada
con la insignia marinera:

y dejadla en la ribera.

y ella no puede mirarlas.

que abre el camino del alba

¡y sobre el viento la vela!

Bajo la luna gitana,
las cosas la están mirando

Verde, que te quiero verde.

El barco sobre la mar
y el caballo en la montaña.

Llevadla al nivel del mar
y nombradla capitana

sobre el corazón un ancla
y sobre el ancla una estrella

Con la sombra en la cintura,
ella sueña en su baranda

de un blanco bajel de guerra.

y sobre la estrella el viento

Grandes estrellas de escarcha
vienen con el pez de sombra

C En estos poemas aparece de nuevo el Imperfecto de Subjuntivo (que ya has visto en la unidad 2). Aparece sólo en un verso. Con un compañero, descubridlo, encontrad su infinitivo y pensad en cómo se forma.

La **poesía surrealista** es un tipo de poesía que describe a las personas y las cosas con imágenes que vienen del mundo del subconsciente, como los sueños. La técnica utilizada es la llamada "escritura automática", que consiste en unir palabras sin pensar y luego, elegir aquellas frases que tienen mayor intensidad. Es decir, en la poesía surrealista, como en la pintura, no se trata de describir las cosas tal como se ven o se sienten, sino de formar frases sorprendentes para que el lector sienta un impacto.

6. LAS NUBES SON COMO PAÑUELOS

Hay dos recursos del lenguaje muy usados en poesía que consisten en relacionar objetos o ideas a partir de sus semejanzas.

Símil: los dos términos de la comparación van unidos por el adverbio **como**.
Besos **como** mariposas.

Metáfora: no hay nexo, las ideas se yuxtaponen directamente.
El clavel de tu boca (= tu boca es roja como un clavel).

A Lee atentamente estos fragmentos de poemas. Rellena un cuadro como el siguiente y, luego, responde a estas preguntas.

Según los poetas:
- ¿A qué se parecen las nubes y una guitarra?
- ¿En qué piensa cuando ve las barcas en la playa?
- ¿Qué le recuerda el campo de olivos? ¿Por qué?

Como pañuelos blancos de adiós viajan las nubes.
Pablo Neruda

Las nubes	Pañuelos blancos
Las barcas en la playa	
La guitarra	
El campo de olivos	

El campo
de olivos
se abre y se cierra
como un abanico.
Federico García Lorca

La guitarra es un pozo
con viento en vez de agua.
Mario Benedetti

Las barcas de dos en dos, como sandalias
del viento puestas a secar al sol.
Yo y mi sombra, ángulo recto.
Manuel Altoaguirre

B Trabaja con un compañero. ¿Pensáis lo mismo? ¿Os recuerdan a otras cosas? ¿A qué?

C Ahora, jugad a las metáforas. En parejas, cada uno piensa cuatro palabras: un animal, un objeto, una parte del cuerpo y una emoción. Copiadlas en las cuatro esquinas de una hoja de papel y haceos preguntas sobre las palabras. Con las respuestas del compañero, cada uno rellena las cuatro partes de la hoja. Responded a las preguntas sin reflexionar mucho, dejándoos llevar por las sensaciones de formas, olores y colores.

- ¿A qué se parece un gato?
- Se parece a un tigre.
  ¿A qué te recuerda la luna llena?
- Es como si el sol se vistiera de blanco y el cielo de negro.

D Recuperad vuestras hojas y, entre los dos, elegid cuatro palabras de las ocho que tenéis. Escribid una metáfora para cada una, eligiendo las comparaciones más sorprendentes de vuestras listas. Copiadlas en cartulinas y colgadlas por la clase.

6 la chuleta de gramática

IMPERFECTO DE SUBJUNTIVO

Este tiempo tiene dos formas equivalentes.

AMAR

am**ara**	o	am**ase**
am**aras**	o	am**ases**
am**ara**	o	am**ase**
am**áramos**	o	am**ásemos**
am**arais**	o	am**aseis**
am**aran**	o	am**asen**

IRREGULARES

SER

fuera	o	**fuese**
fueras	o	**fueses**
fuera	o	**fuese**
fuéramos	o	**fuésemos**
fuerais	o	**fueseis**
fueran	o	**fuesen**

TENER

tuviera	o	**tuviese**
tuvieras	o	**tuvieses**
tuviera	o	**tuviese**
tuviéramos	o	**tuviésemos**
tuvierais	o	**tuvieseis**
tuvieran	o	**tuviesen**

COMO SI + IMPERFECTO DE SUBJUNTIVO

El gato anda **como si tuviera** un silenciador.

PARECER/PARECERSE

¿**Qué parece** el gato? El gato **parece** un tigre pequeñito. Su cola **parece** una antena.

¿**A** qué **se parecen** las estrellas? Las estrellas **se parecen a** los ojos de los niños cuando ríen.

7. POESÍA DE LA VIDA COTIDIANA

A En grupos de cuatro, describid estos dos objetos: qué forma tienen, qué color, para qué sirven y a qué os recuerdan.

B Ahora, leed los poemas siguientes. ¿Habéis escrito alguna frase parecida?

CANCIONCILLA de AMOR a mis ZAPATOS

Los zapatos en que espero
el tiempo de mi partida,
tienen dos alas de cuero
para sostener mi vida.

Bajo la suela delgada
siento la tierra que espera.
Entre la vida y la nada
¡qué delgada es la frontera!

RAFAEL MORALES

ODA a la ALCACHOFA

La alcachofa
de tierno corazón
se vistió de guerrero,
erecta, construyó
una pequeña cúpula,
se mantuvo
impermeable
bajo
sus escamas,
(...)
y la dulce
alcachofa
allí en el huerto,
vestida de guerrero,
bruñida
como una granada,
orgullosa,
y un día
una con otra
en grandes cestos
de mimbre, caminó
por el mercado
a realizar su sueño:
la milicia.

PABLO NERUDA

C Pensad en un objeto que os guste mucho y haced una lista de palabras con todas las comparaciones posibles. Elegid las comparaciones más sorprendentes, más originales, y escribid un pequeño poema imitando la estructura de uno de estos dos poemas.

8. POETAS

A ¿Conoces a estos poetas de habla hispana? Lee atentamente sus poemas, que tienes en la página siguiente, y relaciona cada fragmento de poema con un libro.

6 la chuleta de gramática

1

el amor es una bahía linda y generosa
que se ilumina y se oscurece
según venga la vida
una bahía donde los barcos
llegan y se van
llegan con pájaros y augurios
y se van con sirenas y nubarrones
una bahía linda y generosa
donde los barcos llegan
y se van
pero vos
por favor
no te vayas.

2

Ya no la quiero, es cierto, pero tal vez la quiero.
Es tan corto el amor, y es tan largo el olvido.
Porque en noches como ésta, la tuve entre mis brazos,
mi alma no se contenta con haberla perdido.
Aunque éste sea el último dolor que ella me causa,
y éstos sean los últimos versos que yo le escribo.

3

Huye luna, luna, luna.
Si vinieran los gitanos,
harían con tu corazón
collares y anillos blancos.

4

Por una mirada, un mundo;
por una sonrisa, un cielo;
por un beso... yo no sé
qué te diera por un beso.

COMPARAR

COMO

El limón es **como** una luna pequeña y amarilla.
Las penas son **como** picaduras de abejas.

COMO... PERO MÁS / MENOS

El gato es **como** un tigre, **pero más** pequeñito.
El gato es **como** una antena, **pero con** patas.
La alcachofa es **como** una flor, **pero menos** bonita.
La alcachofa es **como** una flor **sin** colores.

EVOCAR SENSACIONES Y RECUERDOS

ME RECUERDA/N

Las lágrimas **me recuerdan** la lluvia.
Las cerezas **me recuerdan** a unos pendientes.
El chocolate caliente **me recuerda** al olor de la cocina de mi abuela.

ME HACE PENSAR EN

El fuego **me hace pensar en** el invierno.
Las rocas **me hacen pensar en** la playa.
Cuando veo antenas **pienso en** tejados.

ME DA SENSACIÓN DE

El mar a mí **me da sensación de** libertad.
Los lagos **me dan sensación de** calma.

B Discútelo con tu compañero. ¿Habéis hecho la misma relación? ¿En qué os habéis basado para hacerla?

C Ahora escuchad a unos chicos que hacen una exposición sobre cada uno de los poetas y verificad si vuestras hipótesis eran correctas.

D Escucha de nuevo y responde a las siguientes preguntas.

1. ¿Qué poeta pertenece al siglo XIX?
2. ¿Qué poeta nació en el siglo XX?
3. ¿De qué país es cada uno de los poetas?
4. ¿Qué poeta fue asesinado durante la Guerra Civil española?

LA REVISTA LOCA

EL AMOR EN LOS POETAS DEL SIGLO DE ORO

Los siglos XVI y XVII fueron una etapa muy importante en las Artes y las Letras españolas. Es el periodo en el que Miguel de Cervantes escribió *Don Quijote de la Mancha* y se conoce con el nombre de Siglo de Oro.

En poesía destacan, entre otros, Luis de Góngora, Francisco de Quevedo y San Juan de la Cruz. Aquí tenéis un ejemplo de cómo hablaban del amor. Parece ser que esto no pasa de moda...

AMOR
(fragmento)

Es hielo abrasador, es fuego helado,
es herida que duele y no se siente,
es un soñado bien, un mal presente,
es un breve descanso muy cansado;
es un descuido que nos da cuidado,
un cobarde, con nombre de valiente,
un andar solitario entre la gente,
un amar solamente ser amado;
(...)

Francisco de Quevedo

LA NOCHE OSCURA
(fragmento)

En la noche dichosa,
en secreto, que nadie me veía,
ni yo miraba cosa,
sin otra luz ni guía
sino la que en el corazón ardía.
(...)
Quedéme y olvidéme,
el rostro recliné sobre el amado,
cesó todo, y dejéme,
dejando mi cuidado
entre las azucenas olvidado.

San Juan de la Cruz

Festival de poesía de Medellín

PARA UNA PAZ MÁS ACTIVA QUE TODAS LAS GUERRAS

En 1991, en medio de un clima de violencia y muerte, los escritores de la ciudad de Medellín (Colombia) decidieron iniciar un festival de poesía porque creyeron en la capacidad pacificadora y constructora de la palabra. Desde entonces, en la última semana de junio se celebra un festival que reúne poetas de más de cien países, de todos los continentes, lenguas y culturas. Medellín se convierte en esos días en una ciudad de espacios abiertos en los que cientos de poetas luchan contra la violencia y defienden la vida. Sus armas son la libertad, el arte y la palabra.

www.festivaldepoesiademedellin.org

ESCOMBROS

Escombros es un grupo de artistas argentinos que desde 1988 está muy comprometido en la lucha y denuncia de las injusticias que ocurren en su país y en todo el mundo. Nació como un grupo de arte en la calle. Actualmente está compuesto por José Altuna, Claudia Castro, Horacio D'Alessandro, David Edward, Adriana Fayad, Luis Pazos y Héctor Puppo. Sus obras tratan temas sociales y políticos. Utilizan todo tipo de recursos artísticos: instalaciones, pintadas, esculturas, acciones, poemas objetos, páginas web, fondos de pantalla, incluso sellos.

POESÍA EN ACCIÓN

Una de sus actuaciones fue una escultura hecha con armas que se habían retirado de la circulación. Con ella, el grupo colaboró en la campaña que lleva a cabo desde hace muchos años Lidia Burry, una mujer de 80 años llamada "la abuela de las armas" por su lucha pacifista contra todo tipo de armamento y por la no-violencia.

CADA ARMA DESTRUIDA

Es un hijo que no verá asesinar a su padre.
Es un padre que no pagará rescate por su hijo.
Es una mujer que no será violada.
Es una familia que no será rehén.
Es una casa que no será robada.
CADA ARMA DESTRUIDA
es una victoria de la vida sobre la muerte.
Escombros y Luisa Burry

Una de sus exposiciones fue virtual y se llamaba **País de lágrimas**. Se trataba de una sucesión de fotografías de bolsitas llenas de lágrimas y cada bolsita llevaba distintas inscripciones: "Lágrimas de los chicos que mueren de hambre" o "Lágrimas de aquellos a los que les robaron el futuro", entre otras.

Las cosas más importantes

Ester Partegàs
Las cosas más importantes, 2005
acero, esmalte
55,9 x 55,9 cm
Cortesía de Galería Helga de Alvear, Madrid

Ésta es una de las obras expuestas en ARCO 2006, la Feria Internacional de Arte Contemporáneo, que se celebra anualmente en Madrid. En la feria se puede ver lo más interesante y novedoso del panorama artístico nacional e internacional.

Poema o pintura, ¿qué opinas?

LA PEÑA DEL GARAJE

MAN

EL SECRETO DE LOS HELADOS GON CAP. 7

DENTRO DE LA FÁBRICA DE HELADOS LAS COSAS SE COMPLICAN. EL PADRE DE ÁLVARO SE HA DADO CUENTA DE QUE LOS AMIGOS DE SU HIJO ESTÁN ALLÍ. SU SECRETO VA A SER DESCUBIERTO...

TODO EMPEZÓ HACE ALGUNOS MESES. LA EMPRESA NO IBA BIEN. UNA PEQUEÑA FÁBRICA DE HELADOS NO PODÍA COMPETIR CONTRA LAS GRANDES MULTINACIONALES QUE LLENABAN LA TELEVISIÓN CON PUBLICIDAD DE SUS PRODUCTOS. CADA VEZ TENÍA MÁS DEUDAS. ADEMÁS, LA FAMILIA GONZÁLEZ ESTABA ACOSTUMBRADA A UNA VIDA CARA: COCHES, VIAJES, UNA BONITA CASA... UN DÍA, EL ABOGADO DE LA EMPRESA, IVÁN RAMOS, LLAMÓ A GONZÁLEZ PARA PROPONERLE UNA SOLUCIÓN FÁCIL, PELIGROSA, PERO FÁCIL...

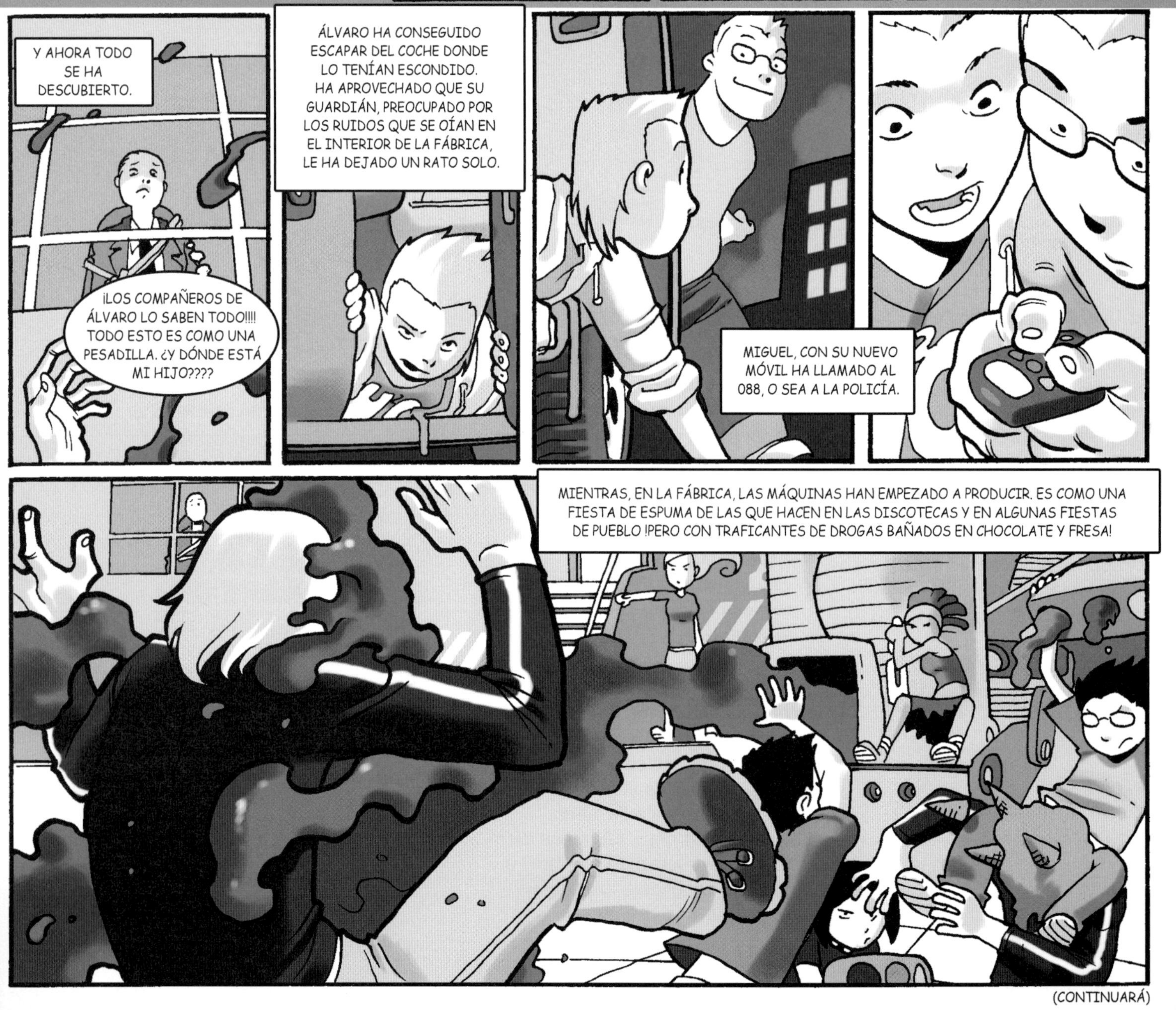

(CONTINUARÁ)

El Dossier de la Clase

I. MIRÓ

A Mira este cuadro de Miró, intenta grabarlo en tu memoria (colores, formas...) y, luego, cierra el libro. Escribe algunas frases sobre lo que has visto.

B Abre el libro y vuelve a mirar el cuadro. En parejas, poned en común todo lo que habéis escrito. Luego escribid todo lo que imagináis viendo la pintura.

C Leed el poema de Octavio Paz sobre Joan Miró.

Fábula de Joan Miró

El azul estaba inmovilizado entre el rojo y el negro.
El viento iba y venía por la página del llano,
encendía pequeñas fogatas, se revolcaba en la ceniza,
salía con la cara tiznada gritando por las esquinas,
el viento iba y venia abriendo y cerrando puertas y ventanas,
iba y venía por los crepusculares corredores del cráneo,
el viento con mala letra y las manos manchadas de tinta
escribía y borraba lo que había escrito sobre la pared del día.
El sol no era sino el presentimiento del color amarillo,
una insinuación de plumas, el grito futuro del gallo.
La nieve se había extraviado, el mar había perdido el habla,
era un rumor errante, unas vocales en busca de una palabra.

Octavio Paz

D Ahora, haced vosotros una pequeña composición de cuatro versos explicando lo que veis, lo que os ha hecho sentir. Utilizad algunas de las frases que tenéis ya escritas. También podéis inspiraros en el texto de Octavio Paz.

II. DALÍ

Ahora, con otro compañero, mirad esta pintura de Salvador Dalí y haced las siguientes actividades.

1. **Explicad lo que veis:**
   - **¿Dónde está la mujer?**
   - **¿Cómo va vestida?**
   - **¿De qué color es su pelo?**
   - **¿Dónde está?**
   - **¿Qué se ve por la ventana?**
2. **Explicad lo que imagináis:**
   - **¿Qué hace la mujer en la ventana?**
   - **¿A quién espera?**
   - **¿En qué piensa?**
3. **Entre los dos, decidid un título para el cuadro.**
4. **Luego, con todo lo que habéis hablado y, a partir del título, componed un pequeño poema (de máximo 10 versos) sobre este cuadro. Recordad las actividades que habéis hecho sobre los símiles, las metáforas, las rimas...**

El DOSSIER de la CLASE

EL LIBRO DE POEMAS

Vas a construir tu propio libro de poemas.

TAREA

A Para ello vas a elegir los cinco mejores poemas que has hecho en la unidad.

B Los vas a copiar cuidadosamente, cada uno en una página, en papel bonito, a mano o con ordenador. No olvides el título.

C Puedes añadir dibujos o acuarelas para ilustrarlos o para decorar las páginas.

D Cuando los tengas copiados, con una cartulina, haces una portada. En ella debes poner el título de tu libro, tu nombre y la fecha.

E Os intercambiaréis los libros al azar entre los compañeros de la clase. En parejas, elegiréis dos poemas de los libros que hayáis recibido y prepararéis una lectura en voz alta, con fondo musical.

F Y para terminar, responde de nuevo el cuestionario que había al principio de la unidad (Actividad 1, La poesía y tú).

G ¿Hay diferencias entre tus respuestas de antes y las de ahora?

NECESITAMOS

- Papel blanco o de colores
- Lápices o rotuladores de colores, pinturas o acuarelas
- Cartulina
- Música
- Inspiración
- Sensibilidad

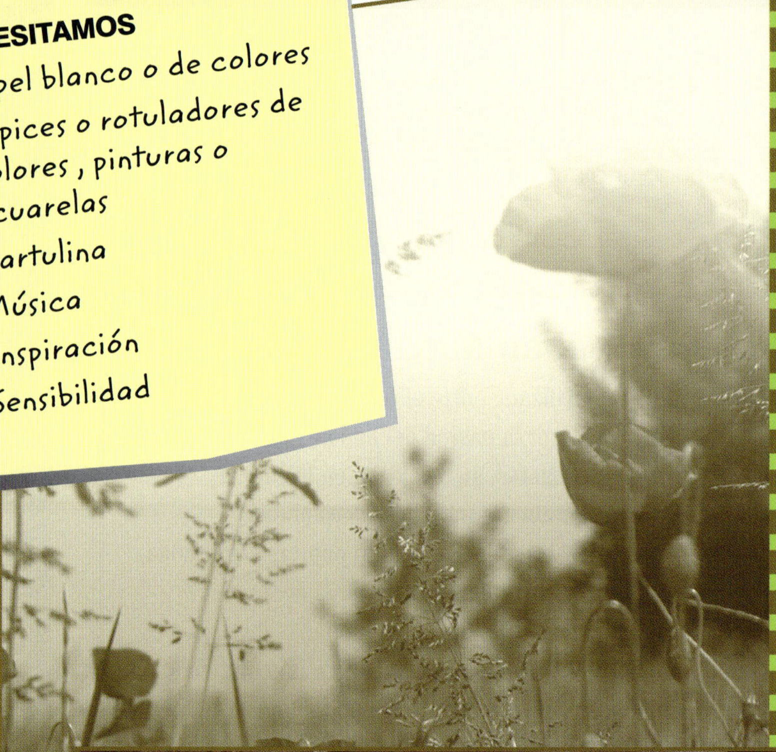

Repaso de las unidades 4, 5 y 6

4 Vida sana

En esta unidad vamos a:
Confeccionar un folleto sobre la vida sana y a representar un debate en la tele sobre las drogas.

Para ello vamos a aprender:
- las construcciones pasivas con **se**
- el Imperativo (**usted** y **ustedes**)
- cuantificadores: **más** / **menos de**, **un poco de**...
- los pesos y las medidas: **litros**, **kilos**...
- a recomendar o a aconsejar: **es bueno** / **malo** / **aconsejable que** + Subjuntivo, **ir** / **no ir bien** / **mal, hay que** + Infinitivo...
- **lo que más** / **menos**
- algunos conectores: **por eso**, **sin embargo**...
- marcadores temporales: **cuando**, **siempre que**, **cada vez que**, **en el momento de**...

5 Nosotros, los jóvenes

En esta unidad vamos a:
Preparar un pequeño discurso con nuestras opiniones sobre los problemas sociales que más nos preocupan.

Para ello vamos a aprender:
- a hablar de derechos
- a expresar y a debatir puntos de vista: **yo pienso** / **opino** / **creo**/...
- a valorar situaciones: **es injusto** / **horrible** / **muy triste** /... **que** + Subjuntivo
- a exponer un problema y sus causas
- a expresar obligación y prohibición: **deber** / **no deber** + Infinitivo
- a proponer soluciones: **tendrían que** / **habría que** + Infinitivo, **debería/as/a**... + Infinitivo
- **muy** / **mucho/a/os/as**, **tan** / **tanto/a/os/as**
- algunas frases relativas con Subjuntivo
- a expresar causa: **por qué**, **porque**
- a referirnos a la finalidad: **¿para qué?**, **para que**...

6 Poesía eres tú

En esta unidad vamos a:
Escribir varios poemas y a hacer un libro de poesía.

Para ello vamos a:
- trabajar con poesía (rima, imágenes o figuras retóricas)
- aprender poesías en español
- aprender cosas sobre poetas del mundo hispano
- leer, a recitar y a reconstruir poemas
- explicar nuestras emociones y nuestros gustos
- comparar
- evocar sensaciones y recuerdos
- algunas reglas de acentuación: la tilde diacrítica y los diptongos
- a aprender el Imperfecto de Subjuntivo

¿Ya sabes...?

1 Ahora ya sabes hacer todas estas cosas, ¿verdad? Con un par de compañeros, buscad una frase para ampliar cada uno de los apartados.

- **Dar consejos y recomendaciones**
Es conveniente desayunar muy bien.
Hay que dormir al menos ocho horas diarias.
Si te duele la garganta, toma zumo de limón con un poquito de miel.

- **Expresar cantidades**
Necesitamos más de un kilo de harina.
No hemos puesto nada de azúcar.

- **Dar instrucciones**
Se pelan las patatas.
Ponga el aceite en la sartén.

- **Expresar gustos**
Lo que más me gusta son las ensaladas.
Yo detesto la poesía romántica.

- **Explicar acciones habituales**
Cuando tengo exámenes, duermo mal.
Cada vez que hago deporte me siento mejor.

- **Hablar de acciones futuras**
Cuando tengas exámenes, toma una buena infusión de tila antes de ir a la cama.
Cada vez que hagas deporte, haz unos buenos ejercicios de calentamiento antes de empezar.

- **Valorar una situación**
Es horrible que haya niños soldados.
Es una buena noticia que se descubran vacunas nuevas.

- **Hablar de la causa**
● ¿Por qué se manifiestan?
○ Porque la situación de los refugiados les parece injusta.

- **Hablar de la finalidad**
¿Para qué es este cartel?
Para que no se fume aquí.

- **Proponer soluciones**
El gobierno debería ayudar a los jóvenes a encontrar un trabajo.
Deberíamos ser más solidarios con las personas minusválidas.

- **Reclamar la atención**
Fíjate en que esta palabra es igual que en inglés.

- **Especular**
● Yo creo que esto no es verdad.
○ Pues yo sí.
■ Seguro que es verdad.

- **Comparar**
El gato anda como si tuviera algodones en las patas.
La luna es como un gran globo blanco en la noche.

- **Evocar sensaciones y recuerdos**
Las nubes me hacen pensar en rebaños de ovejas por el cielo.
El olor de los limones me recuerda a mis vacaciones en Valencia.

Palabras, palabras

2 Escribe esta receta en tu cuaderno completando el título y el texto con las palabras de los círculos. Atención: los verbos, debes escribirlos en la forma conjugada.

ALIMENTOS
aceitunas
aguacates
un limón
salmón

VERBOS
mezclar
rellenar
servir

CANTIDADES
un poquito
una pizca
gramos

SALSAS
mayonesa
ketchup

....
rellenos
de ....

INGREDIENTES:

- 2 ....
- 50 .... de salmón ahumado
- 1/4 cebolla
- 25 gramos de ....
- 6 cucharadas de ....
- 1 cucharada de ....
- El zumo de ....
- .... de pimienta blanca
- .... de sal

PREPARACIÓN:

1. Se vacían los aguacates, reservando la corteza como recipiente.
2. Se pica la carne del aguacate y se .... con el resto de los ingredientes.
3. .... con esta mezcla las cortezas.
4. .... frío.

3 Completa las resoluciones de los representantes de los alumnos españoles en el Ecoparlamento de los jóvenes con los fragmentos de frases siguientes.

para que | Es absolutamente necesario que | El agua potable | sustituir las energías contaminantes | Rechazamos cualquier tipo de | un derecho | proteger la agricultura | contaminación atmosférica | gastos militares | Es muy necesario que | iguales | respeten el medio ambiente | hay que | utilizar mejor los transportes particulares y públicos | programas que promuevan la paz | color de nuestra piel | necesidades

Alumnos españoles en el Ecoparlamento de los jóvenes

14 niñas y 3 niños de edades comprendidas entre los 13 y 16 años, seleccionados entre más de 350 estudiantes españoles de secundaria, presentarán cinco ponencias sobre el medioambiente en el Ecoparlamento de los jóvenes, a partir de los trabajos de investigación realizados en sus centros durante el presente curso académico. El Ecoparlamento de los jóvenes, que se celebrará próximamente en París, es un proyecto europeo de educación ambiental que tiene como objetivo difundir los valores de respeto al medioambiente entre todos los jóvenes.

Las resoluciones a las que han llegado los alumnos de los institutos españoles son:

1 "............ nadie se quede sin comer."
2 "............ las industrias reciban subvenciones para .... por energías limpias como la eólica y la solar, que, además, no se agotan."
3 "Tenemos que aprender a .... para evitar la ...."
4 "Es muy importante un cambio de mentalidad .... las personas separen, reciclen y ...."
5 "Los gobiernos tienen que .... ecológica."
6 "............ es parte de nosotros porque es vida. Es ...., no un privilegio, por eso .... conservarla."
7 "............ guerra porque la guerra es siempre injusta y cruel, sobre todo contra los más débiles. Todo el dinero que se destina en exceso a .... debería dedicarse a .... y la no violencia."
8 "Nuestros nombres, idiomas, religiones y el .... pueden ser distintos pero esencialmente somos todos ...., somos todos personas humanas."
9 "Se debería ayudar en todo momento a las personas con .... especiales, como las personas de edad, los discapacitados, ya padezcan incapacidad física o mental, suprimiendo barreras arquitectónicas y favoreciendo una vida social e individual de calidad."

LA PEÑA del GARAJE
UN DULCE FINAL...
DENTRO DE LA FÁBRICA SIGUE LA BATALLA DE HELADOS ENTRE LOS CHICOS Y LOS MATONES DE LOS TRAFICANTES. AL PADRE DE ÁLVARO LE HAN ATADO A SU SILLA Y CONTEMPLA LA ESCENA IMPOTENTE, SIN PODER HACER NADA.
ÁLVARO Y MIGUEL, QUE HA CONSEGUIDO SALIR DEL EDIFICIO, ESTÁN ATERRORIZADOS, PERO POR SUERTE LA POLICÍA LLEGA PRONTO.
¡AQUÍ, AQUÍ...! ¡RÁPIDO, POR FAVOR! ¡SOCORRO! NECESITAMOS AYUDA...
DESPUÉS, TODO SUCEDE MUY RÁPIDAMENTE, COMO EN UN SUEÑO. LOS TRAFICANTES, SORPRENDIDOS POR EL RITMO DE LOS ACONTECIMIENTOS, INTENTAN HUIR PERO YA HAN LLEGADO VARIOS COCHES DE POLICÍA. CUBIERTOS DE HELADO Y DE CHOCOLATE NO PARECEN TAN PELIGROSOS COMO ANTES.
POLI
TAMBIÉN LLEGAN UNA AMBULANCIA Y LOS PADRES DE ALGUNOS CHICOS.
YA ESTÁ..., MAMÁ. ¡QUE NO HA PASADO NADA!
¿PERO POR QUÉ OS METÉIS SIEMPRE EN LÍOS? ¡QUÉ SUSTO, DIOS MÍO!
ÁLVARO Y SU PADRE TAMBIÉN ESTÁN POR FIN JUNTOS.
PAPÁ... ¿Y QUÉ PASARÁ AHORA CON LA FÁBRICA?
¿SABES? HE TENIDO UNA IDEA FANTÁSTICA QUE SALVARÁ LA EMPRESA. MIRA, DENTRO DE CADA HELADO, PONDREMOS UNA CAJITA ASÍ CON UN JUGUETE. SEGURO QUE SERÁ UN GRAN ÉXITO.
¡ES TAN EMOCIONANTE LO QUE HA PASADO! ¡ES COMO SI FUERA UNA SERIE DE LA TELE! Y TÚ... ¡ERES UN HÉROE! ¡MI HÉROE!!!
¿YO...? ¿TÚ HÉROE? ¿TÚ CREES?
POR LA TARDE, LOS PADRES DE ÁLVARO ORGANIZAN UNA GRAN FIESTA PARA DAR LAS GRACIAS A LOS CHICOS QUE, CON SU VALENTÍA, HAN LOGRADO SACAR AL SR. GONZÁLEZ DEL LÍO EN EL QUE ESTABA METIDO. NATURALMENTE, LA FIESTA VA A TERMINAR CON UN GRAN CONCIERTO DE... ¡LA PEÑA DEL GARAJE!
LA PEÑA DEL
MAN

4 Responde a las preguntas sobre el capítulo final de La Peña del Garaje.

– ¿Por qué este capítulo se titula "Un dulce final"?
– ¿Qué crees que pasará con Helados Gon?
– La aventura de nuestros amigos ha cambiado un poco sus relaciones. ¿En qué?
– ¿Te ha gustado la historieta completa? ¿Cuál es el capítulo que te ha parecido más interesante? ¿Tienes algún personaje preferido de La Peña?

5 Lee la biografía y los poemas de Rafael Alberti y responde a las siguientes preguntas.

1. ¿Por qué se tuvo que exiliar de España?
2. ¿Cuándo volvió a su país?
3. ¿Qué relación ves entre las dos poesías y la biografía del poeta?
4. ¿Qué poesía te gusta más? ¿Por qué?
5. ¿Conoces a otros poetas de tu país, de España o de Latinoamérica que hayan tenido que exiliarse?

El poeta español Rafael Alberti nació en el Puerto de Santa María (Cádiz) en 1917 y murió en esta misma ciudad en 1999. Durante la Guerra Civil española militó activamente en política y dirigió varias revistas de orientación comunista. A causa de sus ideas y de sus escritos, al terminar la guerra tuvo que exiliarse y vivió en Argentina y en Roma. En 1977, con la democracia, volvió a España donde vivió hasta su muerte.

El mar es uno de los temas recurrentes en la poesía de Rafael Alberti. El otro tema es la pintura. Antes de ser poeta Alberti fue pintor, por eso dedicó muchos poemas a la pintura y a los pintores y además, ilustró sus libros con dibujos y pinturas propios.

Si mi voz muriera en tierra

Si mi voz muriera en tierra
llevadla al nivel del mar
y dejadla en la ribera.

Llevadla al nivel del mar
y nombradla capitana
de un blanco bajel de guerra.

¡Oh mi voz condecorada
con la insignia marinera:
sobre el corazón un ancla
y sobre el ancla una estrella
y sobre la estrella el viento
y sobre el viento una vela!

Los ojos de Picasso

Siempre es todo ojos.
No te quita ojos.
Se come las palabras con los ojos.

Es el siete ojos.
Es el cien mil ojos en dos ojos.
El gran mirón
como un botón marrón
y otro botón.
El ojo de la cerradura
por el que se ve la pintura.
El que te abre bien los ojos
cuando te muerde con los ojos.
El ojo de la aguja
que sólo ensarta cuando dibuja.
El que te clava con los ojos
en un abrir y cerrar de ojos.

(Fragmento)

6 Escucha la audición, copia la tabla siguiente y complétala con las informaciones.

	Edad	¿Qué hace como voluntario/a?	¿Por qué es voluntario/a?
 IMMA			
 KARIM			
 LUCÍA			

¿Me lo explicas?

7 En parejas, explicad cuatro posibilidades de desayunos saludables, ponedles un nombre (por ejemplo: desayuno-energía, desayuno-rústico...) y explicad de qué alimentos está compuesto cada uno y por qué le habéis puesto ese nombre.

8 Prepara una grabación en la que expliques una receta que te gusta. Primero, escribe la receta con los ingredientes, las cantidades y el modo de preparación. Explica también por qué has elegido esta receta y lo que sepas de ella (procedencia, propiedades...).

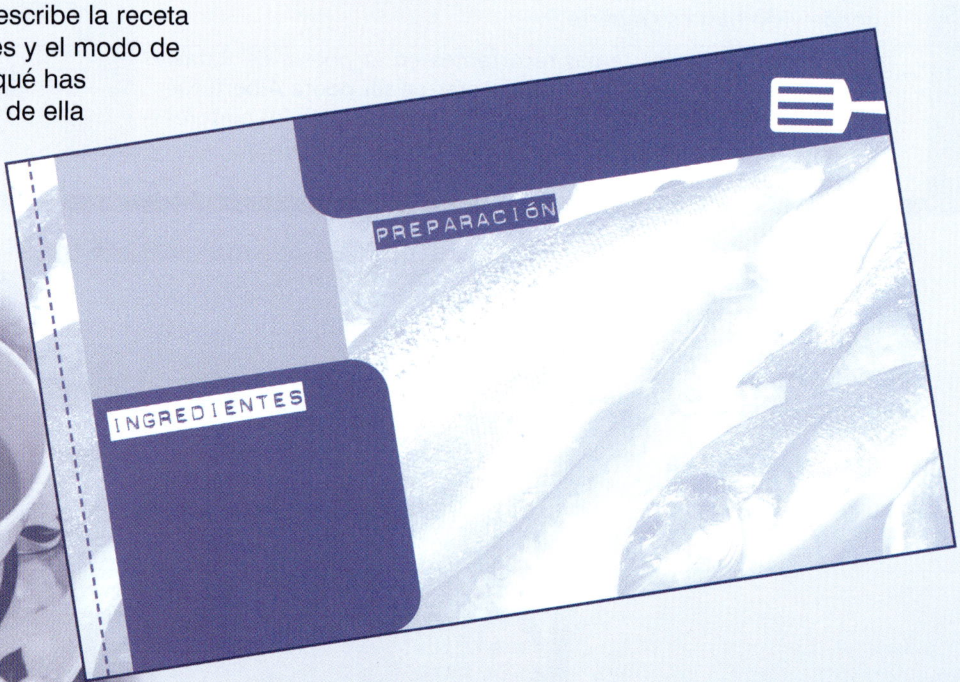

9 En grupos de cuatro realizad un pequeño debate partiendo de los siguientes puntos.

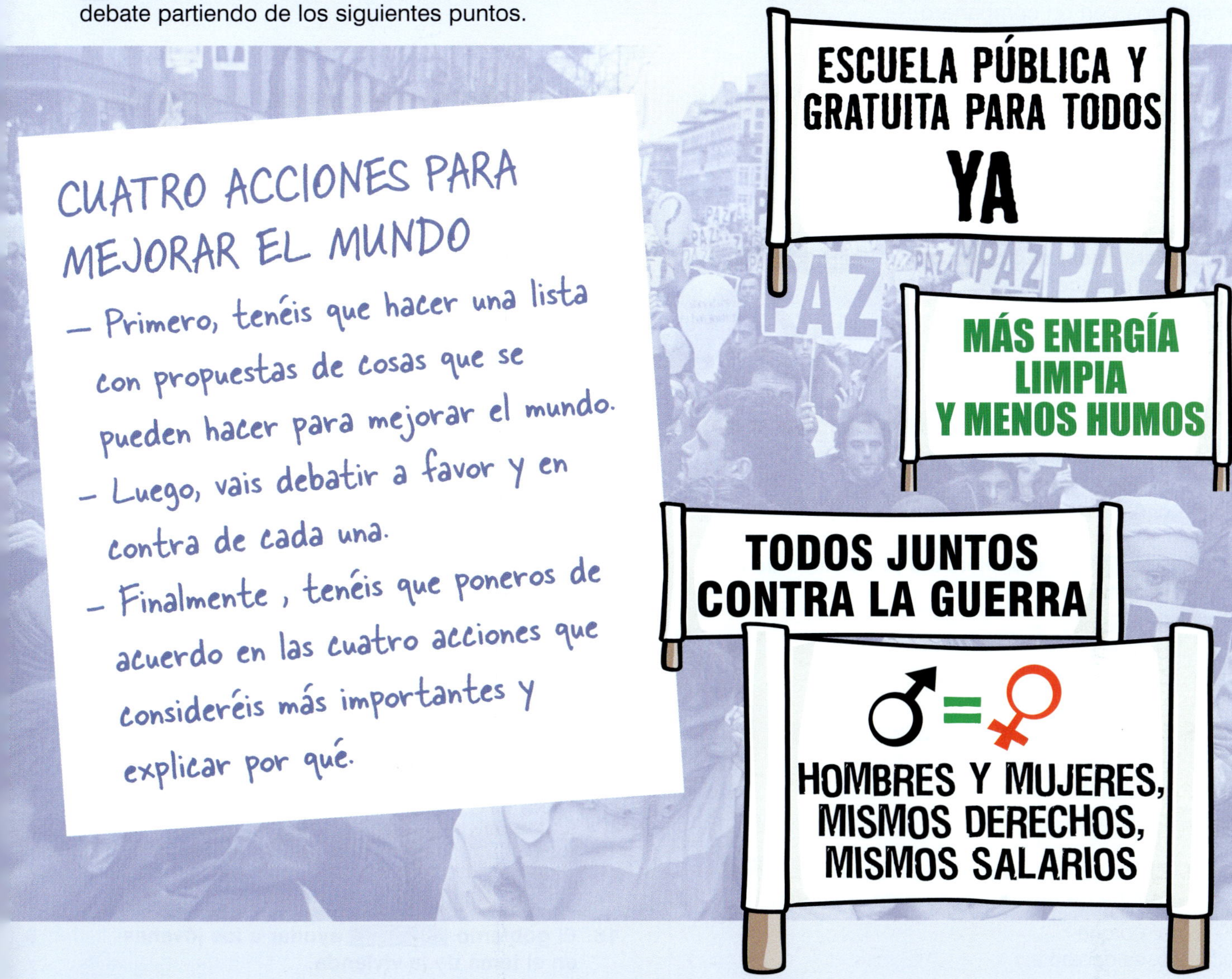

CUATRO ACCIONES PARA MEJORAR EL MUNDO

- Primero, tenéis que hacer una lista con propuestas de cosas que se pueden hacer para mejorar el mundo.
- Luego, vais debatir a favor y en contra de cada una.
- Finalmente, tenéis que poneros de acuerdo en las cuatro acciones que consideréis más importantes y explicar por qué.

10 **A.** Termina las frases siguientes de estas pancartas.

Queremos un mundo sin ....

Queremos un mundo con más ....

No a ....

Sí a ....

Si todos ....

B. Elige una de las frases de A y desarrolla un pequeño texto (de unas quince líneas) sobre el tema de la frase, explicando tus argumentos.

El test

11 Contesta el test y luego comprueba los resultados con un compañero.

1. ● ¿Te gustan las canciones de Juanes?
❍ ....

a. La odio.
b. ¡Me encantan!
c. Les detesto.

2. Para hacer el guacamole, primero .... los aguacates.

a. se pelan
b. pelarse
c. se pelen

3. Hay que comer .... cinco frutas al día.

a. más
b. por lo menos
c. nada de

4. .... hacer ejercicio poco antes de ir a la cama.

a. Tenemos
b. Tengo
c. No hay que

5. Lo que menos me gusta son ....

a. las zanahorias.
b. cocinar.
c. la pasta.

6. El cansancio de muchos jóvenes .... la falta de descanso durante el sueño.

a. porque
b. es debido a
c. por eso

7. Cada vez que .... en barco, me mareo.

a. viajaré
b. viaje
c. viajo

8. Demasiadas horas frente al ordenador no son buenas .... los ojos.

a. por
b. en
c. para

9. Las niñas .... tener los mismos derechos y oportunidades que los niños.

a. deben
b. se debe
c. hay que

10. Es una vergüenza que en el mundo todavía .... millones de niños sin escolarizar.

a. hay
b. haya
c. había

11. Es una buena noticia que .... controlar el paludismo.

a. puedo
b. podría
c. se pueda

12. ● ¿Por qué dices esto?
❍ .... sinceramente.

a. Por qué lo pienso
b. Para pensar
c. Porque lo pienso

13. ¿............ es esta manifestación? .... protestar contra la guerra.

c. Para .... Porque
b. Para qué .... Para
c. Para .... Para

14. ¿Estás a favor o .... de la libertad de expresión?

a. contrario
b. desfavorable
c. en contra

15. Necesitan una casa .... vivir dignamente.

a. porque
b. que
c. donde

16. El gobierno .... ayudar a los jóvenes en el tema de la vivienda.

a. tendría
b. deberíamos
c. debería

17. .... que estudiar con mayor atención los problemas del medioambiente.

a. Habría
b. Es importante
c. Debemos

18. Este perro mira como si .... un lobo.

a. era
b. fuera
c. será

19. Canta como si .... vergüenza.

a. tuviera
b. tiene
c. tendría

20. Este cuadro me .... en un día de verano.

a. recuerda
b. parece
c. hace pensar

La gran chuleta de gramática

La gran chuleta de gramática

DEMONSTRATIVPRONOMEN

Die Demonstrativpronomen dienen der Identifikation eines Gegenstandes oder einer Person.

Singular

este libro	**ese** regalo	**aquel** niño
esta falda	**esa** camiseta	**aquella** mesa

Plural

estos vasos	**esos** relojes	**aquellos** chicos
estas botas	**esas** camisetas	**aquellas** tiendas

Este libro es un poco aburrido.
¿Quiénes son **estas** chicas de la foto?
¿Quieres **ésas** o **aquéllas**?

Wenn wir uns auf etwas Unbestimmtes beziehen, verwenden wir die neutralen Formen **esto**/**eso**/**aquello**.

- ● ¿Para quién es **esto**?
- ❍ Para Andrés.
- ● ¿Y **eso** de allí?
- ❍ Para Jimena. Es un regalo.

LO DE

Wenn wir uns auf etwas beziehen, was bekannt ist, schon erwähnt wurde oder aus dem Kontext klar hervorgeht, können wir **lo de** verwenden.

Lo de la vacuna para la malaria es muy importante.
No entiendo **lo de** Carla.

POSSESSIVPRONOMEN

Die Possessivpronomen bezeichnen ein Zugehörigkeitsverhältnis.

Besitzer	**Possessivpronomen**
yo	**mi/s**
tú	**tu/s**
él/ella/usted	**su/s**
nosotros/as	**nuestro/a/os/as**
vosotros/as	**vuestro/a/os/as**
ellos/ellas/ustedes	**su/s**

¿Dónde está **mi** bolso?
Ésta es **mi** amiga Laura.

Bei Körperteilen sowie bei Dingen, von denen wir nur eines besitzen oder bei denen es aus dem Kontext deutlich hervorgeht, wem sie gehören, wird **el**/**la**/**los**/**las** *verwendet.*

¿Has cogido **la** mochila? *(aufgrund des Kontextes ist klar, dass hier* **tu** mochila *gemeint ist)*
Me duele **la** pierna. (**mi** pierna)
Josu tiene **los** ojos muy bonitos. (**sus** ojos)

Um über den Besitzer zu informieren, werden die folgenden Formen verwendet (posesivos tónicos):

Besitzer	**Possessivpronomen**			
yo	**mío**	**mía**	**míos**	**mías**
tú	**tuyo**	**tuya**	**tuyos**	**tuyas**
él/ella/usted	**suyo**	**suya**	**suyos**	**suyas**
nosotros/as	**nuestro**	**nuestra**	**nuestros**	**nuestras**
vosotros/as	**vuestro**	**vuestra**	**vuestros**	**vuestras**
ellos/ellas/ustedes	**suyo**	**suya**	**suyos**	**suyas**

Diese Possessivpronomen werden in den folgenden Fällen verwendet:

Um über die Identität des Besitzers zu informieren.

- ● ¿De quién es esta maleta?
- ❍ **Mía**.

Um ein Nomen zu ersetzen, das schon erwähnt wurde oder aufgrund des Kontextes schon bekannt ist. In diesem Fall wird der bestimmte Artikel verwendet.

- ● Mis botas son ésas.
- ❍ Y **las mías** esas negras.

Um Beziehungen zwischen Personen zu verdeutlichen. In diesem Fall steht das Pronomen nach dem Nomen.

- ● ¿Quién es?
- ❍ **Un** vecino **mío**.

- ● ¿Con quién está hablando Marta?
- ❍ Con **una** amiga **suya**.

Aber wenn es sich um Eigennamen handelt:

- ● ¿Con quién está hablando Marta?
- ❍ Con **su** amiga Elvira.

DIE PERSONALPRONOMEN

SUBJEKTPRONOMEN

Die Subjektpronomen sind:

yo		
tú		
él	**ella**	**usted**
nosotros	**nosotras**	
vosotros	**vosotras**	
ellos	**ellas**	**ustedes**

Denke daran, dass im Spanischen die Person an der Verbform zu erkennen ist. Deshalb sind die oben genannten Pronomen sehr oft überflüssig.

Habl**o** español e italiano. (**-o** → yo)
Estudi**amos** español. (**-amos** → nosotros)

In anderen Fällen sind die Personalpronomen allerdings notwendig, z. B. wenn über verschiedene Subjekte verschiedene Informationen gegeben werden.

● **Yo** soy español, ¿y **tú**?
○ **Yo**, polaco.
Yo me llamo Inés y **ella**, Juana.

Oder wenn wir jemanden identifizieren möchten.

● ¿El señor Lucas, por favor? ¿Es **usted**?
○ No, es **él**.

TÚ/USTED

Um jemanden formell anzusprechen, verwendet man **usted/ustedes** mit dem Verb in der dritten Person, so wie bei **él/ella** und **ellos/ellas**.

Usted se llama Baesa, ¿no?

Als Jugendlicher solltest du alle Erwachsenen, die du nicht kennst, mit **usted** bzw. **ustedes** ansprechen (z.B. Kellner, Polizisten, Passanten auf der Straße...). In den spanischen Schulen sprechen die Schülerinnen und Schüler ihre Lehrerinnen und Lehrer üblicherweise mit **tú** bzw. **vosotros** an.

In den meisten lateinamerikanischen Ländern wird statt **vosotros** die Form **ustedes** verwendet.

In Argentinien und Uruguay wird statt **tú** das Pronomen **vos** verwendet. Die dazugehörigen Verbzeiten werden auch anders konjugiert. In einigen Fällen wird die letzte Silbe betont:

Vos hablás bien español, ¿lo **estudiás** en el colegio?

PRONOMEN MIT PRÄPOSITION

Mit den Präpositionen (**para**, **de**, **a**, **sin**...) werden die folgenden Pronomen verwendet:

para mí
ti
él/ella/usted
nosotros/nosotras
vosotros/vosotras
ellos/ellas/ustedes

¿Este paquete es **para mí** o **para ti**?

Eine Ausnahme bildet die Präposition **con**:

conmigo
contigo
con él/ella/con usted
con nosotros/nosotras
con vosotros/vosotras
con ellos/ellas/ustedes

¿Vienes **conmigo** o vas **con ellos**?

OBJEKTPRONOMEN DES DIREKTEN OBJEKTS (AKKUSATIV)

Das direkte Objekt (Complemento Directo oder CD) ist der Gegenstand oder die Person, auf die sich das Verb direkt bezieht. Wie im Deutschen wird das Nomen durch ein Pronomen ersetzt, wenn aus dem Kontext klar hervorgeht, auf welches Objekt wir uns beziehen:

Subjekt	Direktes Objekt	
yo	**me**	
tú	**te**	
él/ella/usted	**lo**	**la**
nosotros/nosotras	**nos**	
vosotros/vosotras	**os**	
ellos/ellas/ustedes	**los**	**las**

● ¿Y <u>el anorak</u>?
○ **Lo** he guardado en la mochila.

Wenn das direkte Objekt Hauptthema des Satzes ist, so setzen wir es an den Satzanfang und fügen das entsprechende Pronomen hinzu:

<u>El anorak</u> **lo** he puesto en la mochila.

Wenn sich das Pronomen des direkten Objekts auf eine männliche Person im Singular bezieht, kann auch das Pronomen **le** verwendet werden:

● ¿Has visto <u>a Ernesto</u> últimamente?
○ Sí, **le** vi el lunes en el colegio. Estaba con Eva.

La gran chuleta de gramática

OBJEKTPRONOMEN DES INDIREKTEN OBJEKTS (DATIV)

Subjekt	Indirektes Objekt
yo	**me**
tú	**te**
él/ella/usted	**le**
nosotros/nosotras	**nos**
vosotros/vosotras	**os**
ellos/ellas/ustedes	**les**

→ Das indirekte Objekt (Complemento Indirecto oder CI) bezeichnet die Person/en, auf die sich die Handlung bezieht. Im gesprochenen Spanisch wird mit dem indirekten Objekt immer auch das entsprechende Pronomen genannt.

<u>**Le**</u> he comprado un disco <u>**a mi hermana**</u>.
└**Objektpronomen** └**Indirektes Objekt**

→ Wenn das indirekte Objekt Hauptthema des Satzes ist, so setzen wir es an den Satzanfang und fügen das entsprechende Pronomen hinzu:

<u>A mi hermana</u> **le** he comprado un anillo.

REFLEXIVPRONOMEN

→ Die sogenannten reflexiven Verben verwenden wir immer mit den Pronomen **me/te/se/nos/os/se**. Zum Beispiel: **llamarse**, **quedarse**.

me	llamo
te	llamas
se	llama
nos	llamamos
os	llamáis
se	llaman

Mi mejor amigo **se llama** Jaime Huertas.
Nos quedamos en casa porque estábamos cansados.

→ Einige Verben können reflexiv und transitiv verwendet werden.

Yo siempre **me ducho** por la noche y, después, mi madre **ducha** a mi hermana.
Primero, **acuestan** al bebé, a las 20 h. Y ellos **se acuestan** más tarde, a las 22 h.

→ Auch bei Körperteilen und Kleidungsstücken wird die reflexive Form verwendet.

Héctor, ¿**te has lavado** <u>los dientes</u>?
¿No **te has puesto** <u>la chaqueta</u>?

→ Die Reflexivpronomen können auch bei einigen Verben stehen, die sich auf Essen und Trinken beziehen. Damit wird signalisiert, dass eine Handlung voll und ganz ausgeführt wurde.

Comió tortilla de patatas. (= algo de tortilla, una cierta cantidad no especificada)
Se comió la tortilla de patatas. (= toda la tortilla de patatas)

→ Auch bei reziproken Handlungen werden die Reflexivpronomen (im Plural) eingesetzt.

Las dos hermanas **se quieren** mucho.

→ Viele Verben der Bewegung sind reflexiv und stehen mit den Pronomen **me/te/se/nos/os/se**.

VERBEN DER BEWEGUNG UND DER POSITION

acercarse a / **alejarse de**
acostarse
tumbarse
sentarse
levantarse
ponerse de pie / **rodillas**
quedarse sentado / **de pie** / **tumbado**

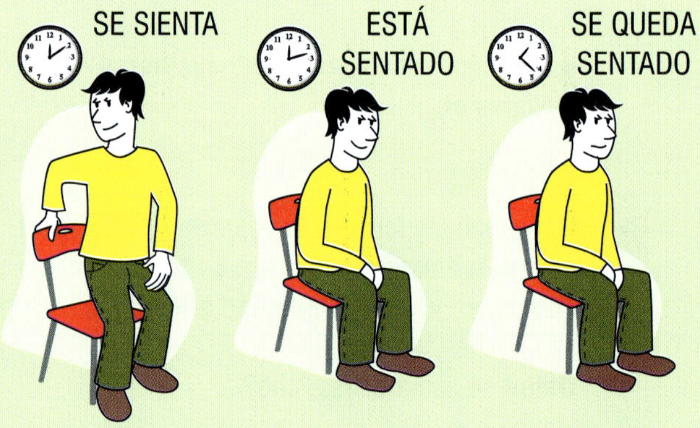

→ Einige Verben haben verschiedene Bedeutungen, wenn sie reflexiv oder transitiv verwendet werden.

IR/IRSE

Adiós, **me voy**. (= dejo el lugar en el que estoy)
Voy a casa de mi abuela. (= indico mi destino)

QUEDAR/QUEDARSE

He quedado con Kike para ir al cine. (= tengo una cita)
¿**Queda** zumo en la nevera o se ha acabado? (= hay)
Me he quedado en casa todo el fin de semana. (= no he salido)
Trabajaron Gustavo y Félix, pero Félix **se quedó con** todo el dinero. (= se apropió de todo el dinero)

LLEVAR/LLEVARSE

Siempre **llevo** ropa negra. (= me pongo)
Me llevo estas revistas, ¿vale? (= las tomo)

PARECER/PARECERSE (A)

Con ese vestido **pareces** un payaso. (= Aussehen)
Emilia **se parece a** su padre. (= Ähnlichkeit)
Mis hermanos **no se parecen** nada. (= Ähnlichkeit)

PRONOMEN IN STRUKTUREN, DIE EIN URTEIL AUSDRÜCKEN

→ Im Spanischen stehen die Pronomen **me/te/le/nos/os/les** bei vielen Verben, die eine Beurteilung oder ein Gefühl ausdrücken. Wie auch bei den Subjektpronomen, wenn ein Kontrast ausgedrückt wird oder um Unklarheiten zu vermeiden, können die betonten Personalpronomen verwendet werden, allerdings mit **a**: **a mí/a ti/a él/a ella/a usted/a nosotros/a nosotras/a vosotros/a vosotras/a ellos/a ellas/a ustedes**.

A ti te encantan las películas de miedo, ¿verdad?
¿**A usted le** interesa la astronomía?
¿**A vosotros** no **os molesta** esta música tan fuerte?

WEITERE VERBEN MIT PRONOMEN

→ Mit **me/te/se/nos/os/se**:

ENFADARSE (alguien con alguien)

Me he enfadado con Ana.
Yo y mi padre nunca **nos enfadamos**.
Mis padres **se enfadan** si llego tarde.

PREOCUPARSE (alguien por algo/alguien)

Y sobre todo **se preocupa por** el medio ambiente.
Mis padres siempre **se preocupan por** mí.

LLEVARSE BIEN / MAL (alguien con alguien)

Me llevo muy bien con mi hermano pequeño.
Mi prima Elena y yo **nos llevamos mal**.

→ Mit **me/te/le/nos/os/les**:

CAERLE BIEN / MAL (alguien a alguien)

El nuevo profesor **nos ha caído (muy) bien**.

¿Qué tal **te cae** Eva? **A mí me cae (muy) bien**.

→ Mit **se** + **me/te/le/nos/os/les**:

PASÁRSELE (algo a alguien)

¿Todavía está enfadado o ya **se le ha pasado**?
Con esta pastilla, **se me pasa** enseguida el dolor.

DIE POSITION DER OBJEKTPRONOMEN

→ Die Pronomen stehen im allgemeinen vor dem Verb.

A Olga no **la** he visto hoy.

→ Bei zwei Objektpronomen gilt: indirektes Objekt + direktes Objekt.

Me encanta esta camiseta. ¿**Me la** dejas?

→ Wenn beide Pronomen in der dritten Person stehen, wird **le** zu **se**.

¿Qué hago con los apuntes? ¿**Se los** llevo a Ana o **se los** devuelvo a Rosa?

→ Beim bejahten Imperativ werden die Pronomen für das direkte und indirekte Objekt sowie die Reflexivpronomen direkt an das Verb gehängt:

Dá**melas**.
Quéda**te** un rato más si quieres.

→ Beim verneinten Imperativ stehen die Objektpronomen vor dem Verb.

Cuidado, no **la** rompas.
No **le** regales flores: es alérgica.
No **se lo** digas a Iván.

→ Bei den Verbkonstruktionen mit Hilfsverb und einem Infinitiv können die Pronomen vor dem konjugierten Verb stehen oder an den Infinitiv bzw. das Gerundium gehängt werden.

ESTAR + Gerundium

● ¿Has leído la carta?
○ No, estoy leyéndo**la** ahora.
No, **la** estoy leyendo ahora.

IR + Infinitiv

● ¿Has leído la carta?
○ No, voy a leer**la** ahora.
No, **la** voy a leer ahora.

TENER que + Infinitiv

● ¿Has leído la carta?
○ ¿Tengo que leer**la**?
¿**La** tengo que leer?

Bei den Verbkonstruktionen im Imperativ kann das Pronomen an das konjugierte Verb gehängt werden.

Vuélve**melo** a explicar, por favor.

KOMPARATIV UND SUPERLATIV

BEI ADJEKTIVEN

Eva es **más delgada que** su prima.
Eva es **menos estudiosa que** su prima.

más bueno/a, más malo —— (el) mejor, (el) peor
Juan es **más malo que** su hermano mayor.
La paella estaba **más buena que** el cocido.
Este disco es **mejor/peor que** éste.
Este disco es **el mejor/ el peor**.

Um bei verschiedenen Wahlmöglichkeiten die beste Option zu bezeichnen, verwendet man **lo mejor**.

- ¿Qué le regalamos?
- ¿Una pulsera o unos pendientes? No sé...
- **Lo mejor** es una camiseta original.

más grande —— mayor
Größe: La camiseta negra es **más grande que** la roja.
Alter: Álex es **mayor que** Toni y **que** Julián.
Álex es **el mayor** (**de** los tres).

más pequeño/a —— menor
Größe: La camiseta negra es **más pequeña que** la verde.
Alter: Toni es **menor que** David y Paco.
Toni es **el menor** (**de** los tres).

BEI VERBEN

Ana Belén trabaja **más que** Helena.
Helena trabaja **menos que** Ana Belén.

GLEICHES UND UNGLEICHES

Ana es **tan alta como** su hermana.
Bertín **no** es **tan simpático como** Lorenzo.

Um Handlungen miteinander zu vergleichen, verwendet man **(no) tanto como**:

Ana **no** come **tanto como** su hermana.

EL MISMO/LA MISMA...

Mi hermano y yo tenemos **el mismo** carácter.
la misma talla.
los mismos gustos.
las mismas costumbres.

ABSTUFUNGEN UND MENGEN

BEI NOMEN

→ **Poco**, **bastante**, **suficiente**, **mucho** und **demasiado** richten sich in Genus und Numerus nach dem Nomen, auf das sie sich beziehen.

Maskulin Singular	Feminin singular
poco trabajo	**poca** gente
mucho trabajo	**mucha** gente
demasiado ruido	**demasiada** gente

Maskulin Plural	Feminin Plural
pocos alumnos	**pocas** clases
muchos amigos	**muchas** flores
demasiados coches	**demasiadas** patatas

Maskulin und Feminin Singular
bastante trabajo / gente
suficiente tiempo / pasta

Maskulin und Feminin Plural
bastantes deberes / amigas
suficientes colegios / horas de clase

BEI ADJEKTIVEN

→ **No**... **nada**, **bastante**, **muy** und **demasiado** sind unveränderlich, wenn sie bei einem Adjektiv stehen.

Esta película **no** es **nada** interesante.
Este disco es **bastante** bueno.
Esos coches son **muy** rápidos.
Estas casas son **demasiado** caras.

Un poco *verwendet man nur mit negativen Eigenschaften.*

Es un poco aburrido / pesado / difícil /...

MIT VERBEN

→ **No**... **nada**, **bastante**, **mucho**, **suficiente**, **poco** und **demasiado** sind unveränderlich, wenn sie bei einem Verb stehen.

Javi **no** estudia **nada**.
Javi **no** estudia **lo suficiente**.

Javi estudia **poco**.
bastante.
mucho.
demasiado.

MUY/MUCHO/A/OS/AS,TAN/TANTO/A/OS/AS

wenn es ein zweites Mal erwähnt wird

muy → **tan**
mucho → **tanto**
mucha → **tanta**
muchos → **tantos**
muchas → **tantas**

● Es **muy** tarde.
○ No **tanto**. Sólo son las diez.

● Los gobiernos gastan **mucho** dinero en armas.
○ Sí, es verdad. Es horrible que gasten **tanto**.

● En el cole hay **muchos** alumnos que suspenden.
○ Yo creo que no **tantos**...

GEWICHTE UND MASSE

Necesito **más de** tres litros de leche para los flanes.
Yo peso **menos de** 60 kilos.
Hay que beber **por lo menos** / **al menos** dos litros de agua al día.

Pon **algo de** fruta.
¿Añado **un poco de** azúcar?
La salsa lleva **un poquito de** azúcar.
Échale **una pizca de** azúcar.
No lleva **nada de** azúcar, sólo huevo y leche.

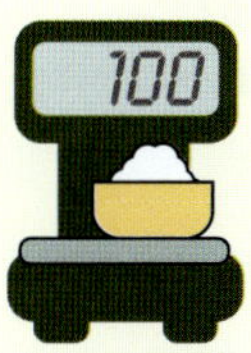

100 **gramos de** sal

medio kilo de arroz

un cuarto de kilo de jamón

un kilo de carne

un litro de leche

dos litros de gaseosa

medio litro de agua

un cuarto de litro de zumo

~~un medio~~ kilo
~~un medio~~ litro

ALGÚN/O/A..., NINGÚN/O/A...

● ¿Hay **algún** chico nuevo este año en tu clase?
○ No, **no** hay **ningún** chico nuevo.
No, **no** hay **ninguno**.

● ¿Hay **alguna** chica nueva?
○ No, **no** hay **ninguna** chica nueva.
No, **no** hay **ninguna**.

Hay **algunos** chicos nuevos, cuatro o cinco.
Hay **algunas** chicas nuevas, cuatro o cinco.

algo = *alguna cosa*

¡Cuidado! ¡Tienes **algo** en el ojo!

alguien = *alguna persona*
no ... nadie = *ninguna persona*

● ¿Hay **alguien** en la puerta?
○ No, **no** hay **nadie** en casa.

DIE FRAGEPRONOMEN

¿Qué te gusta desayunar? ¿Cereales?
¿Quién es?
¿Quiénes son?
¿Cuál es tu deporte favorito?
¿Cuáles son tus cantantes preferidos?
¿Dónde están los servicios?
¿De dónde vienes a estas horas?
¿Adónde vas a ir el domingo?
¿Por dónde pasáis, por Bilbao o por Barcelona?
¿Cómo vas a casa? ¿En autobús?
¿Cuándo es tu cumpleaños?
¿Cuánto cuesta esta bici?
¿Cuánta leche necesito para la tarta?
¿Cuántos años estuviste en Francia?
¿Cuántas chicas había en la fiesta?
¿Por qué no viniste ayer a clase?
¿Para qué necesitas el coche?

→ Die Präposition steht vor dem Fragepronomen.

● **¿En qué** has venido?
○ **En** tren.

● **¿De dónde** es tu profesor?
○ **De** Bolivia.

● **¿Con quién** vas de vacaciones?
○ **Con** mis padres.

La gran chuleta de gramática

QUÉ/CUÁL

QUÉ + Nomen
¿Qué grupo de música te gusta más: La oreja de Van Gogh o El canto del loco?

QUÉ + Verb
Bei Fragen nach unterschiedlichen Dingen oder Personen:

¿Qué quieres tomar: una pizza o pasta?

CUÁL + Verb
Frage bei Auswahl zwischen gleichen Dingen oder Personen:

¿Cuál prefieres? ¿La de jamón o la de cuatro quesos?

AUSRUFUNGSSÄTZE

¡Qué bonita!
¡Qué bueno eres, Miguel!

¡Qué camiseta!
¡Qué camiseta **tan** bonita!

¡Qué bien!

¡Cuánta gente!
¡Cuánto humo!
¡Cuántos mosquitos!
¡Cuántas flores!
¡Cómo corre!

DIE PRÄPOSITIONEN

ORTSANGABEN

A
El tren **a** Madrid sale a las tres.
Estamos **a** 12 km del pueblo.
Siempre voy **a pie** al cole.

EN
Vigo está **en** Galicia.
Las libretas están **en** la mochila.
Prefiero viajar **en** avión.

DE
Vengo **del** instituto.

DE ... A
De Valladolid **a** Zamora hay una hora en coche.

DESDE ... HASTA
Desde mi cole **hasta** mi casa hay unos 6 km.

CERCA / LEJOS DE
Vigo está muy **lejos de** Granada.
Mi casa está **cerca de** la playa, a veinte metros.

ENTRE
Zaragoza está **entre** Madrid y Barcelona.

HACIA
Toma el bús **hacia** el centro y baja en la sexta parada.

HASTA
Tomas el metro **hasta** la Plaza Castilla y allí preguntas.

POR
Vamos a dar una vuelta **por** el parque.
Siempre paso **por** tu calle cuando voy a trabajar.

SOBRE
Las galletas están **sobre** la nevera.

ENCIMA DE
Los calcetines están **encima de** la maleta.

DEBAJO DE
La maleta está **debajo de** la cama.

AL LADO DE
Las bolsas están **al lado de** la puerta.

JUNTO A
El banco está **junto** a la estación de autobuses.

ZEITANGABEN

A
Las clases terminan **a** las tres.
Hoy estamos **a** lunes, ¿no?
A los cuatro años ya sabía leer.

POR
Nunca tomo café **por** la noche.

DESDE
Vivo en México **desde** 2004.

EN
Llegó a la escuela **en** marzo.
En 2005 nació mi hermano Ricardo.
En verano vamos a Mallorca.

DE ... A
Vamos al cole **de** lunes **a** viernes, **de** 9 **a** 14 h.

WEITERE VERWENDUNGEN

A mit indirektem oder direktem Objekt (Person)
¿Por qué no se lo das **a** Maite?
Llamamos **a** Daniel.

DE
El jersey verde que te gusta tanto es **de** lana.
La moto que está aparcada en la esquina es **de** Ana.
Teo me regaló un disco **de** jazz.

CON
¿**Con** quién vas al cine? ¿**Con** Hugo?
Es una habitación **con** dos ventanas.

POR
Está preocupado **por** los exámenes.

PARA
Hay que hacer algo **para** ahorrar más energía.
Quiero comprar algo **para** Ana, es su cumpleaños.

SIN
El café, **sin** azúcar, por favor.
Entró en la sala **sin** decir nada.

SOBRE
No tenemos la misma opinión **sobre** este tema.
Mira, un artículo **sobre** el cambio climático.

A FAVOR / EN CONTRA DE
¿Tú estás **a favor** o **en contra de** la energía nuclear?

BEI VERBEN

Über die Gegenwart sprechen

→ Einen gegenwärtigen oder regelmäßig wiederholten Vorgang beschreiben wir im Präsens.

Vivo en Alemania.
Los lunes **voy** a la piscina.

→ Einen Vorgang, der gerade im Gange ist, umschreiben wir mit der Struktur **estar** + Gerundium.

- ¡Yago!
- Un momento, **estoy hablando** por teléfono.
  Un momento, ~~**hablo**~~ por teléfono.

Über Zukünftiges sprechen

FUTURO IMPERFECTO

→ Zur Erinnerung: Das Futuro wird mit dem Infinitiv und den Endungen **-é**, **-ás**, **-á**, **-emos**, **-éis**, **-án** gebildet.

REGELMÄSSIGE FORMEN

PENSAR	COMER	VIVIR
pensar**é**	comer**é**	vivir**é**
pensar**ás**	comer**ás**	vivir**ás**
pensar**á**	comer**á**	vivir**á**
pensar**emos**	comer**emos**	vivir**emos**
pensar**éis**	comer**éis**	vivir**éis**
pensar**án**	comer**án**	vivir**án**

De mayor, **seré** profesora y me **casaré** con David.

EINIGE UNREGELMÄSSIGE FORMEN

DECIR	**dir**é/ás/á...
HABER	**habr**é/ás/á...
HACER	**har**é/ás/á...
PODER	**podr**é/ás/á...
PONER	**pondr**é/ás/á...
QUERER	**querr**é/ás/á...
SABER	**sabr**é/ás/á...
SALIR	**saldr**é/ás/á...
TENER	**tendr**é/ás/á...
VENIR	**vendr**é/ás/á...

IR A + INFINITIV

→ Um einen zukünftigen Vorgang zu beschreiben, können wir auch die Struktur **ir a** + Infinitiv verwenden.

¿**Vas a ver** a Helga mañana?

→ Diese Struktur wird vor allem dann verwendet, wenn wir einen zukünftigen Vorgang mit der Gegenwart in Beziehung bringen möchten oder uns auf eine Absicht oder ein Projekt beziehen.

Este verano **voy a viajar** por Andalucía.
Mañana **voy a salir** con Laura.

*In vielen lateinamerikanischen Varianten und in einigen Regionen Spaniens ist die Struktur **ir a** + Infinitiv viel gebräuchlicher als das Futuro Imperfecto, ganz gleich ob ein Bezug zur Gegenwart gegeben ist oder nicht.*

→ **PRÄSENS**
Das Präsens wird für eine zukünftige Handlung verwendet, wenn es sich um eine Entscheidung handelt.

Este verano **me quedo** en casa.
Este año lo **apruebo** todo, seguro.

CUANDO + PRESENTE DE SUBJUNTIVO

→ Wenn wir zwei zukünftige Handlungen miteinander verbinden möchten, steht das Verb des Nebensatzes mit **cuando** im Presente de Subjuntivo.

Cuando tenga 15 años, <u>tendré</u> moto.

Cuando sea mayor, <u>viajaré</u> mucho.

Das Presente de Subjuntivo und der verneinte Imperativ haben die gleichen Formen.

La gran chuleta de gramática

Über Vergangenes sprechen

Um über Vergangenes zu berichten, können wir im Spanischen verschiedene Verbformen verwenden.

DAS PERFEKT (PRETÉRITO PERFECTO)

Das Perfekt bezieht sich auf Vorgänge, die einen starken Bezug zur Gegenwart haben oder wo der genaue Zeitpunkt der Ereignisse nicht wichtig ist.

● ¿Qué **has hecho** este fin de semana?
○ **He visto** varias películas mexicanas muy buenas.

Nunca **he estado** en Panamá.

DAS INDEFINIDO

Das Indefinido umschreibt Ereignisse, die zu einem konkreten Zeitpunkt in der Vergangenheit stattgefunden haben, abgeschlossen sind und keinen Bezug zur Gegenwart haben.

¿Qué **hiciste** el domingo pasado?
Ayer **vi** una película de terror.
Estuve en Estados Unidos en 2001.

Wenn wir die Dauer einer Handlung betonen möchten, verwenden wir das Indefinido von **estar** + Gerundium.

Ayer **estuve estudiando** Mates toda la tarde.

DAS IMPERFECTO

Das Imperfecto beschreibt Vorgänge, die noch im Gange, noch nicht abgeschlossen sind. Es wird in folgenden Fällen verwendet:

Um etwas zu beschreiben.

Mi abuelo **era** muy cariñoso.

Um die Umstände eines Vorgangs zu beschreiben: Die Ereignisse stehen im Indefinido oder im Perfekt, im Imperfecto die Situation in der sie stattfinden.

● ¿Por qué no viniste ayer?
○ Es que **estaba** enfermo.

Für wiederkehrende Vorgänge in der Vergangenheit.

Yo antes **iba** todos los días a hacer gimnasia.

Um die Umstände eines vergangenen Ereignisses zu beschreiben, kann man einen weiteren Vorgang, der gerade im Gange ist, mit dem Imperfecto von **ESTAR** + Gerundium umschreiben.

● Y cuando llegó tu padre, ¿qué **estabais haciendo**?
○ Pues **estábamos bailando** en el salón.

IMPERFECTO VON ESTAR + GERUNDIUM

estaba
estabas
estaba
estábamos
estabais
estaban

trabaj**ando**
com**iendo**
sal**iendo**

PRETÉRITO PLUSCUAMPERFECTO

Das Pretérito Pluscuamperfecto umschreibt ein Ereignis, das vor einem Ereignis in der Vergangenheit stattgefunden hat.

había
habías
había
habíamos
habíais
habían

trabaj**ado**
com**ido**
sal**ido**

Yo llegué a las diez y Eva ya **se había ido** a las ocho.

Das Condicional

Für das Condicional werden an den Infinitiv die Endungen **-ía**, **-ías**, **-ía**, **-íamos**, **-íais**, **-ían** gehängt.

REGELMÄSSIGE FORMEN

HABLAR	LEER	IR
hablar**ía**	leer**ía**	ir**ía**
hablar**ías**	leer**ías**	ir**ías**
hablar**ía**	leer**ía**	ir**ía**
hablar**íamos**	leer**íamos**	ir**íamos**
hablar**íais**	leer**íais**	ir**íais**
hablar**ían**	leer**ían**	ir**ían**

UNREGELMÄSSIGE FORMEN

DECIR	**dir**ía	QUERER	**querr**ía
HABER	**habr**ía	SABER	**sabr**ía
HACER	**har**ía	SALIR	**saldr**ía
PODER	**podr**ía	TENER	**tendr**ía
PONER	**pondr**ía	VENIR	**vendr**ía

Um Wünsche auszudrücken.

● Me **gustaría** visitar Nueva York.
○ Yo **preferiría** ir a San Francisco.

Um sich in erfundene Situationen zu versetzen.

Yo nunca **iría** de vacaciones a la Antártida.
Yo, si fuera un animal, **sería** un tigre.

→ Um Lösungen vorzuschlagen oder einen Vorschlag zu unterbreiten.

Deberíamos ir a ver a los abuelos.
Habría que gastar menos agua.
Podríamos ir al cine, ¿no?

Der Imperativ

REGELMÄSSIGE FORMEN

	COMPR**AR**
(tú)	compr**a**
(usted)	compr**e**
(vosotros/as)	compr**ad**
(ustedes)	compr**en**

	BEB**ER**
(tú)	beb**e**
(usted)	beb**a**
(vosotros/as)	beb**ed**
(ustedes)	beb**an**

	VIV**IR**
(tú)	viv**e**
(usted)	viv**a**
(vosotros/as)	viv**id**
(ustedes)	viv**an**

UNREGELMÄSSIGE FORMEN

	VENIR	**HACER**	**PONER**
(tú)	**ven**	**haz**	**pon**
(usted)	**venga**	**haga**	**ponga**
(vosotros/as)	**venid**	**haced**	**poned**
(ustedes)	**vengan**	**hagan**	**pongan**

	IR	**SABER**	**DECIR**	**SALIR**
(tú)	**ve**	**sé**	**di**	**sal**
(usted)	**vaya**	**sea**	**diga**	**salga**
(vosotros/as)	**id**	**sed**	**decid**	**salid**
(ustedes)	**vayan**	**sean**	**digan**	**salgan**

→ Der Imperativo wird verwendet, um Anweisungen zu erteilen.

Pon la leche y el chocolate, y **mézclalos**.

→ Um Ratschläge zu geben oder etwas vorzuschlagen.

Cómprate estos pantalones. Son muy bonitos.

→ Und um im familiären Kreis (oder auf nicht sehr höfliche Art und Weise) um etwas zu bitten.

¡**Espera** un momento!

→ Außerdem stehen gewisse gebräuchliche Formeln im Imperativ.

Um auf sich aufmerksam zu machen

Oye/Oiga...	**Oye**, Ana, ¿a ti te gusta Juanes?
Perdona/Perdone...	**Perdone**, ¿tiene hora?

Um eine Erklärung einzuleiten

Mira/Mire...	**Mira**, yo me tengo que ir. Hablamos mañana.
Oye/Oiga...	**Oye**, que es tarde. Me voy a casa.

DER VERNEINTE IMPERATIV

	LLAM**AR**
(tú)	no llam**es**
(usted)	no llam**e**
(vosotros/as)	no llam**éis**
(ustedes)	no llam**en**

	BEB**ER**
(tú)	no beb**as**
(usted)	no beb**a**
(vosotros/as)	no beb**áis**
(ustedes)	no beb**an**

	ESCRIB**IR**
(tú)	no escrib**as**
(usted)	no escrib**a**
(vosotros/as)	no escrib**áis**
(ustedes)	no escrib**an**

UNREGELMÄSSIGE FORMEN

Diese lassen sich vom bejahten Imperativ von **usted** ableiten, wobei ein **-s** für den Singular hinzugefügt wird.

No vengas tarde.
No salgas antes de las tres de la tarde.
No tengas prisa.

Der Subjuntivo

PRESENTE DE SUBJUNTIVO

REGELMÄSSSIGE FORMEN

ESTUDIAR	**COMER**	**ESCRIBIR**
estudi**e**	com**a**	escrib**a**
estudi**es**	com**as**	escrib**as**
estudi**e**	com**a**	escrib**a**
estudi**emos**	com**amos**	escrib**amos**
estudi**éis**	com**áis**	escrib**áis**
estudi**en**	com**an**	escrib**an**

UNREGELMÄSSIGE FORMEN

SABER	**sepa/as/a...**
IR	**vaya/as/a...**
TENER	**tenga/as/a...**
HACER	**haga/as/a...**
DECIR	**diga/as/a...**
PONER	**ponga/as/a...**

o-ue	e-ie	e-i
PODER	**QUERER**	**PEDIR**
p**ue**da	qu**ie**ra	p**i**da
p**ue**das	qu**ie**ras	p**i**das
p**ue**da	qu**ie**ra	p**i**da
podamos	queramos	p**i**damos
podáis	queráis	p**i**dáis
p**ue**dan	qu**ie**ran	p**i**dan

→ Wenn das Hauptverb ein Gefühl oder eine Reaktion einer Person oder eines Gegenstandes vor der Handlung einer Person oder eines Gegenstandes ausdrückt, steht das Verb im Nebensatz im Subjuntivo.

Me molesta (mucho)
Me fastidia
Lo que más me molesta es
No soporto
No aguanto
Me da (mucha) rabia
Me da (mucho) miedo
Me pone (muy) nervioso/a
Me da (mucha) vergüenza
Me da (mucha) pena
Me hace reír
No me importa
Me hace feliz

] **que** + SUBJUNTIVO
que **hagas** eso.

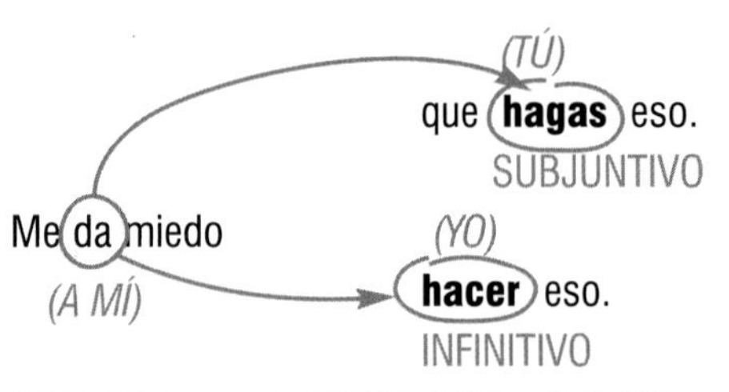

→ Der Subjuntivo steht im Nebensatz, wenn eine Meinung auf unpersönliche Art und Weise formuliert oder ein Wunsch ausgesprochen wird.

Es una pena que no **puedas** venir.
No es justo que le **suspendan**.
Deseamos que **te mejores** pronto.
David espera que **vayas** a su fiesta.

Es injusto
Es horrible
Es una vergüenza
Es una pena
Está bien
Es estupendo
Es bueno
Es una buena noticia

] **que** + SUBJUNTIVO

→ Bei Relativsätzen kann der Indikativ oder der Subjuntivo stehen:

INDIKATIV: Wenn die Identität und Existenz bekannt und sichergestellt ist.

Van a un colegio <u>donde</u> **pueden** comer a mediodía.
Van a un colegio <u>en el que</u> **pueden** comer a mediodía.
Hay un colegio <u>que</u> **está** muy bien.

SUBJUNTIVO: Wenn die Identität und Existenz nicht sichergestellt ist.

Piden un colegio <u>donde</u> **puedan** comer a mediodía.
Piden un colegio <u>en el que</u> **puedan** comer a mediodía.
No hay ningún colegio <u>que</u> **esté** bien.

IMPERFECTO DE SUBJUNTIVO

→ Für diese Zeitform gibt es zwei Formen, die fast immer die gleiche Anwendung finden.

REGELMÄSSIGE FORMEN

TRABAJAR

(yo)	trabaj**ara**	*o*	trabaj**ase**
(tú)	trabaj**aras**	*o*	trabaj**ases**
(él/ella/usted)	trabaj**ara**	*o*	trabaj**ase**
(nosotros/as)	trabaj**áramos**	*o*	trabaj**ásemos**
(vosotros/as)	trabaj**arais**	*o*	trabaj**aseis**
(ellos/ellas/ustedes)	trabaj**aran**	*o*	trabaj**asen**

COMER

(yo)	com**iera**	*o*	com**iese**
(tú)	com**ieras**	*o*	com**ieses**
(él/ella/usted)	com**iera**	*o*	com**iese**
(nosotros/as)	com**iéramos**	*o*	com**iésemos**
(vosotros/as)	com**ierais**	*o*	com**ieseis**
(ellos/ellas/ustedes)	com**ieran**	*o*	com**iesen**

ESCRIBIR

(yo)	viv**iera**	*o*	viv**iese**
(tú)	viv**ieras**	*o*	viv**ieses**
(él/ella/usted)	viv**iera**	*o*	viv**iese**
(nosotros/as)	viv**iéramos**	*o*	viv**iésemos**
(vosotros/as)	viv**ierais**	*o*	viv**ieseis**
(ellos/ellas/ustedes)	viv**ieran**	*o*	viv**iesen**

→ Bei den unregelmäßigen Verben wird der Imperfecto de Subjuntivo von der dritten Person Plural des Indefinido abgeleitet: **fue**ron: **fue**ra/**fue**se; **tuvie**ron: **tuvie**ra/**tuvie**se; **supie**ron: **supie**ra/**supie**se...

UNREGELMÄSSIGE VERBEN

SER / IR

fuera	*o*	**fuese**
fueras	*o*	**fueses**
fuera	*o*	**fuese**
fuéramos	*o*	**fuésemos**
fuerais	*o*	**fueseis**
fueran	*o*	**fuesen**

TENER

tuviera	*o*	**tuviese**
tuvieras	*o*	**tuvieses**
tuviera	*o*	**tuviese**
tuviéramos	*o*	**tuviésemos**
tuvierais	*o*	**tuvieseis**
tuvieran	*o*	**tuviesen**

→ Der Subjuntivo wird in Bedingungssätzen verwendet.

Si **fuera** mayor, viajaría mucho.
Camina como si **llevara** piedras en los zapatos.

Unpersönliche Wendungen

SE + Verb in der dritten Person
En clase no **se puede** comer.
Se pone aceite y, luego, un poco de cebolla.
En este zoo **se ven** pingüinos, osos, leones...

Verbo in der zweiten Person
En Vigo **puedes** hacer excursiones, **te puedes** bañar...
Pones aceite y, luego, un poco de cebolla.

Verbale Umschreibungen

→ Es handelt sich hierbei um Strukturen mit zwei Verben: einem konjugierten Verb (welches die Bedeutung ändert) und einem Verb, das im Infinitiv oder Gerundium steht.

→ Bei Verpflichtungen und Verboten.

DEBER + Infinitiv
El Estado **debe proteger** a los ciudadanos.

NO DEBER + Infinitiv
Los niños **no deben ir** acostarse tarde.

TENER QUE + Infinitiv
Tenemos que consumir más alimentos frescos.

HABER DE + Infinitiv
He de ir a casa de mis abuelos.
Has de ponerte crema. Estás rojo.

HAY QUE + Infinitiv
Hay que ponerse mucha crema solar.

→ Um den Beginn einer Handlung ausdrücken.

PONERSE A + Infinitiv
Siempre **se pone a llorar** cuando ve un perro.

EMPEZAR / COMENZAR A + Infinitiv
Empezó /comenzó a nevar cuando salían del cine.

→ Um die Unterbrechung einer Handlung zu beschreiben.

DEJAR DE + Infinitiv
Emilio, **deja de ver** la tele y ponte a estudiar.

→ Um die Dauer auszudrücken.

LLEVAR + Gerundium
Llevo dos horas **esperándote**.
Toni y yo **llevamos** seis meses **saliendo**.

→ Um Beständigkeit auszudrücken.

SEGUIR + Gerundium
¿**Sigues trabajando** en la misma empresa?

→ Um sich auf einen nahen Zeitpunkt in der Zukunft zu beziehen.

ESTAR A PUNTO DE + Infinitiv
Está a punto de llegar. Tardará tres minutos.

→ Um sich auf eine Handlung in der nahen Vergangenheit zu beziehen.

ACABAR DE + Infinitiv
¿Luis? **Acaba de entrar** en casa. Espera, que lo llamo.

→ Um Wiederholung auszudrücken.

VOLVER A + Infinitiv
Suspendí Mates en febrero y ahora **he vuelto a sacar** una mala nota.

La gran chuleta de gramática

Ser und estar

DER GEBRAUCH VON SER

Um etwas oder jemanden zu identifizieren

Esto **es** un regalo para ti.
San José **es** la capital de Costa Rica.

Um bleibende Eigenschaften zu beschreiben

Berta **es** muy simpática.
¿Has visto mi bolso? **Es** grande, rojo, de tela…
El fuego **es** peligroso.

DER GEBRAUCH VON ESTAR

Um die Lage / den Aufenthaltsort zu beschreiben

Pablo **está** tumbado en el jardín.
Pablo **está** en la cocina.
San José **está** en Costa Rica.

Für vorübergehende Eigenschaften

Hoy Alba **está** muy guapa.
Estás morena, ¿has ido a la piscina?
Pablo **está** de mal humor.

Für das Resultat einer Handlung

Este boli **está** estropeado.
Esta planta **está** muerta.
La ventana del comedor **está** abierta.

Mit bien / mal

Este disco **está** muy **bien**.
Santi ya **está bien**, pero ha estado muy enfermo.
Esto **está mal**. Trece más nueve son veintidós.

DIE AKZENTE

→ Im Spanischen wird jedes Wort auf einer Silbe betont, die an verschiedener Stelle stehen kann.

PALABRAS ESDRÚJULAS …■□□

Auf der drittletzten Silbe betonte Wörter.
lágrima, **án**gulo

PALABRAS LLANAS …■□

Auf der vorletzten Silbe betonte Wörter.
mundo, car**te**ro

PALABRAS AGUDAS …■

Auf der letzten Silbe betonte Wörter.
a**mor**, encon**tró**

Die meisten Wörter werden auf der vorletzten Silbe betont.

AKZENTSETZUNG

→ Nur die betonte Silbe kann einen Akzent tragen.

PALABRAS ESDRÚJULAS

Immer mit Akzent: **quí**mica, auto**má**tica.

PALABRAS LLANAS

Mit Akzent, wenn sie nicht auf einen Vokal, **n** oder **s** enden: di**fí**cil, **lá**piz, a**zú**car

PALABRAS AGUDAS

Mit Akzent, wenn sie auf einen Vokal, **n** oder **s** enden: escribi**ré**, cora**zón**, To**más**

TILDE DIACRÍTICA (UNTERSCHEIDENDER AKZENT)

→ Einsilbige Wörter tragen keinen Akzent, es sei denn, um Wörter mit gleicher Rechtschreibung aber verschiedener Bedeutung zu unterscheiden.

OHNE AKZENT	MIT AKZENT
el: Maskuliner Artikel	**él**: Personalpronomen
si: Konjunktion	**sí**: Adverb/Personalpronomen
tu: Possessivpronomen	**tú**: Personalpronomen
mi: Possessivpronomen	**mí**: Personalpronomen
te: Personalpronomen	**té**: Getränk/Pflanze
se: Personalpronomen	**sé**: 1. Pers. Sg. von **saber/ser**
de: Präposition	**dé**: Form des Verbs **dar**
solo: Adjektiv	**sólo**: Adverb

Él dice que prefiere ir en barco: **el** avión le da miedo.
● **Si** quieres, te digo una cosa.
○ **Sí**, dímela, por favor.
Me gusta **tu** hermano. Me gustas **tú**.
Para **mí, mi** hermano es muy buena persona.
¿**Te** traigo un **té** con azúcar?
Sé que no **se** hablan, pero no me han dicho por qué.

→ Bei Fragen und Ausrufungssätzen wird ein Akzent gesetzt: **qué**, **cuál**, **quién**, **cuándo**, **dónde**...

● Digo lo **que** veo y lo **que** pienso.
○ ¿**Qué** ves? ¿**Qué** piensas?

DER DIPHTHONG (DOPPELVOKAL)

→ Der Diphthong kombiniert einen offenen (**a**, **e**, **o**) mit einem geschlossenen Vokal (**i**, **u**) oder auch zwei geschlossene Vokale (**i**, **u**) innerhalb einer Silbe.

ai-re m**ue**-vo r**ui**-do d**iu**r-no

→ Wenn vor einem offenen ein geschlossener Vokal steht und dieser betont wird, wird ein Akzent gesetzt:

Ma-**rí**-a ~~**Ma**-ria~~ po-e-**sí**-a ~~po-**e**-sia~~

REDEMITTEL

REDEMITTEL FÜR DEN UNTERRICHT

¿Cómo se escribe tu apellido?
¿Se escribe con uve / acento / hache...?
¿Cómo se escribe "zapato"?
¿Se escribe con mayúscula o con minúscula?
¿Cómo se pronuncia "joven"?
¿"Biología" **lleva acento?**
¿Cómo se dice *table* **en español?**
¿Cómo se llama esto en español?
¿Qué significa "cuaderno"?
¿Cuál es la diferencia entre "algún" **y** "ningún"?
¿En qué página estamos?
¿En qué ejercicio estamos?
¿Cómo dice/s?
¿Qué ha/s dicho? No le/te he oído.
¿Puede/s hablar más alto, por favor?
¿Puede/s hablar más despacio, por favor?
¿Puede/s repetirlo, por favor?
¿Puede/s escribirlo en la pizarra?
¿Puede/s explicarlo otra vez? No lo he entendido bien.
¿Puede/s volverlo a explicar?
¿Puede/s poner un ejemplo?
¿Me deja/s el diccionario?
¿Podemos usar el libro / diccionario?
¿Podemos hacerlo en parejas / grupos?

PERSONEN BESCHREIBEN

Lleva barba / gafas / zapatos de tacón / el pelo teñido de rubio /...
Tiene el pelo rizado / los ojos azules /...
Se ha hecho un *piercing* / un tatuaje /...

No es ni alto **ni** bajo.
Es más bien gordito / alto /...

Es muy / **bastante** / **poco** / **un poco** tímido/a.
Es una persona un poco especial.
Es un niño / **una niña** / **un chico** / **una chica** / **un señor** / **una señora** /... muy amable.

ÜBER GEMÜTSZUSTÄNDE SPRECHEN

Silvia **está enfadada con** su hermano.
Está nerviosa / **de mal humor** / **triste** / **contenta** / **preocupada**/...

ÄUSSERLICHE VERÄNDERUNGEN BESCHREIBEN

Mario **ha adelgazado**.
ha engordado.
ha crecido.
se ha cortado el pelo.
se ha dejado el pelo largo.
se ha rizado el pelo.
se ha teñido el pelo.
se ha hecho mayor.
se ha puesto lentillas.

Antes **era más** bajito.
estaba más delgado.

EIGENSCHAFTEN VERGLEICHEN

¿Quién es **más alto**, tú o tu hermana?
¿Cuál de los dos es **el más alto**?

Éste **no es tan** bonito **como** el otro.
El verde **es tan** caro **como** el azul.

EINEN ORT BESCHREIBEN

Es un lugar / **un sitio** / **un pueblo** /... muy bonito.
Es una isla / **una ciudad** / **una región** /... preciosa.

Es un pueblo en la montaña.
Es una ciudad en el norte.

Es una región con muchos lagos.
Es una ciudad con mucha vida nocturna.

ÜBER ENTFERNUNGEN SPRECHEN

¿Cuántos kilómetros hay desde León **hasta** Vigo?
¿Cuántos kilómetros hay entre Ávila **y** Vigo?
Está a (unos) 35 km **de** aquí.
Está (muy / bastante) lejos.
Está (muy / bastante) cerca.

DAUER AUSDRÜCKEN

He estado **dos días** en Madrid.
He estado viajando sin parar **durante** dos días.
Desde el lunes **hasta** el jueves estaré en León.

¿Cuánto hace que conoces a Julia?
¿Hace mucho que sales con Iván?

Hace 10 años.
Hace tres meses que la conozco.
Hace mucho que nos conocemos.

Llevo tres años **estudiando** alemán.

VORLIEBEN UND GESCHMACK

Lo que más me gusta es el aguacate.
Lo que menos me gusta son las lentejas.
Me encanta nadar.
Me encantan las palomitas de maíz.
Me gusta mucho ir en bici.
No me gusta demasiado andar.
No me gusta nada cocinar.
Odio ordenar mi cuarto.
Detesto lavar los platos.

GEFÜHLE UND EINDRÜCKE BESCHREIBEN

¡Qué bien!
¡Qué bueno!
¡Qué rico!
¡Qué guay!
¡Qué divertido!
¡Qué asco!
¡Qué miedo!
¡Qué vergüenza!
¡Qué horror!
¡Qué nervios!
¡Qué rollo!
¡Qué daño!
¡Qué cansancio!
¡Qué frío!
¡Qué susto!

Me da miedo estar a oscuras.
Me pone nervioso/a este tipo de música.
Me da vergüenza hablar delante de toda la clase.
Me da pena no poder ir al concierto.
Me da rabia tener que estudiar el domingo.
No me importa esperar.

AUF EINE ERZÄHLUNG REAGIEREN

● Y entonces él se fue muy enfadado.
❍ **¡Qué fuerte!**
¡Qué bien!
¡Qué suerte!
¡Qué mala suerte!
¡Qué horror!
¡Qué pena!
¡Qué gracioso!
¡Qué simpático!
¡No me digas!
¡Anda!

❍ **¿Y qué pasó luego?**
Y entonces, ¿qué hiciste?
Ah, ¿sí?
¿Se fue enfadado?

EINEN UNTERSCHIEDLICHEN GRAD VON GEWISSHEIT AUSDRÜCKEN

Pienso que estudiaré Química.
Supongo que me casaré algún día.
Seguramente iré a Ibiza en verano.
No sé si me casaré **o no**.
No sé si me casaré, **depende**.

● ¿Ese chico es español?
❍ **No sé.**
No creo.
Es posible.
Sí, supongo que sí.
Sí, creo que sí.
Sí, seguramente.
Sí, seguro (que sí).
Segurísimo.

UM RAT FRAGEN

¿Qué puedo hacer para sacar mejores notas?
¿Qué tengo que hacer para conectarme?
¿Qué debo hacer para tener una dirección de correo electrónico?
¿Qué es lo mejor para aprender a hablar un idioma rápidamente?
¿Qué he de hacer para aprobar Matemáticas?

RATSCHLÄGE UND EMPFEHLUNGEN

Hay que comer fruta y verdura.
No se debe tomar demasiado azúcar.
Es conveniente desayunar bien.
Lo mejor que puedes hacer es comer verdura.
Has de caminar al menos una hora al día.
Tienes que hacer mucho deporte.
Debes leer mucho.
No debes preocuparte.
Va muy bien ver películas en español.

Si lees, **aprenderás** mucho español.
Lee mucho, **así aprenderás** mucho español.

Es muy importante protegerse con una gorra.
No hace falta llevar mochila.
Resulta muy útil llevar unos prismáticos para ver las aves.
Lo mejor es ir andando.

VERPFLICHTUNG AUSDRÜCKEN

He de ir a casa de mis abuelos.
Tienes que llamar a tus padres.
Debéis llegar puntuales al teatro.

ANWEISUNGEN ERTEILEN

Sentaos.
Mira encima del armario.
Pon primero un poco de mantequilla, **luego añade** la harina y...

WARNUNGEN AUSSPRECHEN

Ten cuidado con la moto.
Ten en cuenta que puede llover.

LÖSUNGEN VORSCHLAGEN

El Gobierno **debería** construir más guarderías y hospitales **en lugar de** gastar tanto en armas.
Todos **deberíamos** estudiar más idiomas.
Habría que gastar menos agua.
Se debería invertir más en energías limpias.

BEFEHLE ERTEILEN

Te callas **y se acabó**.
Ven **ahora mismo**.
¿**Quieres** venir **de una vez**?

ABWEISEND REAGIEREN

- No quiero ir.
- ¡**Cómo que no** quieres ir!

- Es pronto.
- **Pero... ¿qué dices?**
- **Pero si** son las 7 h.

- Dame el libro.
- **No me da la gana.**

DAFÜR SEIN / DAGEGEN SEIN

- **Yo estoy a favor de** la clonación.
- **Yo estoy en contra**.

SICH RECHTFERTIGEN

- ¿Por qué no quieres llamar a Susana?
- **Pues porque** no tengo ganas.
  Es que tengo muchos deberes.
  Si es que siempre la llamo yo.

EINE HANDLUNG BESCHREIBEN

Entra **silenciosamente**.
Entra **sin decir nada**.
Entra **llorando y gritando**.
Entra **con** un paraguas en la mano.

DEN ZWECK AUSDRÜCKEN

- ¿**Para qué** van a hacer una manifestación?
- **Para que no cierren** la fábrica.
  Para conservar su trabajo.

EINEN WIDERSPRUCH AUSDRÜCKEN

Aunque estudia mucho, no aprueba.
Estudia mucho, **pero** no aprueba.
Estudia mucho **y, sin embargo,** no aprueba.

GLEICHZEITIGKEIT BESCHREIBEN

Cuando viajo en barco, me mareo.
Siempre que tengo un examen, como mucho.
Cada vez que voy a España, aprendo palabras nuevas.

BEDINGUNGEN AUSDRÜCKEN

Cuando vayas en bici, **ponte** casco.
Si tienes fiebre, **báñate** con agua fría.
Si consumimos mucha agua, muy pronto **tendremos** problemas.

La gran chuleta de gramática

VERGLEICHE ANSTELLEN

Esa lámpara **es como** una enorme araña.
Habla **como si** fuera un político.
El lagarto **es como** un cocodrilo, **pero más** pequeño.
El gato **es como** una antena, **pero con** patas.
La alcachofa **es como** una flor, **pero menos** bonita.
La alcachofa **es como** una flor **sin** colores.

GEFÜHLE UND EINDRÜCKE HERVORRUFEN

Me recuerda

La alcachofa **me recuerda a** una mano cerrada.
Las lágrimas **me recuerdan a** las gotas del hielo cuando se derrite.

Me hace pensar en

El sol **me hace pensar en** la playa.
Las bicicletas **me hacen pensar en** el verano.
Cuando veo un gato, **pienso en** tejados.

Me da la sensación de

El avión **me da la sensación de** grandeza.
Las montañas **me dan sensación de** paz.

KONNEKTOREN

UM EINE GESCHICHTE ZU ERZÄHLEN

Zu Beginn
Una vez...
Un día...
El otro día...

Zum Verbinden
(Y) entonces...

Zum Schluss
Al final...
Total, que...
O sea, que...

- **Una vez**, estaba yo en la playa con mi novio y del agua salió una tortuga gigante. Nos acercamos **y entonces** se metió otra vez en el agua.
- ○ **O sea, que** no la pudiste tocar.
- Pues no, pero nos quedamos esperando tres horas y **al final** ¡vimos focas!

Um einen Satz neu zu formulieren

Es decir...
O sea...

Um eine Reihenfolge festzulegen

En primer lugar...
Por una parte...
Por otra parte
Por un lado...
Por otro lado...
Por último...

Um Argumente hinzuzufügen

Además...
Por otro lado...
Por otra parte...

Um die Ursachen zu erklären

Esto es debido a (que)
Esto se debe a (que)...
Esto es así porque...

Um die Folgen zu beschreiben

Por eso,...
Por tanto,...
Por lo que...

En verano, el consumo de energía en esta zona es insostenible. **Es decir**, consumimos más energía de la que podemos producir. Las causas del problema son dos: **por una parte**, la población aumenta considerablemente en esta época del año **por lo que** el consumo es mayor, y, **por otra parte**, los canales para hacer llegar la energía a la zona son insuficientes. **Por eso**, algunos políticos proponen la construcción de una nueva línea de alta tensión.

Um sich eine Information oder Meinung bestätigen zu lassen

Es muy bonito, **¿verdad?**
Es tu hermano, **¿no?**

Um Informationen hinzuzufügen

Es muy caro, **(y) además**, no me gusta mucho.
Le escribí, le mandé un correo electrónico...
Incluso le llamé.

Um Informationen gegenüberzustellen

Laura es muy estudiosa, **en cambio**, su hermano Manuel es muy perezoso.

Verbos

verbos

VERBOS REGULARES

INDICATIVO					
Presente	**Pretérito Imperfecto**	**Pretérito Indefinido**	**Pretérito Perfecto** verbo **haber** + Participio*	**Pret. Pluscuamperfecto** verbo **haber** + Participio*	**Futuro**
ESTUDIAR Gerundio: estudi**ando** **Participio:** estudi**ado**					
estudi**o**	estudi**aba**	estudi**é**	**he** estudi**ado**	**había** estudi**ado**	estudiar**é**
estudi**as**	estudi**abas**	estudi**aste**	**has** estudi**ado**	**habías** estudi**ado**	estudiar**ás**
estudi**a**	estudi**aba**	estudi**ó**	**ha** estudi**ado**	**había** estudi**ado**	estudiar**á**
estudi**amos**	estudi**ábamos**	estudi**amos**	**hemos** estudi**ado**	**habíamos** estudi**ado**	estudiar**emos**
estudi**áis**	estudi**abais**	estudi**asteis**	**habéis** estudi**ado**	**habíais** estudi**ado**	estudiar**éis**
estudi**an**	estudi**aban**	estudi**aron**	**han** estudi**ado**	**habían** estudi**ado**	estudiar**án**
COMER Gerundio: com**iendo** **Participio:** com**ido**					
com**o**	com**ía**	com**í**	**he** com**ido**	**había** com**ido**	comer**é**
com**es**	com**ías**	com**iste**	**has** com**ido**	**habías** com**ido**	comer**ás**
com**e**	com**ía**	com**ió**	**ha** com**ido**	**había** com**ido**	comer**á**
com**emos**	com**íamos**	com**imos**	**hemos** com**ido**	**habíamos** com**ido**	comer**emos**
com**éis**	com**íais**	com**isteis**	**habéis** com**ido**	**habíais** com**ido**	comer**éis**
com**en**	com**ían**	com**ieron**	**han** com**ido**	**habían** com**ido**	comer**án**
VIVIR Gerundio: viv**iendo** **Participio:** viv**ido**					
viv**o**	viv**ía**	viv**í**	**he** viv**ido**	**había** viv**ido**	vivir**é**
viv**es**	viv**ías**	viv**iste**	**has** viv**ido**	**habías** viv**ido**	vivir**ás**
viv**e**	viv**ía**	viv**ió**	**ha** viv**ido**	**había** viv**ido**	vivir**á**
viv**imos**	viv**íamos**	viv**imos**	**hemos** viv**ido**	**habíamos** viv**ido**	vivir**emos**
viv**ís**	viv**íais**	viv**isteis**	**habéis** viv**ido**	**habíais** viv**ido**	vivir**éis**
viv**en**	viv**ían**	viv**ieron**	**han** viv**ido**	**habían** viv**ido**	vivir**án**

INDICATIVO		**CONDICIONAL**	**SUBJUNTIVO**			
Imperativo Afirmativo	**Imperativo Negativo**	**Simple**	**Presente**	**Imperfecto**		
ESTUDIAR Gerundio: estudi**ando** **Participio:** estudi**ado**						
		estudiar**ía**	estudi**e**	estudi**ara**	*o*	estudi**ase**
estudi**a**	no estudi**es**	estudiar**ías**	estudi**es**	estudi**aras**	*o*	estudi**ases**
estudi**e**	no estudi**e**	estudiar**ía**	estudi**e**	estudi**ara**	*o*	estudi**ase**
		estudiar**íamos**	estudi**emos**	estudi**áramos**	*o*	estudi**ásemos**
estudia**d**	no estudi**éis**	estudiar**íais**	estudi**éis**	estudi**arais**	*o*	estudi**aseis**
estudi**en**	no estudi**en**	estudiar**ían**	estudi**en**	estudi**aran**	*o*	estudi**asen**
COMER Gerundio: com**iendo** **Participio:** com**ido**						
		comer**ía**	com**a**	com**iera**	*o*	com**iese**
com**e**	no com**as**	comer**ías**	com**as**	com**ieras**	*o*	com**ieses**
com**a**	no com**a**	comer**ía**	com**a**	com**iera**	*o*	com**iese**
		comer**íamos**	com**amos**	com**iéramos**	*o*	com**iésemos**
come**d**	no com**áis**	comer**íais**	com**áis**	com**ierais**	*o*	com**ieseis**
com**an**	no com**an**	comer**ían**	com**an**	com**ieran**	*o*	com**iesen**
VIVIR Gerundio: viv**iendo** **Participio:** viv**ido**						
		vivir**ía**	viv**a**	viv**iera**	*o*	viv**iese**
viv**e**	no viv**as**	vivir**ías**	viv**as**	viv**ieras**	*o*	viv**ieses**
viv**a**	no viv**a**	vivir**ía**	viv**a**	viv**ieras**	*o*	viv**iese**
		vivir**íamos**	viv**amos**	viv**iéramos**	*o*	viv**iésemos**
vivi**d**	no viv**áis**	vivir**íais**	viv**áis**	viv**ierais**	*o*	viv**ieseis**
viv**an**	no viv**an**	vivir**ían**	viv**an**	viv**ieran**	*o*	viv**iesen**

*** PARTICIPIOS IRREGULARES**

abrir	abierto	**escribir**	escrito	**ir**	ido	**romper**	roto
cubrir	cubierto	**freír**	frito/freído	**morir**	muerto	**ver**	visto
decir	dicho	**hacer**	hecho	**poner**	puesto	**volver**	vuelto

VERBOS IRREGULARES

INDICATIVO						CONDICIONAL	SUBJUNTIVO	
Presente	**Pretérito Imperfecto**	**Pretérito Indefinido**	**Futuro**	**Imperativo Afirmativo**	**Imperativo Negativo**	**Simple**	**Presente**	**Imperfecto**
CAER Gerundio: cayendo **Participio:** caído								
caigo	caía	caí	caeré			caería	caiga	cayera *o* cayese
caes	caías	caíste	caerás	cae	no caigas	caerías	caigas	cayeras *o* cayeses
cae	caía	cayó	caerá	caiga	no caiga	caería	caiga	cayera *o* cayese
caemos	caíamos	caímos	caeremos			caeríamos	caigamos	cayéramos *o* cayésemos
caéis	caíais	caísteis	caeréis	caed	no caigáis	caeríais	caigáis	cayerais *o* cayeseis
caen	caían	cayeron	caerán	caigan	no caigan	caerían	caigan	cayeran *o* cayesen
CONOCER Gerundio: conociendo **Participio:** conocido								
conozco	conocía	conocí	conoceré			conocería	conozca	conociera *o* conociese
conoces	conocías	conociste	conocerás	conoce	no conozcas	conocerías	conozcas	conocieras *o* conocieses
conoce	conocía	conoció	conocerá	conozca	no conozca	conocería	conozca	conociera *o* conociese
conocemos	conocíamos	conocimos	conoceremos			conoceríamos	conozcamos	conociéramos *o* conociésemos
conocéis	conocíais	conocisteis	conoceréis	conoced	no conozcáis	conoceríais	conozcáis	conocierais *o* conocieseis
conocen	conocían	conocieron	conocerán	conozcan	no conozcan	conocerían	conozcan	conocieran *o* conociesen
DAR Gerundio: dando **Participio:** dado								
doy	daba	di	daré			daría	dé	diera *o* diese
das	dabas	diste	darás	da	no des	darías	des	dieras *o* dieses
da	daba	dio	dará	dé	no dé	daría	dé	diera *o* diese
damos	dábamos	dimos	daremos			daríamos	demos	diéramos *o* diésemos
dais	dabais	disteis	daréis	dad	no deis	daríais	deis	dierais *o* dieseis
dan	daban	dieron	darán	den	no den	darían	den	dieran *o* diesen
DECIR Gerundio: diciendo **Participio:** dicho								
digo	decía	dije	diré			diría	diga	dijera *o* dijese
dices	decías	dijiste	dirás	di	no digas	dirías	digas	dijeras *o* dijeses
dice	decía	dijo	dirá	diga	no diga	diría	diga	dijera *o* dijese
decimos	decíamos	dijimos	diremos			diríamos	digamos	dijéramos *o* dijésemos
decís	decíais	dijisteis	diréis	decid	no digáis	diríais	digáis	dijerais *o* dijeseis
dicen	decían	dijeron	dirán	digan	no digan	dirían	digan	dijeran *o* dijesen
DORMIR Gerundio: durmiendo **Participio:** dormido								
duermo	dormía	dormí	dormiré			dormiría	duerma	durmiera *o* durmiese
duermes	dormías	dormiste	dormirás	duerme	no duermas	dormirías	duermas	durmieras *o* durmieses
duerme	dormía	durmió	dormirá	duerma	no duerma	dormiría	duerma	durmiera *o* durmiese
dormimos	dormíamos	dormimos	dormiremos			dormiríamos	durmamos	durmiéramos *o* durmiésemos
dormís	dormíais	dormisteis	dormiréis	dormid	no durmáis	dormiríais	durmáis	durmierais *o* durmieseis
duermen	dormían	durmieron	dormirán	duerman	no duerman	dormirían	duerman	durmieran *o* durmiesen
ESTAR Gerundio: estando **Participio:** estado								
estoy	estaba	estuve	estaré			estaría	esté	estuviera *o* estuviese
estás	estabas	estuviste	estarás	está	no estés	estarías	estés	estuvieras *o* estuvieses
está	estaba	estuvo	estará	esté	no esté	estaría	esté	estuviera *o* estuviese
estamos	estábamos	estuvimos	estaremos			estaríamos	estemos	estuviéramos *o* estuviésemos
estáis	estabais	estuvisteis	estaréis	estad	no estéis	estaríais	estéis	estuvierais *o* estuvieseis
están	estaban	estuvieron	estarán	estén	no estén	estarían	estén	estuvieran *o* estuviesen
HABER Gerundio: habiendo **Participio:** habido								
he	había	hubo	habré			habría	haya	hubiera *o* hubiese
has	habías	hubiste	habrás	he**		habrías	hayas	hubieras *o* hubieses
ha/hay*	había	hubo	habrá			habría	haya	hubiera *o* hubiese
hemos	habíamos	hubimos	habremos			habríamos	hayamos	hubiéramos *o* hubiésemos
habéis	habíais	hubisteis	habréis			habríais	hayáis	hubierais *o* hubieseis
han	habían	hubieron	habrán			habrían	hayan	hubieran *o* hubiesen

* impersonal
** única forma en uso

VERBOS IRREGULARES

INDICATIVO						CONDICIONAL	SUBJUNTIVO	
Presente	Pretérito Imperfecto	Pretérito Indefinido	Futuro	Imperativo Afirmativo	Imperativo Negativo	Simple	Presente	Imperfecto
HACER Gerundio: haciendo **Participio:** hecho								
hago	hacía	hice	haré			haría	haga	hiciera *o* hiciese
haces	hacías	hiciste	harás	haz	no hagas	harías	hagas	hicieras *o* hicieses
hace	hacía	hizo	hará	haga	no haga	haría	haga	hiciera *o* hiciese
hacemos	hacíamos	hicimos	haremos			haríamos	hagamos	hiciéramos *o* hiciésemos
hacéis	hacíais	hicisteis	haréis	haced	no hagáis	haríais	hagáis	hicierais *o* hicieseis
hacen	hacían	hicieron	harán	hagan	no hagan	harían	hagan	hicieran *o* hiciesen
INCLUIR Gerundio: incluyendo **Participio:** incluido								
incluyo	incluía	incluí	incluiré			incluiría	incluya	incluyera *o* incluyese
incluyes	incluías	incluiste	incluirás	incluye	no incluyas	incluirías	incluyas	incluyeras *o* incluyeses
incluye	incluía	incluyó	incluirá	incluya	no incluya	incluiría	incluya	incluyera *o* incluyese
incluimos	incluíamos	incluimos	incluiremos			incluiríamos	incluyamos	incluyéramos *o* incluyésemos
incluís	incluíais	incluisteis	incluiréis	incluid	no incluyáis	incluiríais	incluyáis	incluyerais *o* incluyeseis
incluyen	incluían	incluyeron	incluirán	incluyan	no incluyan	incluirían	incluyan	incluyeran *o* incluyesen
IR Gerundio: yendo **Participio:** ido								
voy	iba	fui	iré			iría	vaya	fuera *o* fuese
vas	ibas	fuiste	irás	ve	no vayas	irías	vayas	fueras *o* fueses
va	iba	fue	irá	vaya	no vaya	iría	vaya	fuera *o* fuese
vamos	íbamos	fuimos	iremos			iríamos	vayamos	fuéramos *o* fuésemos
vais	ibais	fuisteis	iréis	id	no vayáis	iríais	vayáis	fuerais *o* fueseis
van	iban	fueron	irán	vayan	no vayan	irían	vayan	fueran *o* fuesen
JUGAR Gerundio: jugando **Participio:** jugado								
juego	jugaba	jugué	jugaré			jugaría	juegue	jugara *o* jugase
juegas	jugabas	jugaste	jugarás	juega	no juegues	jugarías	juegues	jugaras *o* jugases
juega	jugaba	jugó	jugará	juegue	no juegue	jugaría	juegue	jugara *o* jugase
jugamos	jugábamos	jugamos	jugaremos			jugaríamos	juguemos	jugáramos *o* jugásemos
jugáis	jugabais	jugasteis	jugaréis	jugad	no juguéis	jugaríais	juguéis	jugarais *o* jugaseis
juegan	jugaban	jugaron	jugarán	jueguen	no jueguen	jugarían	jueguen	jugaran *o* jugasen
MOVER Gerundio: moviendo **Participio:** movido								
muevo	movía	moví	moverán			movería	mueva	moviera *o* moviese
mueves	movías	moviste	moverás	mueve	no muevas	moverías	muevas	movieras *o* movieses
mueve	movía	movió	moverá	mueva	no mueva	movería	mueva	moviera *o* moviese
movemos	movíamos	movimos	moveremos			moveríamos	movamos	moviéramos *o* moviésemos
movéis	movíais	movisteis	moveréis	moved	no mováis	moveríais	mováis	movierais *o* movieseis
mueven	movían	movieron	moverán	muevan	no muevan	moverían	muevan	movieran *o* moviesen
OÍR Gerundio: oyendo **Participio:** oído								
oigo	oía	oí	oiré			oiría	oiga	oyera *o* oyese
oyes	oías	oíste	oirás	oye	no oigas	oirías	oigas	oyeras *o* oyeses
oye	oía	oyó	oirá	oiga	no oiga	oiría	oiga	oyera *o* oyese
oímos	oíamos	oímos	oiremos			oiríamos	oigamos	oyéramos *o* oyésemos
oís	oíais	oísteis	oiréis	oíd	no oigáis	oiríais	oigáis	oyerais *o* oyeseis
oyen	oían	oyeron	oirán	oigan	no oigan	oirían	oigan	oyeran *o* oyesen
PENSAR Gerundio: pensando **Participio:** pensado								
pienso	pensaba	pensé	pensaré			pensaría	piense	pensara *o* pensase
piensas	pensabas	pensaste	pensarás	piensa	no pienses	pensarías	pienses	pensaras *o* pensases
piensa	pensaba	pensó	pensará	piense	no piense	pensaría	piense	pensara *o* pensase
pensamos	pensábamos	pensamos	pensaremos			pensaríamos	pensemos	pensáramos *o* pensásemos
pensáis	pensabais	pensasteis	pensaréis	pensad	no penséis	pensaríais	penséis	pensarais *o* pensaseis
piensan	pensaban	pensaron	pensarán	piensen	no piensen	pensarían	piensen	pensaran *o* pensasen

VERBOS IRREGULARES

INDICATIVO						CONDICIONAL	SUBJUNTIVO	
Presente	Pretérito Imperfecto	Pretérito Indefinido	Futuro	Imperativo Afirmativo	Imperativo Negativo	Simple	Presente	Imperfecto
PERDER Gerundio: perdiendo **Participio:** perdido								
pierdo	perdía	perdí	perderé			perdería	pierda	perdiera *o* perdiese
pierdes	perdías	perdiste	perderás	pierde	no pierdas	perderías	pierdas	perdieras *o* perdieses
pierde	perdía	perdió	perderá	pierda	no pierda	perdería	pierda	perdiera *o* perdiese
perdemos	perdíamos	perdimos	perderemos			perderíamos	perdamos	perdiéramos *o* perdiésemos
perdéis	perdíais	perdisteis	perderéis	perded	no perdáis	perderíais	perdáis	perdierais *o* perdieseis
pierden	perdían	perdieron	perderán	pierdan	no pierdan	perderían	pierdan	perdieran *o* perdiesen
PODER Gerundio: pudiendo **Participio:** podido								
puedo	podía	pude	podré			podría	pueda	pudiera *o* pudiese
puedes	podías	pudiste	podrás	puede	no puedas	podrías	puedas	pudieras *o* pudieses
puede	podía	pudo	podrá	pueda	no pueda	podría	pueda	pudiera *o* pudiese
podemos	podíamos	pudimos	podremos			podríamos	podamos	pudiéramos *o* pudiésemos
podéis	podíais	pudisteis	podréis	poded	no podáis	podríais	podáis	pudierais *o* pudieseis
pueden	podían	pudieron	podrán	puedan	no puedan	podrían	puedan	pudieran *o* pudiesen
PONER Gerundio: poniendo **Participio:** puesto								
pongo	ponía	puse	pondré			pondría	ponga	pusiera *o* pusiese
pones	ponías	pusiste	pondrás	pon	no pongas	pondrías	pongas	pusieras *o* pusieses
pone	ponía	puso	pondrá	ponga	no ponga	pondría	ponga	pusiera *o* pusiese
ponemos	poníamos	pusimos	pondremos			pondríamos	pongamos	pusiéramos *o* pusiésemos
ponéis	poníais	pusisteis	pondréis	poned	no pongáis	pondríais	pongáis	pusierais *o* pusieseis
ponen	ponían	pusieron	pondrán	pongan	no pongan	pondrían	pongan	pusieran *o* pusiesen
QUERER Gerundio: queriendo **Participio:** querido								
quiero	quería	quise	querré			querría	quiera	quisiera *o* quisiese
quieres	querías	quisiste	querrás	quiere	no quieras	querrías	quieras	quisieras *o* quisieses
quiere	quería	quiso	querrá	quiera	no quiera	querría	quiera	quisiera *o* quisiese
queremos	queríamos	quisimos	querremos			querríamos	queramos	quisiéramos *o* quisiésemos
queréis	queríais	quisisteis	querréis	quered	no queráis	querríais	queráis	quisierais *o* quisieseis
quieren	querían	quisieron	querrán	quieran	no quieran	querrían	quieran	quisieran *o* quisiesen
REÍR Gerundio: riendo **Participio:** reído								
río	reía	reí	reiré			reiría	ría	riera *o* riese
ríes	reías	reíste	reirás	ríe	no rías	reirías	rías	rieras *o* rieses
ríe	reía	rió	reirá	ría	no ría	reiría	ría	riera *o* riese
reímos	reíamos	reímos	reiremos			reiríamos	riamos	riéramos *o* riésemos
reís	reíais	reísteis	reiréis	reíd	no riáis	reiríais	riáis	rierais *o* rieseis
ríen	reían	rieron	reirán	rían	no rían	reirían	rían	rieran *o* riesen
SABER Gerundio: sabiendo **Participio:** sabido								
sé	sabía	supe	sabré			sabría	sepa	supiera *o* supiese
sabes	sabías	supiste	sabrás	sabe	no sepas	sabrías	sepas	supieras *o* supieses
sabe	sabía	supo	sabrá	sepa	no sepa	sabría	sepa	supiera *o* supiese
sabemos	sabíamos	supimos	sabremos			sabríamos	sepamos	supiéramos *o* supiésemos
sabéis	sabíais	supisteis	sabréis	sabed	no sepáis	sabríais	sepáis	supierais *o* supieseis
saben	sabían	supieron	sabrán	sepan	no sepan	sabrían	sepan	supieran *o* supiesen
SALIR Gerundio: saliendo **Participio:** salido								
salgo	salía	salí	saldré			saldría	salga	saliera *o* saliese
sales	salías	saliste	saldrás	sal	no salgas	saldrías	salgas	salieras *o* salieses
sale	salía	salió	saldrá	salga	no salga	saldría	salga	saliera *o* saliese
salimos	salíamos	salimos	saldremos			saldríamos	salgamos	saliéramos *o* saliésemos
salís	salíais	salisteis	saldréis	salid	no salgáis	saldríais	salgáis	salierais *o* salieseis
salen	salían	salieron	saldrán	salgan	no salgan	saldrían	salgan	salieran *o* saliesen

VERBOS IRREGULARES

INDICATIVO						CONDICIONAL	SUBJUNTIVO	
Presente de Indicativo	Pretérito Imperfecto	Pretérito Indefinido	Futuro	Imperativo Afirmativo	Imperativo Negativo	Simple	Presente	Imperfecto
SENTIR Gerundio: sintiendo **Participio:** sentido								
siento	sentía	sentí	sentiré			sentiría	sienta	sintiera o sintiese
sientes	sentías	sentiste	sentirás	siente	no sientas	sentirías	sientas	sintieras o sintieses
siente	sentía	sintió	sentirá	sienta	no sienta	sentiría	sienta	sintiera o sintiese
sentimos	sentíamos	sentimos	sentiremos			sentiríamos	sintamos	sintiéramos o sintiésemos
sentís	sentíais	sentisteis	sentiréis	sentid	no sintáis	sentiríais	sintáis	sintierais o sintieseis
sienten	sentían	sintieron	sentirán	sientan	no sientan	sentirían	sientan	sintieran o sintiesen
SER Gerundio: siendo **Participio:** sido								
soy	era	fui	seré			sería	sea	fuera o fuese
eres	eras	fuiste	serás	sé	no seas	serías	seas	fueras o fueses
es	era	fue	será	sea	no sea	sería	sea	fuera o fuese
somos	éramos	fuimos	seremos			seríamos	seamos	fuéramos o fuésemos
sois	erais	fuisteis	seréis	sed	no seáis	seríais	seáis	fuerais o fueseis
son	eran	fueron	serán	sean	no sean	serían	sean	fueran o fuesen
SERVIR Gerundio: sirviendo **Participio:** servido								
sirvo	servía	serví	serviré			serviría	sirva	sirviera o sirviese
sirves	servías	serviste	servirás	sirve	no sirvas	servirías	sirvas	sirvieras o sirvieses
sirve	servía	sirvió	servirá	sirva	no sirva	serviría	sirva	sirviera o sirviese
servimos	servíamos	servimos	serviremos			serviríamos	sirvamos	sirviéramos o sirviésemos
servís	servíais	servisteis	serviréis	servid	no sirváis	serviríais	sirváis	sirvierais o sirvieseis
sirven	servían	sirvieron	servirán	sirvan	no sirvan	servirían	sirvan	sirvieran o sirviesen
TENER Gerundio: teniendo **Participio:** tenido								
tengo	tenía	tuve	tendré			tendría	tenga	tuviera o tuviese
tienes	tenías	tuviste	tendrás	ten	no tengas	tendrías	tengas	tuvieras o tuvieses
tiene	tenía	tuvo	tendrá	tenga	no tenga	tendría	tenga	tuviera o tuviese
tenemos	teníamos	tuvimos	tendremos			tendríamos	tengamos	tuviéramos o tuviésemos
tenéis	teníais	tuvisteis	tendréis	tened	no tengáis	tendríais	tengáis	tuvierais o tuvieseis
tienen	tenían	tuvieron	tendrán	tengan	no tengan	tendrían	tengan	tuvieran o tuviesen
TRAER Gerundio: trayendo **Participio:** traído								
traigo	traía	traje	traeré			traería	traiga	trajera o trajese
traes	traías	trajiste	traerás	trae	no traigas	traerías	traigas	trajeras o trajeses
trae	traía	trajo	traerá	traiga	no traiga	traería	traiga	trajera o trajese
traemos	traíamos	trajimos	traeremos			traeríamos	traigamos	trajéramos o trajésemos
traéis	traíais	trajisteis	traeréis	traed	no traigáis	traeríais	traigáis	trajerais o trajeseis
traen	traían	trajeron	traerán	traigan	no traigan	traerían	traigan	trajeran o trajesen
VENIR Gerundio: viniendo **Participio:** venido								
vengo	venía	vine	vendré			vendría	venga	viniera o viniese
vienes	venías	viniste	vendrás	ven	no vengas	vendrías	vengas	vinieras o vinieses
viene	venía	vino	vendrá	venga	no venga	vendría	venga	viniera o viniese
venimos	veníamos	vinimos	vendremos			vendríamos	vengamos	viniéramos o viniésemos
venís	veníais	vinisteis	vendréis	venid	no vengáis	vendríais	vengáis	vinierais o vinieseis
vienen	venían	vinieron	vendrán	vengan	no vengan	vendrían	vengan	vinieran o viniesen
VER Gerundio: viendo **Participio:** visto								
veo	veía	vi	veré			vería	vea	viera o viese
ves	veías	viste	verás	ve	no veas	verías	veas	vieras o vieses
ve	veía	vio	verá	vea	no vea	vería	vea	viera o viese
vemos	veíamos	vimos	veremos			veríamos	veamos	viéramos o viésemos
veis	veíais	visteis	veréis	ved	no veáis	veríais	veáis	vierais o vieseis
ven	veían	vieron	verán	vean	no vean	verían	vean	vieran o viesen

El español mes a mes

El español mes a mes

Enero

día 6

LOS REYES MAGOS
España

En muchos países de tradición católica, desde hace muchos siglos, el 6 de enero se celebra la festividad de los **Reyes Magos**. En España y en los países de habla hispana, es costumbre dejar regalos a los niños (y también, por extensión, a los mayores) en la noche del día 5 de enero. Los niños creen que son los reyes quienes han puesto los regalos. En Uruguay, el 6 de enero se llama "Día de los niños".

Febrero

día de Carnaval

LA DIABLADA
Bolivia

En la ciudad minera de Oruro se celebra, durante la fiesta del Carnaval, la **Diablada**, un baile de inspiración católica. Se trata de una danza multitudinaria en la que los bailarines van vestidos con máscaras de demonios o de ángeles; simboliza la lucha del Bien contra el Mal y la derrota de los siete pecados capitales.

Marzo

días 19 a 20

LAS FALLAS
Valencia, España

Entre el 12 y el 19 de marzo se celebra, en Valencia, la fiesta de las **Fallas**, que son unas enormes esculturas hechas de papel y cartón sobre una armazón de madera. Estas esculturas se colocan por las calles de Valencia y se queman la noche del día 19 entre fuegos artificiales, explosiones, pólvora y enormes llamaradas. Cada año, los muñecos de las Fallas satirizan los acontecimientos sociales y políticos más destacados del año.

Abril

día 23

DÍA DEL LIBRO, SANT JORDI
Cataluña, España

En Cataluña, el 23 de abril se celebra **Sant Jordi** (San Jorge). Las calles se llenan de puestos de libros y de rosas, ya que es tradición regalarlos a las personas queridas. Además, este día se conmemora en todo el mundo el aniversario de la muerte de tres escritores: Miguel de Cervantes, William Shakespeare y El Inca Garcilaso de la Vega (cronista y escritor peruano). Por esta razón, la UNESCO proclamó el 23 de abril como el Día Mundial del Libro y del Derecho de Autor.

Mayo

primera semana

EL PALO DE MAYO
Nicaragua

Es una de las fiestas más importantes del caribe nicaragüense, sobre todo de la ciudad de Bluefields. Es una fiesta de culto al árbol y a la fecundidad. Cientos de bailarines danzan alrededor de un tronco plantado en el suelo, adornado con cintas de colores vistosos y con dulces, que representa un árbol y sus frutos. Mientras bailan, trenzan las cintas al árbol. El **Palo de Mayo** se celebra también en otras localidades del Caribe de Panamá, de Venezuela y de Colombia.

Junio

día 24

INTI RAYMI
Perú

El 24 de junio se celebra en la ciudad de Cuzco la fiesta de **Inti Raymi**, que marca el solsticio de invierno. Es una fiesta heredada de los incas y de su adoración al sol. Tiene lugar en la fortaleza de Sacsayhuamán (a dos kilómetros de Cuzco) y representa la ceremonia tal y como se habría desarrollado en el pasado, pero ahora ante miles de turistas.

El español mes a mes

Julio

días 6 a 14

LOS SANFERMINES
Pamplona, España

En España, en la ciudad de Pamplona, el 7 de julio, día de San Fermín, se celebran los **Sanfermines**, fiestas que duran una semana y que son famosas en todo el mundo por los encierros de toros. Los pamploneses corren por las calles de seguidos de una manada de toros, con gran peligro de caídas o heridas, hasta llegar a la plaza donde encierran a los toros. Más tarde, tienen lugar las corridas.

Agosto

primera semana

FERIA DE LAS FLORES
Medellín, Colombia

El origen de la **Feria de las flores de Medellín** es que los campesinos bajaban de las montañas todas las variedades de flores de la región para venderlas o para adornar los altares de las iglesias. La feria, que dura varios días, consiste en exposiciones de flores, cabalgatas, música y desfiles de jinetes (silleteros) que llevan las sillas de montar con enormes adornos florales.

Septiembre

día 15

FIESTA DE LA INDEPENDENCIA
Hispanoamérica

El 15 de septiembre de 1821, las llamadas "provincias de Centroamérica" se proclamaron independientes de la Corona Española. Por esta razón, en el mes de septiembre México, Guatemala, Nicaragua, Costa Rica, Honduras y El Salvador celebran su **fiesta de la Independencia**.
El día 18 de septiembre también la celebra Chile, aunque la independencia se declaró en este país años más tarde, en 1828.

Octubre

día 12

12 DE OCTUBRE
Hispanoamérica y España

Según los historiadores, el **12 de octubre** del año 1492, Colón llegó a las tierras de América. Este día se celebra en toda Hispanoamérica. Es una fiesta muy controvertida: para unos se celebra el orgullo de pertenecer a una cultura marginada durante años; para otros, no es motivo de celebración, ya que la conquista estuvo marcada por el racismo y por el genocidio. En más de un país americano se ha propuesto cambiar el nombre por el de "día de la resistencia india".

Noviembre

día 1

NOCHE DE MUERTOS
Michoacán, México

En Michoacán (en el oeste de México), el día de Todos los santos (1 de noviembre), las mujeres y los niños de la isla acuden al cementerio, a media noche, encienden velas y colocan ofrendas de flores y de comida sobre la tumba de sus familiares y seres queridos. Los hombres no entran en el cementerio, se limitan a observar la fiesta desde lejos. La **Noche de muertos** se celebra en todo México.

Diciembre

días 24 y 25

NAVIDAD
Hispanoamérica y España

Las fiestas de **Navidad** tienen gran importancia en todos los países hispanos. Los elementos característicos comunes son la Misa y la cena de Navidad que se celebran la noche del 24 al 25 de diciembre; los villancicos (canciones de Navidad); y los belenes, portales o pesebres (representaciones en miniatura del nacimiento de Jesús que se hacen en las casas y en las iglesias).

Mis notas

MI VOCABULARIO

Mi vocabulario

Hinweise zum Wörterverzeichnis nach Lektionen

Das Wörterverzeichnis hilft dir beim Erschließen der Lektionen. Die Übungen, auf die sich die Wörter jeweils beziehen, sind klar gekennzeichnet.

Erstmalig vorkommende Wörter werden innerhalb einer jeden Übung in der Reihenfolge ihres Vorkommens aufgeführt, einschließlich des unbekannten Wortschatzes aus den Arbeitsanweisungen. Der Wortschatz aus **Gente joven 1** ist nicht mit aufgeführt, von **Gente joven 2** sind die wichtigsten Ausdrücke mit aufgenommen worden. Die deutsche Übersetzung gibt die Bedeutung im jeweiligen Zusammenhang wieder.

Die spanischen Substantive sind mit Artikel aufgeführt, denn es empfiehlt sich, diesen gleich mit zu lernen, da das Geschlecht häufig vom deutschen abweicht. Spanische Substantive, die mit einem betonten **a** oder **ha** beginnen, stehen – auch wenn sie weiblich sind – im Singular mit dem männlichen Artikel. In diesen Fällen ist das vom Artikel abweichende Geschlecht in Klammern *(feminin)* angegeben. Substantive, die in der vorkommenden Bedeutung im Spanischen ausschließlich im Plural stehen, sind entsprechend gekennzeichnet (*Pl.*).

Bei konjugierten Verbformen wird auf den Infinitiv verwiesen; zu Verben mit unregelmäßigen Präsensformen (*i*), (*ie*), (*ue*), (*y*), (*zc*) findet sich ein Hinweis.
Es wurden die folgenden Abkürzungen verwendet:

Ger. = Gerundium	lateinam. = lateinamerikanisch
Inf. = Infinitiv	Pl. = nur im Plural vorkommend
Subj. = Subjuntivo	ugs. = umgangssprachlich

Falls du einmal ein Wort nicht findest, so ist es wahrscheinlich schon in einer vorherigen Lektion vorgekommen. In diesen Fällen hilft dir das alphabetische Wörterverzeichnis.

1 ¡Buen viaje!

planificar – planen
revisar – noch einmal ansehen, *hier:* wiederholen
referirse *(ie)* a – sich beziehen auf
el itinerario – die Reiseroute
la distancia – die Entfernung
la duración – die Dauer
plantear problemas – Probleme aufwerfen
el consejo – der Ratschlag
dar consejos – Ratschläge erteilen
pedir consejos – um Rat bitten

1. POSTALES

A
enviar – schicken, verschicken
recibir – erhalten

B
intercambiar puntos de vista – die Meinung austauschen
apetecer – wünschen
a mí me apetecería + *Inf.* – ich würde gern + *Inf.*
las Baleares – die Balearen

2. ¡ESTO ES FANTÁSTICO!

A
mientras – während
sabés *(lateinmam. 2. Pers. Sg. von saber)* – du weißt
vos *(lateinam. für tú)* – du
lindo/a *(lateinam.)* – schön, hübsch
el rincón – die Ecke
por todos los rincones – überall
el abrazo – die Umarmung
la manta – die Decke
la cobertura – der Netzempfang
el aburrimiento – die Langeweile
¡qué guay! – Super!
¡qué gusto! – Wie angenehm!

B
la llamada telefónica – der Telefonanruf
verificar – überprüfen
obtener – erlangen, erhalten

3. Y TÚ ¿DÓNDE HAS ESTADO?

donde hayas *(Subj. von haber)* estado – wo du gewesen bist

4. LA POSTAL MISTERIOSA

misterioso – geheimnisvoll
la suerte – das Glück
el destinatario – der Empfänger
hacer a suertes – auslosen
firmar – unterschreiben

la chuleta de gramática

el norte – der Norden
el sur – der Süden
el este – der Westen
el oeste – der Osten
la vida nocturna – das Nachtleben
la frontera – die Grenze
pasear – spazieren gehen
la barca – das Boot
bañarse – baden
evocar – hervorrufen
Costa Rica – Costa Rica
Nueva York – New York
San Francisco – San Francisco
América del Sur – Südamerika
imaginario/a – erfunden
la Antártida – die Antarktis

5. ESPAÑA TAMBIÉN ES VERDE

A
el folleto – die Broschüre
el parque natural – der Naturpark

escarpado/a – steil, abschüssig
el entorno – die Umgebung
convertir *(ie)* – umwandeln
variado/a – abwechslungsreich
la roca – der Fels(en), die Klippe
exuberante – üppig
el paisaje – die Landschaft
la playa – der Strand
amplio/a – weit, weitläufig
la gastronomía – die Gastronomie, Kochkunst
Euskadi (baskisch für País Vasco) – Baskenland
el País Vasco – das Baskenland
el Cantábrico – Kantabrien

la red de carreteras – das Straßennetz
la bicicleta – das Fahrrad
la ruta – die Route
circular – umherfahren
el/la escultor/a – der/die Bildhauer/in
el interés artístico – der künstlerische Wert
el recorrido – die Tour
el seguro de accidentes – die Reiseversicherung
la casa rural – das Landhaus
el desayuno – das Frühstück
el almuerzo – das Mittagessen

a toda vela – mit vollen Segeln
el barco de vela – das Segelboot
hacer escala en – Halt machen
medieval – mittelalterlich
el conjunto arquitectónico – der Baukomplex
la iglesia – die Kirche
el patrón-guía – der Schiffsführer
el alojamiento – die Unterbringung
a bordo – an Bord
el alquiler – die Miete
el equipo náutico – die Schiffsmannschaft
la cala – die Bucht

a caballo – zu Pferd
durante – während
espectacular – spektakulär
el valle – das Tal
el desfiladero – die Schlucht
la cabaña – die Hütte
el/la vaquero/a – der Rinderhirte, Viehtreiber
el mantenimiento – die Pflege
el equipamiento – die Ausstattung
la sesión de monta – die Reitstunde
el picadero – die Reitbahn
confortable – bequem

C **el modelo** – das Vorbild

6. EQUIPAJES

el equipaje – Reisegepäck

A **tratar de + *Inf.*** – versuchen zu + *Inf.*
deducir *(zc)* – ableiten, erraten
la afirmación – die Aussage, der Aussagesatz

B **considerar** – halten für
imprescindible – unabdingbar, unbedingt notwendig
la libreta – das Notizbuch
el medicamento – das Medikament
la brújula – der Kompass
el botiquín – die Reiseapotheke
la crema solar – die Sonnencreme
el secador de pelo – der Fön
la travesía – die Überfahrt
el sendersimo – das Wandern
el esquí de fondo – der Langlauf

la chuleta de gramática

miope – kurzsichtig

7. EUROPA EN TREN

el billete de tren – die Bahnkarte
ganar – verdienen
el presupuesto diario – das Budget
ahorrar – sparen
el reportaje – die Reportage

8. UNA MANERA JOVEN DE VIAJAR

el ahorro – die Ersparnis
ligero/a – leicht
la clase turista – die Touristenklasse
Marruecos – Marokko
el/la ciudadano/a – der Staatsbürger
residir – wohnhaft sein
la ventaja – der Vorteil
el zapato – der Schuh
la chancla – der Badeschuh
la ropa de aseo – die Unterwäsche
el canguro de plástico – die Windjacke
voluminoso/a – umfangreich
el seguro de asistencia sanitaria – die Reisekrankenversicherung
útil – nützlich
aprovechar – nutzen
nocturno/a – nächtlich
de vez en cuando – ab und zu
tener en cuenta – berücksichtigen
la comida rápida – das Fastfood
la comida enlatada – das Dosenessen

9. UNA CHICA AVENTURERA

aventurero/a – abenteuerlustig

A **intercambiar conocimientos** – Kenntnisse austauschen
el fragmento – Fragment, *hier*: Ausschnitt
la pared – die Wand
la madera – das Holz
el techo – das Dach
la paja – das Stoh
la vivienda – das Wohnhaus
peruano/a – peruanisch
la picadura – der Insektenstich
la manga – der Ärmel

de manga larga – langärmelig
asar – braten
asarse de calor – vor Hitze umkommen
en cambio – hingegen
relajado/a – entspannt
al cabo de – am Ende von
al cabo de una hora – nach einer Stunde
improvisar – improvisieren
dejarse llevar – sich wegtreiben lassen
la alegría – die Freude
el principio – das Prinzip
la expedición – die Expedition, Forschungsreise
el aprendizaje – das Lernen
dar pena – Leid tun

B **la iniciativa** – die Initiative
la oportunidad – die Gelegenheit
el aspecto – der Aspekt
formativo/a – Ausbildungs-
desarrollar – entwickeln
el espíritu – der Geist
la cooperación – die Kooperation

la chuleta de gramática

la advertencia – die Warnung

LA REVISTA LOCA

EL TREN DE LAS NUBES

la nube – die Wolke
los Andes – die Anden
el ferrocarril – die Bahn
atravesar ***(ie)*** – durchqueren
introducirse ***(zc)*** – eindringen
el viaducto – der Viadukt, die Brücke
adentrarse – eindringen
el cielo – der Himmel
el trazado – die Linie
elevado/a – hochgelegen
la característica – die Eigenschaft, Eigenart

ANTONIO MACHADO

exiliarse – ins Exil gehen
el gobierno – Regierung
la Guerra Civil – der spanische Bürgerkrieg (1936-39)
el poema – das Gedicht
el/la caminante – der Wanderer
la huella – die Spur
el camino – der Weg
andar – gehen
al andar – indem man geht
volver la vista atrás – zurückblicken
la senda – der Pfad, Weg
pisar – betreten
sino – sondern
la estela – *hier*: die Spur
la mar – die See
la poesía – die Poesie
aprender de memoria – auswendig lernen

EL CAMINO DE SANTIAGO

el camino – der Weg, *hier*: Pilgerweg
antiquísimo/a – sehr alt
la peregrinación – die Pilgerfahrt
la leyenda – die Legende
enterrado/a – begraben
el apóstol – der Apostel
señalizado/a – gekennzeichnet
el refugio – die Zuflucht
el/la peregrino/a – der Pilger
expresamente – ausdrücklich
la credencial – das Empfehlungsschreiben
la casilla – das Kästchen
el sello – der Stempel
acreditar – beurkunden
el certificado – das Zertifikat
latín – lateinisch
Galicia – Galizien

¿ERES UN BUEN TURISTA?

el souvenir – das Souvenir
el glaciar – der Gletscher

CHILLIDA

monumental – monumental
la escultura – die Skulptur
el hierro – das Eisen
abstracto/a – abstrakt
el peine – der Kamm
golpear – schlagen
la ola – die Welle
todavía – noch
vaciar – entleeren, aushöhlen
convertir ***(ie)*** **en** – machen zu
la muestra – das Beispiel
contemplar – betrachten
apreciar – schätzen
integrar en la naturaleza – in die Natur einbetten

la peña del garaje

o sea – das heißt
estar de acuerdo – einverstanden sein
el/la pijo/a – der Snob
demostrar ***(ue)*** – beweisen
el/la taxista – der/dieTaxifahrer/in
conducir ***(zc)*** – (ein Auto) fahren
la plaza – der Platz
la lengua materna – die Muttersprache
la vuelta al cole – der Schulbeginn
el grupo musical – die Musikgruppe
la moto – das Moped
continuará… – Fortsetzung folgt …

El DOSSIER de la CLASE

EL CAMINO DEL INCA

la ruina – die Ruine
las vías de comunicación – die Verbindungsstraßen
unir – verbinden

en todo momento – die ganze Zeit
diplomado/a – mit Diplom
el desnivel – der Höhenunterschied
a través de – durch
temprano – früh
el bus – der Autobus
la caminata – die Wanderung
almorzar – zu Mittag essen
desayunar – frühstücken
cenar – zu Abend essen
el complejo arqueológico – die Ausgrabung
la subida – die Steigung
las vistas panorámicas – der Ausblick
la satisfacción – die Zufriedenheit
alcanzar – erreichen
cima, la – Bergspitze
descender *(ie)* – absteigen
acampar – zelten
la ciudadela – die Zitadelle
el monumento – das Baudenkmal
breve – kurz
el tour – die Tour
la torre – der Turm
sagrado/a – geheiligt
solar – Sonnen
el cuarto – das Zimmer, Gemach
real – königlich
el cementerio – der Friedhof

NUESTRO VIAJE

la tarea – die Aufgabe
la elección – die Wahl
el destino – das Reiseziel
la etapa – die Etappe
enumerar – aufzählen

② Tengo un problema

el consultorio – die Beratungsstelle
el sentimiento – das Gefühl
caer bien / mal – gut / schlecht ankommen
llevarse bien / mal – gut / schlecht auskommen
enfadarse – sich ärgern

1. CARACTERES DIFERENTES

A **mancharse** – sich beflecken
reaccionar – reagieren
ponerse nervioso – nervös werden
inseguro/a – unsicher
abrirse fácilmente – sich den anderen gegenüber offen zeigen
tener mal genio – leicht reizbar sein
enseguida – sofort
en el fondo – im Grunde
noble – edel
solidario/a – solidarisch

C **el personaje de ficción** – die erfundene Person
tomarse las cosas con calma – die Dinge ruhig angehen
a menudo – oft
comprensivo/a – verständnisvoll
el sentido del humor – der Sinn für Humor

D **preocuparse por** – sich Sorgen machen um

2. EL ÁLBUM DE FOTOS DE ADRIANA

el álbum de fotos – das Fotoalbum

C **propio/a** – eigene/r/s

D **majo/a *(ugs.)*** – schön, nett

la chuleta de gramática

fatal *(ugs.)* – sehr schlecht
pasársele algo a alguien – aus einer Stimmung gehen
¿Se le ha pasado? – Ist es wieder gut?
Se me pasa en seguida – Bei mir geht der Ärger sofort vorüber

3. QUÉ HORROR

A **la novela de aventuras** – der Abenteuerroman
individualmente – jeder für sich
bromista – spaßig, immer zu Scherzen aufgelegt
miedoso/a – ängstlich
fresco/a – dreist
responsable – verantwortungsbewußt
anochecer – dunkel werden
ni idea – keine Ahnung
hacerse de noche – Nacht werden
los miles – Tausende
el bicho – das Tier, Ungeziefer
el oso – der Bär
el monstruo – das Monster
comentar – meinen
intentar – versuchen
tranquilizar – beruhigen
¡ya está! – schon erledigt!
sollozar – schluchzen
de pronto – plötzlich
la luz – das Licht
siniestro/a – unheimlich
yo no me fío – ich trau mich nicht
tembloroso/a – zitternd
la bruja – die Hexe
ironizar – spötteln
a lo mejor – vielleicht
detrás – hinter
el gruñido – das Grunzen
enfocar – anleuchten
ronronear – schnurren
complicar – schwieriger machen
el rayo – der Blitz
iluminar – erleuchten
soplar – blasen
el trueno – der Donner
terrorífico/a – furchterregend
parar de + *Inf.* – aufhören + *Inf.*
quejarse – sich beklagen, jammern

la tormenta – der Sturm
girar – drehen
más adelante – weiter vorne
bromear – witzeln
el agujero – das Loch
el lamento – das Gejammer
junto a – bei
el establo – der Stall
el cerdo – das Schwein
caerse *(ai)* – hinfallen
olfatear – riechen, schnuppern
sospechoso/a – verdächtig
el grifo – der Wasserhahn
encantador/a – reizend
extrañado/a – verwundert
el pastel – der Kuchen

B **leer en voz alta** – laut lesen
interpretar – interpretieren
el bocadillo – (im Comic) die Sprechblase
la exclamación – der Ausruf
¡ojo! – Vorsicht!
el/la narrador/a – der/die Erzähler/in

4. SENTIMIENTOS

A **coincidir** – übereinstimmen
el asco – der Ekel
la vergüenza – die Scham
la rabia – die Wut
la serpiente – die Schlange
la pelea – die Prügelei
el médico – der Arzt
darse un baño – ein Bad nehmen

B **dar miedo** – Angst machen
la estructura – die Struktur

la chuleta de gramática

¡qué rico! – Wie lecker!
¡qué horror! – Wie schrecklich!
¡qué lata! – Wie öde!
¡qué rollo! – Wie lästig!
¡qué cansancio! – Wie ermüdend!
¡qué susto! – Was für ein Schreck!

5. SI FUERA UNA ANIMAL, SERÍA...

si fuera – wenn ich wäre
la conducta – das Verhalten
el instrumento musical – das Musikinstrument
el accidente geográfico – die geographische Gegebenheit
el mueble – das Möbelstück
agresivo/a – aggressiv

6. LA MEJOR AMIGA DE PABLO

A **enamorado/a** – verliebt
maduro/a – reif
el amor a primera vista – die Liebe auf den ersten Blick
el flechazo – die Liebe auf den ersten Blick
un tal / una tal – ein gewisser / eine gewisse
el/la sabelotodo – der Besserwisser, Naseweis
estar harto/a – die Nase voll haben
enojarse – ärgerlich werden
el/la ex – der/die Exfreund/in
tomar algo – etwas trinken gehen
la temporada – der Zeitraum
discutir – streiten
estar colgado de alguien – an jemandem hängen
el/la tonto/a – der Dummkopf
el parvulario – der Kindergarten

7. ¿QUÉ ES UN AMIGO DE VERDAD?

A **la cita** – das Zitat
puro/a – rein
profundo/a – tiefgründig
poseer – besitzen

B **el acróstico** – das Akrostichon
vertical – senkrecht

la chuleta de gramática

salir con alguien – mit jemandem ausgehen
la orquídea – die Orchidee

LA REVISTA LOCA

EL ACOSO ESCOLAR

acoso escolar, el – Mobbing *(wenn Schüler von anderen Schülern misshandelt und eingeschüchtert werden)*
doler *(ue)* – weh tun
sufrir – leiden
la intimidación – die Einschüchterung
desgraciadamente – leider
la agresión – der Angriff
la violencia – die Gewalt
ejercer *(zc)* – ausüben
imponer *(g)* – aufzwingen
la amenaza – die Drohung
el insulto – die Beleidigung
la vejación – die Quälerei
la víctima – das Opfer
la mayoría – die Mehrheit
el silencio – die Stille
la angustia – die Beklemmung
estimar – schätzen
el fenómeno – das Phänomen
el Defensor del Pueblo – Ombudsmann *(unparteiischer Schiedsmann, der vor allem die Interessen von Personen vertritt, die ansonsten wenig Beachtung finden, z. B. Kinder, Krankenhauspatienten, usw.)*
criticar – kritisieren
confesar *(ie)* – beichten, *hier*: zugeben
los medios de comunicación – die (Massen-)Medien

suicidarse – sich umbringen
tirarse al vacío – sich in die Tiefe stürzen
la muralla – die Mauer
padecer *(zc)* – leiden
la humillación – die Erniedrigungen
el golpe – der Schlag
la paliza – die Prügel
el debate – die Debatte
estar atento/a a – achten auf
el síntoma – das Symptom
arremeter – angreifen
quedarse callado – schweigen
la broma – der Witz, Scherz
el apoyo – die Unterstützung
el/la testigo – der Zeuge, die Zeugin
el alcance – die Reichweite
a tu alcance – in deiner Reichweite

REDES DE EMOCIONES

la red – das Netz
el emoticón – das Smiley
el estado de ánimo – der Gemütszustand
descifrar – entziffern
el sueño – die Schläfrigkeit
la bobada – die Dummheit

la peña del garaje

el/la tutor/a – der/die Klassenlehrer/in
la educación física – der Sportunterricht
buen tío *(ugs.)* – netter Kerl
raro/a – seltsam, komisch
el secuestro – die Entführung
el/la tío/a – der Kerl, Typ
tener mala pinta – übel aussehen
secuestrar – entführen
chulo/a – vorlaut
la sierra – das Gebirge
averiguar – überprüfen

El DOSSIER de la CLASE

WWW.AYUDAME.COM

empujar – schubsen
el grano – der Pickel
tener tiempo por delante – noch viel Zeit haben
la manía – die fixe Idee, Macke
¡no es justo! – das ist nicht gerecht!
mimado/a – verwöhnt
fijarse en alguien – jemanden bemerken
apuntarse a – sich einschreiben für
dar el punto de vista – die Meinung äußerni

EL CONSULTORIO DE LA CLASE

inspirarse – sich inspirieren, Anregungen bekommen
la costumbre – die Gewohnheit
la petición – die Bitte
la batería – das Schlagzeug
harto/a – überdrüssig
fabuloso/a – fantastisch
la comparación – der Vergleich

aislado/a – isoliert
ponerse a temblar – zu zittern anfangen

3 ¿Quién tiene razón?

la obra de teatro – das Theaterstück
el conflicto – der Konflikt
el desacuerdo – die Meinungsverschiedenheit
el enfado – der Ärger
justificar – rechtfertigen
argumentar – Argumente anführen
ponerse de pie – sich aufrecht hinstellen
estar sentado – sitzen
la perífrasis verbal – die verbale Umschreibung
ponerse a + *Inf.* – anfangen zu + *Inf.*
dejar de + *Inf.* – aufhören zu + *Inf.*
seguir + *Ger.* – weitermachen mit
estar a punto de + *Inf.* – bald etwas getan haben
acabar de + *Inf.* – gerade etwas getan haben
sin + *Inf.* – ohne zu + *Inf.*
tener razón – Recht haben

1. EL ESCENARIO

el escenario – die Bühne
el decorado – das Bühnenbild
el/la dibujante – der/die Zeichner/in
el fallo – der Fehler
cometer un fallo – einen Fehler begehen
repleto/a – voll, überladen
el primer plano – der Vordergrund
en primer plano – im Vordergrund
descalzo/a – barfuß
los cascos – der Kopfhörer
entreabierto/a – halboffen
el chándal – der Trainingsanzug
darse cuenta de – bemerken

2. LOS BOCETOS

el boceto – die Skizze

A **de nuevo** – erneut

B **el mueble** – das Möbelstück

3. ESCENAS

la escena – die Szene, Bühnenbild

A **estar de mal / buen humor** – gut / schlecht gelaunt sein
la fuente – die Schüssel
los macarrones – die Makarroni
la estantería – das Regal
el jarrón – die Vase
dar a la cocina – auf die Küche gehen (in einem Lageplan)
suspender un examen – bei einer Prüfung durchfallen
castigar – bestrafen
con aspecto triste – mit traurigem Gesichtsausdruck

llorar – weinen
consolar *(ue)* – trösten
tratar mal – schlecht behandeln, misshandeln
reírse de alguien – jemanden auslachen

4. ACOTACIONES

la acotación – die Bühnenanweisung

A **silenciosamente** – leise
el pijama – der Schlafanzug
perder el autobús – den Bus verpassen
la batería – die Batterie
acabarse – zu Ende gehen
lentamente – langsam
¡ni hablar! – Kommt nicht in Frage!

B **de otra manera** – auf eine andere Art und Weise

la chuleta de gramática

los auriculares – die Kopfhörer
estar tumbado/a – liegen
vestido/a – angekleidet
desnudo/a – unbekleidet
seguir comiendo – weiteressen
estar a punto de llegar – bald da sein
acabar de entrar – gerade hineingekommen sein
volver a llamar – noch einmal anrufen
sin hacer ruido – geräuschlos
el paraguas – der Regenschirm

5. EL VESTUARIO

el vestuario – die Bühnengarderobe

A **tratar de + *Inf.*** – versuchen zu + *Inf.*
deducir *(zc)* – ableiten, folgern

B **disfrazarse** – sich verkleiden
el papel – die Rolle
el cabeza rapada – der Skinhead
el siglo pasado – das vergangene Jahrhundert
el rap – der Rap
el/la ejecutivo/a – der/die leitende Angestellte
la ópera – die Oper
la reunión de trabajo – die geschäftliche Besprechung
postizo/a – unecht
la peluca – die Perrücke
el moño – der Haarknoten
el bastón – der Stock
ancho/a – breit
la piel – das Leder
la cartera – die Brieftasche
el zapato de tacón – der hochhackige Schuh
la chancleta de plástico – der Badeschuh aus Plastik
los tejanos – die Jeans
a cuadros – kariert
el vestido de fiesta – das Abendkleid
el vestido estampado – das Kleid mit Muster
las botas camperas – die Westernstiefel
el traje – der Anzug
la corbata – die Krawatte
azul celeste – himmelblau
granate – dunkelrot
la pajarita – die Fliege (Halsbinde)
el abrigo de pieles – der Ledermantel
el bolso – die Handtasche
el collar de perlas – die Perlenkette

6. ESTADOS DE ÁNIMO

el estado de ánimo – der Gemütszustand

A **muerto/a de risa** – halbtot vor Lachen
sorprendido/a – überrascht

7. LA CONVIVENCIA

la convivencia – das Zusammenleben
soler *(ue)* + *Inf.* – üblicherweise + *Inf.*
fastidiar – verärgern
el canal de televisión – der Fernsehsender
el permiso – die Erlaubnis
pedir permiso – um Erlaubnis bitten
llamar a la puerta – an die Tür klopfen
la riña – der Streit
hablar por teléfono – telefonieren
la paga – das Taschengeld

8. NUESTRA FAMILIA

A **la profesión** – der Beruf
el hábito – die Gewohnheit
la relación – die Beziehung

B **imaginario/a** – erfunden
el diagrama – das Diagramm
la flecha – der Pfeil
el/la informático/a – der/die Informatiker/in
la empresa farmacéutica – das Pharmaunternehmen
la paciencia – die Geduld
el/la suegro/a – Schwiegervater/-mutter

la chuleta de gramática

el tatuaje – die Tätowierung
teñido/a – gefärbt
más bien – eher
gordito – mollig, rundlich
un poco especial – etwas eigen
soportar – ertragen, aushalten
aguantar – ertragen, aushalten
dar rabia – verärgern
poner nervioso/a – nervös machen

9. LOS DIÁLOGOS

A **la discusión** – die Diskussion

B **la transcripción** – die Transkription

¡No me da la gana! – Ich habe keine Lust!
las tijeras *(Pl.)* – die Schere

¡es igual! – Das ist egal!

de una vez – endlich
de sobra – übermäßig
el tráfico – der Verkehr
la entrada – das Ticket
reservado/a – reserviert

¡se acabó! – Ende! Schluss!
el suspenso – die nicht bestandene Prüfung
estar castigado – Hausarrest haben
tener manía a – jemanden nicht mögen

recoger/poner la mesa – den Tisch abräumen/decken
hablar alto – laut sprechen

D **la impaciencia** – die Ungeduld

10. TEATRO DE VERDAD

A **el cuadro** – Szene (im Theaterstück/Film)
injusto/a – ungerecht
¡anda! – Sieh mal an!
el fraile – der Mönch
hacerle la boca un fraile – (Redensart) zu viel verlangen
replicar – antworten, erwidern
la panda *(ugs.)* – die Clique
el plazo – die Rate, Zahlungsfrist
un empleo fijo – die Festanstellung
un empleo eventual – die Gelegenheitsarbeit
pagar al contado – bar zahlen
suspender/aprobar (un examen) – eine Prüfung nicht bestehen/bestehen
llegar a un acuerdo – zu einem Einverständnis kommen

el matrimonio – die Eheschließung
el/la dramaturgo/a – der/die Dramaturg/in
el/la novelista – der/die Romanschriftsteller/in
la mecedora – der Schaukelstuhl
cabecear – einnicken
hamacarse – sich schaukeln
tenés *(lateinam. für tienes)* – du hast
vieja *(ugs. lateinam.)* – Mama
sos *(lateinam. für eres)* – du bist
la madrugada – die frühen Morgenstunden

la chuleta de gramática

el/la interlocutor/a – der/die Gesprächspartner/in
justificarse – sich rechtfertigen

LA REVISTA LOCA

LA NUEVA RUMBA

la rumba – die Rumba *(afrokubanischer Tanz- und Musikstil)*
tocar – spielen
el/la gitano/a – der/die Zigeuner/in
divulgar – verbreiten
el repertorio – das Repertoire
la música popular – die Volksmusik
el ventilador – der Ventilator
combinar – kombinieren, verbinden
el golpe – der Schlag
la cuerda – die Saite
la percusión – das Schlagzeug
fusionado/a – vermischt
formar parte de – Teil sein von
el escenario – die Bühne

HISTORIA DE LAS MÁSCARAS Y LAS CARETAS

la máscara – die Maske
la careta – die Maske
el fin – der Zweck
el Paleolítico – die Altsteinzeit
Egipto – Ägypten
el entierro – das Begräbnis
el/la difunto/a – die/der Verstorbene
el carnaval – der Karneval, die Fastnacht
enorme – riesig
Oceanía – Ozeanien
esquimal – Eskimo-
el pueblo primitivo – das Urvolk
el ritual – das Ritual
el dios – der Gott
el demonio – der Dämon
el ser mitológico – das mythologische Wesen
maligno/a – bösartig
ahuyentar – vertreiben
la peste – die Pest
la fiesta popuplar – Volksfest

MÍRAME

la mirada perdida – der abwesende Blick
perder el sentido del norte – die Orientierung verlieren
la mirada fija – der starre Blick
el punto de mira – der Richtpunkt, Zielpunkt
sin lastre – ohne Ballast
sin freno – ohne Halt
la nave – das Schiff
el cante – der Gesang
el ancla – der Anker
quedar a flote – weiterschwimmen
pa' *(ugs. für "para")* – für
el navío – das (große) Schiff
la chispa, la – der Funke
e' *(ugs. für "es")* – ist
el farito – der kleine Leuchtturm
el bajel – das (See-)Schiff
el ojo de buey – das Bullauge
ná' *(ugs. für "nada")* – nichts
ciego/a – blind
pa' lante *(ugs. für "para adelante")* – nach vorne
adelantar – überholen
tener buen ojo – einen wohlwollenden Blick haben

TEATRO, MÚSICA, BAILE Y CINE

la boda – die Hochzeit
narrar – erzählen

dramático/a – dramatisch
la historia de amor – die Liebesgeschichte
la historia de muerte – eine Geschichte vomTod
rural – ländlich
el/la mensajero/a – der/die Bote/Botin
llevar al cine – verfilmen
filmar – filmen
el/la bailaor/a *(ugs. für „bailador/a")* **flamenco** – der/die Flamencotänzer/in
espléndido/a – wunderbar
brillantemente – auf eine brillante Art und Weise

DON JUAN

el/la autor/a de teatro – der/die Theaterschriftsteller/in
el estereotipo – das Stereotyp
el placer – der Genuss
atracar – (ein Boot) anlegen
el balcón – der Balkon
embozado/a – vermummt
Don/Doña – Don, Doña *(in Verbindung mit dem Vornamen gebrauchte spanische Anrede für Herr/Frau)*
clarear – hell werden

TRABALENGUAS

el trabalenguas – der Zungenbrecher
erre con erre – *(Redensart)* halsstarrig; immer wieder
el cigarro – die Zigarre
el barril – das Fass, die Tonne
el carro – der Wagen
ser capaz de + ***Inf.*** – fähig sein zu + *Inf.*
sin querer – ungewollt
¿qué más quieres? – Was willst du mehr?

la peña del garaje

la familia numerosa – die kinderreiche Familie
el juguete – das Spielzeug
la caja de herramientas – der Werkzeugkasten
guardar el coche – das Auto einparken
el/la adulto/a – der/die Erwachsene/r
¡vaya cara! – Nun schau dir das Gesicht an!
¡aquí pasa algo raro! – Hier stimmt was nicht!

El DOSSIER de la CLASE

UNA OBRA DE TEATRO

pasar una crisis – in einer Krise stecken
al final – am Ende
suprimir – löschen
parecer – erscheinen
la tercera edad – das fortgeschrittene Alter
la gimnasia acuática – die Wassergymnastik
la temporada – der Zeitraum
ágil – beweglich
estar en forma – in Form sein
el acto – der Akt
ayudar en casa – zu Hause helfen
recoger – aufräumen
ser debido a – daran liegen, dass
por lo tanto – deshalb
exponer ***(g)*** **un plan** – einen Plan erklären
apuntar con el dedo a – mit dem Finger zeigen auf
¡haz el favor de levantarte! – Willst du jetzt bitte aufstehen!
poner cara de desesperación – ein verzweifeltes Gesicht machen
levantar la voz – die Stimme erheben
el tono irónico – der ironische Ton
¡vaya hombre! – Sieh mal an!
alineado/a – in Reih und Glied
hacer que + ***Subj.*** – etwas erreichen
a introducción – die Einleitung
la acción – die Handlung
la ropa deportiva – die Sportkleidung
alrededor – darumherum
repartir – verteilen
repartirse los papeles – die Rollen untereinander aufteilen
confeccionar – herstellen
el accesorio teatral – die Requisite
el público – das Publikum
el título – der Titel
el reparto – der Darsteller
los arreglos musicales – die Filmmusik
el/la encargado/a de sonido – der/dieTontechniker/in
la iluminación – die Beleuchtung
el maquillaje – die Maske
la producción – die Produktion
el/la productor/a – der/die Produzent/in
el/la espectador/a – der/die Zuschauer/in

Repaso de las unidades 1, 2, y 3

1 **un par** – einige, ein paar
el apartado – der Abschnitt, *hier*: Punkt
Asia – Asien
evocar – hervorrufen
el safari – die Safari
rechazar – abweisen
protegerse del sol – sich vor der Sonne schützen –
el inicio – der Beginn

2 **la hierba** – das Gras
el valle – das Tal
maravilloso/a – wundervoll
antes de ayer – vorgestern
el palacio – der Palast
los Picos de Europa – Gebirgskette in Asturien
el Cibercafé – das Internetcafé

3 **¡cuidado!** – Vorsicht!

4 **acostarse** – sich hinlegen
alejarse – sich entfernen

5 **el/la motorista** – der/die Motorradfahrer/in
tirar – wegwerfen
el casco – der Motorradhelm
la calavera – der Totenkopf
¿cómo qué...? – Was heißt *hier*...?

la paciencia – die Geduld
hacer el tonto – sich blöd benehmen
el pedido – die Bestellung
la nata – die Sahne
de momento – derzeit
el trozo – das Stück
¡qué fuerte! – Wie heftig!

6 **el test de personalidad** – der Persönlichkeitstest
en absoluto – überhaupt nicht
totalmente – völlig
desagradable – unangenehm
enseguida – sofort
abiertamente – offen
fácilmente – leicht
cualquier/a – irgendein/e/r
la clave – der (Lösungs-)Schlüssel
¡enhorabuena! – Glückwunsch!
seriamente – ernstlich

7 **la grabación** – die Aufnahme
dividir – teilen
reproducir – reproduzieren
la mímica – die Mimik
evaluar – bewerten

8 **el juego de rol** – das Rollenspiel
protestar – protestieren
insistir en – beharren auf

11 **ofrecer *(zc)*** – anbieten

12 **sin parar** – ununterbrochen
hacer falta – nötig sein
el portátil – der tragbare PC
la estación del año – die Jahreszeit
Perú – Peru
el impermeable – der Regenmantel

4 Vida sana

la vida – das Leben
sano/a – gesund
la debate – die Debatte
la droga – die Droge
la construcción pasiva – der Passivsatz
el cuantificador – die Mengenangabe
menos de – weniger als
el peso – das Gewicht
la medida – das Maß
aconsejar a – raten
aconsejable – ratenswert
el conector – Konnektor
por eso – deshalb
sin embargo – trotzdem, dennoch, andererseits
cuando – als

1. LA CESTA DE LA COMPRA

la cesta – der Korb

A **hacer la compra** – einkaufen gehen
a lo mejor – vielleicht
el aceite – das Öl
el aguacate – die Avocado
el ajo – der Knoblauch
la carne de ternera – das Kalbfleisch
los cereales – das Müsli
la cebolla – die Zwiebel
la fresa – die Erdbeere
la lechuga – der Kopfsalat
la lenteja – die Linse
los frutos secos *(Pl.)* – die Trockenfrüchte
el huevo – das Ei
el pan – das Brot
la mermelada – die Marmelade
el pescado – der Fisch
la miel – der Honig
el pepino – die Gurke
la mantequilla – die Butter
el plátano – die Banane
la zanahoria – die Mohrrübe, Karotte
el yogur – der Joghurt

B **contener *(ie)*** – enthalten
el azúcar – der Zucker
la grasa – das Fett
la vitamina – die Vitamine
la proteína – das Protein
el carbohidrato – das Kohlenhydrat

C **la alimentación** – die Ernährung

D **el/la nutricionista** – der/die Ernährungswissenschaftler/in
el/la doctor/a – der/die Arzt/Ärztin

E **el alimento** – das Lebensmittel
la votación – die Abstimmung
las espinacas *(Pl.)* – der Spinat

2. RECETAS

la receta – das Rezept

A **el gazpacho** – Gazpacho *(kalte Gemüsesuppe)*
el ingrediente – die Zutat
el aceite de oliva – das Olivenöl
el diente de ajo – die Knoblauchzehe
el pimiento – die Paprika
la miga de pan – das Weiche vom Brot
la preparación – die Vorbereitung
pelar – schälen
picar – hacken
el vinagre – der Essig
batir – schlagen
hervir *(ie)* – kochen
enfriar – erkalten
el frigorífico – der Kühlschrank
decorar – dekorieren
el cubito – der Würfel
el taco – *(Mexiko)* zu einer Tasche gefaltete Tortilla
la tortita – das Törtchen
mediano/a – mittelgroß
el limón – die Zitrone
la hoja de lechuga – das Salatblatt
la pimienta – der Pfeffer

pelar – schälen, *hier*: die Haut abziehen
la pepita – der Kern, Samen
salpimentar – mit Salz und Pfeffer würzen
cortar en dados – in Würfel schneiden
echar por encima – darüber geben
chorrito *(Verkleinerungsform von* chorro), el – kleiner Spritzer
calentar *(ie)* – erhitzen
la sartén – die Pfanne
freír – braten
el filete – das Filet
rellenar – füllen
picante – pikant
el relleno – die Füllung
servir *(i)* – servieren
el dulce de leche – die Kondensmilch
la esencia – die Essenz
la vainilla – die Vanille
el bicarbonato – das Bikarbonat
disolver *(ue)* – auflösen
a fuego lento – bei niedriger Hitze
cocer *(ue)* – kochen
remover *(ue)* – rühren
a menudo – oft
la cuchara de palo – der Holzlöffel
reducir *(zc)* – *hier*: weniger werden
espesar – dickflüssig werden
la consistencia – die Konsistenz
espeso/a – dickflüssig
apagar el fuego – den Herd abschalten
agregar – hinzufügen
el crep – die Crepe
el panqueque – der Pfannkuchen

la chuleta de gramática

más de – mehr als
por lo menos – mindestens, wenigstens
al menos – mindestens, wenigstens
algo de – ein wenig, etwas
un poco de – ein wenig, etwas
un poquito de – ein bisschen, ein wenig
una pizca de – eine Prise
nada de – kein/e/s
el kilo – das Kilogramm
el gramo – das Gramm
el litro – der Liter
medio kilo – ein halbes Kilo

3. LA IMAGEN

el pelo grasiento – das fettige Haar
particularmente – besonders
la parte del cuerpo – das Körperteil
la cirugía estética – die Schönheitsoperation

4. LOS EXTREMOS SIEMPRE SON MALOS

la anorexia – die Magersucht
la obesidad – das Übergewicht
la causa – der Grund, die Ursache
evitar – vermeiden
curar – kurieren
ser mayor – erwachsen sein
prevenir *(ie)* – vorbeugen
la enfermedad mental – die geistige Krankheit
la pérdida voluntaria de peso – der gezielte Gewichtsverlust
patológico/a – pathologisch, krankhaft
adelgazar – Gewicht verlieren, abnehmen
perder *(ie)* peso – Gewicht verlieren, abnehmen
el procedimiento – das Verfahren, die Vorgehensweise
la reducción – die Reduzierung
la caloría – die Kalorie
el ejercicio físico – die körperliche Betätigung, der Sport
excesivo/a – übermäßig
el apetito – der Appetit
laxante – abführend
diurético/a – harntreibend
el vómito – das Erbrechen
la desnutrición progresiva – die zunehmende Unterernährung
la consecuencia – die Konsequenz, Folge
el trastorno físico/mental – die körperliche/geistige Störung
según – gemäß, nach
experto/a – Fach
obsesionarse – von einer Idee besessen sein
la dieta – die Ernährung
equilibrado/a – ausgewogen, ausgeglichen
variado/a – abwechslungsreich
el desarrollo – die Entwicklung

la obesidad – das Übergewicht
el adolescente – die/der Jugendliche/r
el aumento de peso – die Gewichtszunahme
la riqueza – der Reichtum, Wohlstand
la belleza – die Schönheit
hoy en día – heutzutage
la enfermedad – die Krankheit
mortal – tödlich
la hipertensión arterial – der Bluthochdruck
la diabetes – die Diabetes, Zuckerkrankheit
cardiovascular – Herzkreislauf
dermatológico/a – Haut
gastrointestinal – Magendarm
la alteración – die Veränderung, Störung
la depresión – die Depression
la confianza en uno mismo – das Selbstvertrauen
combatir – bekämpfen
en primer lugar – vor allem
la comida prefabricada – das industriell vorgefertigte Essen
por otra parte – andererseits
se debe procurar – man muss darauf achten
patinar – rollschuhlaufen
como mínimo – wenigstens

5. MALOS HÁBITOS

A **el párrafo** – der Abschnitt
el argumento – das Thema
articular – verbinden
estrecho/a – eng

deformar – verformen
colgado/a al hombro – an der Schulter hängend
destrozar – zerstören
la columna vertebral – die Wirbelsäule
el tabaquismo – die Nikotinsucht
restar – abziehen
el sueño – der Schlaf
suficiente – genügend
el alcoholismo – der Alkoholismus
crónico/a – chronisch
merecer *(zc)* la pena – es wert sein
fases REM – REM-Phasen
almacenar – speichern
la nicotina – das Nicotin
perjudicial – schädlich
la edad temprana – das frühe Alter
respiratorio/a – Atem-, Lungen
la patología – die Pathologie, Krankheit
la infección – die Infektion
el dolor de espalda – der Rückenschmerz
la mala postura – die schlechte Haltung
fumar – rauchen

B **la recomendación** – die Empfehlung

la chuleta de gramática

los labios – die Lippen
es decir – das heißt
por una parte – zum einen
por último – schließlich, zuletzt
por otro lado – andererseits
por tanto – somit
por lo que – deshalb
aunque – obwohl
la contradicción – der Widerspruch
engordar – an Gewicht zunehmen

6. ENERGÍA POSITIVA Y NEGATIVA

A **la mente** – der Geist
conseguir el equilibrio – eine Gleichgewicht erzielen
el yoga – das Yoga
emparejar – paarweise zuordnen

B **el mudra** – die Mudra
la posición – die Position
el dedo – der Finger
la vitalidad – die Vitalität, die Lebenskraft
ambos/as – beide
el dedo pulgar – der Daumen
el dedo índice – der Zeigefinger
el dedo corazón – der Mittelfinger
el dedo anular – der Ringfinger
el dedo meñique – der kleine Finger
revitalizar – neue Kraft spenden
la meditación – die Meditation
la armonía – die Harmonie
la palma de la mano – die Handfläche
el circuito de energía – der Energiefluss
el amor – die Liebe
unir – verbinden
hacer oración – beten

canalizar – leiten
reciclar – erneuern
la sabiduría – die Weisheit
la conciencia – das Bewusstsein
profundo/a – tief
la claridad – das Licht, die Helligkeit
intuitivo/a – intuitiv

7. REMEDIOS DE LA ABUELA

el remedio – das Mittel

A **fallar** – versagen
la medicina – die Medizin
radiofónico/a – Radio
el/la oyente – der/die Hörer/in
el mareo – die Übelkeit, der Schwindel
mojar – benässen
la muñeca – das Handgelenk
la nuca – der Nacken
la frente – die Stirn
el manojo de perejil – der Strauß Petersilie
en contacto con – in Kontakt mit
el dolor de oídos – die Ohrenschmerzen
envuelto/a – umwickelt
el trapo – der Lappen
el malestar general – das allgemeine Unwohlsein
salir de viaje – auf Reisen gehen
el olor corporal – der Körpergeruch
el trastorno hormonal – die hormonelle Störung
frotar – reiben
la infusión de salvia – der Salbeitee
ducharse – sich duschen
un cuarto de litro – ein Viertelliter
templado/a – mit Zimmertemperatur
la cucharada – ein Esslöffel voll
endulzar – süßen
ponerse crema – sich eincremen
el dolor abdominal – die Bauchschmerzen
digestivo/a – Verdauungs-
el jugo – der Saft
aloe vera, el – die Aloe Vera
el aparato digestivo – der Verdauungstrakt
el dolor de garganta – die Halsschmerzen
el tobillo – der Knöchel
la picadura de mosquito – der Mückenstich
la cáscara de plátano – die Bananenschale
el bloqueo mental – die geistige Hemmung
la pasiflora – die Passionsblume
sedante – beruhigend
inflamado/a – entzündet
cortar por la mitad – zur Hälfte durchschneiden
la mesa de noche – der Nachttisch
el zumo – Obstsaft
las ojeras – die Augenränder
el algodón – der Wattebausch
la manzanilla – der Kamillentee
el pañuelo – das Taschentuch
la hemorragia de nariz – das Nasenbluten
sangrar – bluten
acostarse *(ue)* – sich hinlegen
el punto negro – der Mitesser
la espinilla – der Mitesser
la mascarilla – die Gesichtsmaske

tibio/a – lauwarm
aplicar – anwenden
la pasta dentífrica – die Zahnpasta

B **el remedio casero** – das Hausmittel

la chuleta de gramática

el perejil – die Petersilie

LA REVISTA LOCA

¿TE LA VAS A JUGAR?

jugársela ***(ue)*** – aufs Spiel setzen, riskieren
impulsar – anregen
el periódico – die Tageszeitung
el lugar público – der öffentliche Ort
potenciar – potenzieren
el rechazo – die Zurückweisung
el estilo de vida – der Lebensstil
la dependencia – die Abhängigkeit
publicar – veröffentlichen
pensar ***(ie)*** **por uno mismo** – mit dem eigenen Kopf denken
pasar factura – einen Preis verlangen

LAZARILLO DE TORMES

la novela picaresca – die Schelmendichtung
el pícaro – der Schelm, Spitzbube
buscarse la vida – sich durchschlagen
anónimo/a – anonym
el/la amo/a – der/die Herr/in
a continuación – im Folgenden
las uvas – die Weintrauben
el/la vendimiador/a – der/die Winzer/in
el racimo – die Traube
la limosna – die Almosen
maduro/a – reif
desgranar – abbeeren
acordar ***(ue)*** – vereinbaren
echar – hineinlegen
la sombra – la Schatten
acomodado/a – untergebracht
la liberalidad – *(altspanisch)* die Freigebigkeit, der Großmut
picar – kosten, nehmen
con tal – wenn
el engaño – der Betrug
el concierto – *hier*: Vereinbarung
el/la traidor/a – der/die Verräter/in
mudar propósito – *(altspanisch)* die Absicht ändern
de dos en dos – paarweise
la malicia – die Bosheit
quebrar ***(ie)*** **la postura** – *(altspanisch)* die Vereinbarung missachten
ir a la par con él – es ihm gleich tun
el escobajo – *(altspanisch)* ein abgepflückter Kamm der Weintraube
menear la cabeza – den Kopf schütteln
sospechar – einen Verdacht haben
dejar cortado a – sprachlos machen

FRUTA FRESCA

saber a – schmecken nach
las penas – das Leid
acechar – belauern, nachstellen
rezar – beten
no tener cura – sich nicht kümmern
el recuerdo – die Erinnerung
la locura – der Wahnsinn
consentido/a – verwöhntes Kind
todo el mundo – alle Welt
la niña de mis ojos – mein Ein und Alles
el enojo – die Wut
la declaración de amor – die Liebeserklärung
de veras – wahrhaft, wirklich

la peña del garaje

el todoterreno – das Geländefahrzeug
la pista – die Spur
dar una vuelta – eine Runde drehen
la fábrica – die Fabrik
ahí – dort

El DOSSIER de la CLASE

VIDA SANA

al aire libre – an der frischen Luft
la bebida con gas – das kohlensäurehaltige Getränk
constar de – bestehen aus
la portada – das Titelblatt
a lo largo de – während
la sucesión – die Abfolge

DEBATE TELEVISIVO

el debate televisivo – die Fernsehdebatte
el rol – die Rolle
la parte inferior – der untere Teil
inventar – erfinden
el punto de vista – der Standpunkt

parecido/a – ähnlich
el/la moderador/a – der/die Moderator/in
animar el debate – die Debatte anheizen
el consumo – der Verbrauch
la drogodependencia – die Drogenabhängigkeit
engancharse a las drogas – von Drogen abhängig werden
respecto a – mit Bezug auf, bezüglich
el borrador – der Entwurf

extrañar a – vermissen
retroceder en el tiempo – in der Zeit zurückgehen
el infierno – die Hölle
el héroe/ la heroína – der/die Held/in
invencible – unbesiegbar
el final feliz – das Happy End
el imbécil – der Dummkopf
incluso – sogar
el/la drogadicto/a – der/die Drogenabhängige/r
rehabilitarse – sich rehabilitieren

el/la novio/a – der/die Freund/in *(eigentlich: Verlobte/r)*
el accidente de coche – der Autounfall
bajo la influencia – unter dem Einfluss
la moderación – die Moderation
el/la toxicómano/a – die/der Drogenabhängige/r
el centro de rehabilitación – das Rehabilitationszentrum
el/la jefe/a – der/die Chef/in
el/la político/a – der/die Politiker/in
conservador/a – konservativ
la enseñanza secundaria – das Sekundarschulwesen

5 Nosotros los jóvenes

el discurso – die Rede
los derechos – die Rechte
debatir – diskutieren
la vergüenza – die Schande

1. LOS DERECHOS DEL NIÑO

la convención – das Abkommen
los derechos fundamentales – die Grundrechte
aprobar (una ley) – (ein Gesetz) verabschieden
el artículo – der Artikel
excepto – außer
la separación – die Trennung
la libertad – die Freiheit
la libertad de pensamiento – die Gedankenfreiheit
la libertad de conciencia – die Gewissensfreiheit
la libertad de religión – die Religionsfreiheit
los malos tratos – die Misshandlung
el Estado – der Staat
la minoría – die Minderheit
las poblaciones indígenas – die Urbevölkerung
el conflicto armado – die bewaffnete Auseinandersetzung
la protección – der Schutz

A **el logotipo** – das Logo, Markenzeichen
el símbolo – das Symbol

2. BUENAS Y MALAS NOTICIAS

A **el recorte de periódico** – der Zeitungsausschnitt
la emisora de radio – der Rundfunksender
en beneficio de – zugunsten
recaudar fondos – Spenden sammeln
Níger – Niger
llevar a cabo – durchführen
la vacuna – die Impfung
el progreso – der Fortschritt
científico/a – wissenschaftlich
tecnológico/a – technologisch
la diarrea – der Durchfall
la neumonía – die Lungenentzündung
investigar – erforschen
el SIDA – AIDS
el paludismo – das Sumpffieber, die Malaria
reforzado/a – verstärkt
la tuberculosis – die Tuberkulose
preescolar – Vorschul-
encabezar – an erster Stelle stehen
el país en desarrollo – das Entwicklungsland
el índice – die Rate
sumar – addieren
causar – verursachen
el agua potable – das Trinkwasser
el suministro – die Zufuhr
rural – Land-, ländlich
el suburbio urbano – die Vorstadt
el/la huérfano/a – der/die Waise
la infancia – die Kindheit
la década – das Jahrzehnt

E **el terremoto** – das Erdbeben

la chuleta de gramática

el arma ***(feminin)*** – die Waffe
los gastos militares – die militärischen Aufwendungen
la investigación – die Forschung
la investigación espacial – die Raumforschung

3. ¡NO A LA GUERRA!

la matanza – die Abschlachtung
la foca – der Seehund
el negocio – das Geschäft
el salario – das Gehalt
las minas antipersonal – die Menschenminen
el toro – der Stier
la tortura – die Folter
la diversión – das Vergnügen
el comercio – der Handel
la agresión – der Angriff
el racista – rassistisch
la pena de muerte – die Todesstrafe
la escuela pública – die öffentliche Schule
¡ya! – Sofort!

A **la discriminación** – die Diskriminierung

B **manifestarse** – sich offenbaren
la especie – die Spezies
ilegal – illegal
la caza – die Jagd
la especie protegida – die unter Naturschutz stehende Spezies

4. DE TUCUMÁN A BUENOS AIRES

la marcha – der Marsch
villero, el – Dorfbewohner, Dörfler
acá – *hier*
juntar – zusammenfügen
el pedacito ***(Verkleinerungsform von*** **pedazo)** – das Teilchen, Stückchen
el rompecabezas – das Puzzle
¡basta ya! – Schluss!

aguantar – ertragen
contar el cuento – *(Redensart)* die alte Geschichte erzählen –
¡esto no va más! – Damit muss Schluss sein!
la plata ***(lateinam. ugs.)*** – das Geld *(eigentlich: Silber)*
el campo – das Feld
el pibe ***(lateinam. ugs.)*** – Kind
poderoso/a – mächtig

B **soñar con +** ***Inf.*** – träumen von

la chuleta de gramática

la huelga – der Streik
estar de huelga – streiken
cobrar – bezahlt werden
a favor – dafür
en contra – dagegen

5. EN NUESTRO PAÍS...

B **darse** – vorkommen, vorhanden sein
ponerse de acuerdo – sich einigen
discriminar – diskriminieren
la vida familiar – das Familienleben
la raza – die Rasse

C **el ayuntamiento** – die Gemeinde
la guardería – die Kinderkrippe

6. PEQUEÑOS TRUCOS PARA UN MUNDO MEJOR

el truco – der Trick

A **la recomendación** – die Empfehlung
estar de acuerdo con – einverstanden sein mit
la Humanidad – die Menschheit
conservar – erhalten
la actualidad – die Gegenwart
en la actualidad – derzeit
cotidianamente – täglich
sostenible – tragbar
antiecológico – umweltschädlich
manipular – manipulieren
la publicidad – die Werbung
la cualidad – die Qualität
la basura – der Müll
tirar la basura – den Müll wegwerfen
reutilizar – wiederverwenden
reparar – reparieren
útil – nützlich
la lata – die Dose, Konserve
el envase – der Behälter
apenas – kaum
equivaler – gleichwertig sein
el bote – die Büchse, Dose
el petróleo – das Erdöl
la cara – die (Vorder-/Rück-)Seite
la comida basura – das Fastfood
la comida precocinada – das vorgefertigte Essen
el aditivo – das Additiv
el conservante – der Konservierungsstoff
la temporada – die Saison
salir al campo – ins Grüne fahren
tirar – wegwerfen
absurdo/a – absurd
el exceso – der Exzess, das Übermaß
la calefacción – die Heizung
ser preferible – vorzuziehen sein
el Comercio Justo – der gerechte Handel
la empresa – das Unternehmen
los derechos humanos – die Menschenrechte
mano de obra infantil – minderjährige Arbeitskräfte
sexista – sexistisch
la mujer-objeto – die Frau als Objekt
anciano/a – alt
dialogar con – sprechen mit
la costumbre – die Gewohnheit
tener algo que ver con – etwas zu tun haben mit
la era – das Zeitalter
la globalización – die Globalisierung
por último – zuletzt

B **gastar (dinero)** – Geld ausgeben

C **poner ideas en común** – Ideen austauschen
en lugar de – statt, anstatt
consumir – konsumieren
como locos – wie verrückt
a todas partes – überall

la chuleta de gramática

el centro sanitario – das Ärztezentrum
la ONG (Organisación No Gubarmental) – die private Hilfsorganisation

LA REVISTA LOCA

COMERCIO JUSTO

luchar contra la desigualdad – die Ungleichheit
la tableta de chocolate – die Schokoladentafel
el Cono Sur – Argentinien, Chile, Paraguay und Uruguay
recolectar – ernten
coser – nähen
agotador/a – erschöpfend
el sueldo – das Gehalt
la explotación agrícola – die Landwirtschaft
contaminar – verschmutzen
deforestar – entforsten
la degradación – die Schädigung, die Verschmutzung
aumentar – erhöhen
disminuir – verringern
frenar – bremsen
denunciar – anklagen, anzeigen
surgir – entstehen
las reglas de juego – die Spielregeln
equitativo/a – gleichwertig
respetuoso/a – rücksichtsvoll
agrupar – zusammenfassen
el colectivo – das Kollektiv
la cooperativa – die Kooperative

el principio – das Prinzip
tener en común – gemein haben
admitir – zulassen
la semilla – der Same(n)
transgénico/a – genetisch verändert

SOMOS DIFERENTES, SOMOS IGUALES

la democracia – die Demokratie
griego/a – griechisch
el/la griego/a – der Grieche, die Griechin
el cristianismo – das Christentum
cristiano/a – christlich
judío/a – jüdisch
el judaísmo – das Judentum
el Oriente – der Orient
la cifra – Ziffer, Zahl
árabe – arabisch
el árabe – Arabisch
persa – Persisch
el trigo – das Getreide
el maíz – der Mais
africano/a – afrikanisch
la no violencia – die Gewaltlosigkeit
inspirar – inspirieren
indio/a – indisch
el villancico – das Weihnachtslied
germánico/a – germanisch

CANCIONES PARA PROTESTAR Y RESISTIR

protestar – protestieren
resistir – widerstehen, Widerstand leisten
la protesta – der Protest
el fenómeno – das Phänomen
Latinoamérica – Lateinamerika
el/la cantautor/a – der/die Liedermacher/in
comprometido/a – engagiert
ideológicamente – ideologisch
el apogeo – der Höhepunkt
la continuidad – die Kontinuität, der Fortbestand
el ritmo – der Rhythmus
el repertorio – das Repertoire
la memoria colectiva – das kollektive Gedächtnis

SÓLO LE PIDO A DIOS

reseco/a – vertrocknet
vacío/a – leer
el vacío – die Leere
abofetear – ohrfeigen
la mejilla – die Wange
la garra – die Kralle
arañar – zer-, auskratzen
el monstruo – das Monster
la inocencia – die Unschuld
desahuciado/a – hier: obdachlos
la estrofa – die Strophe

la peña del garaje

la locura – der Wahnsinn
el cucurucho – die Eiswaffel
el trato – die Abmachung
cumplir con el trato – sich an die Abmachung halten
de pronto – plötzlich
¡cómo mola! – Wie stark!

El DOSSIER de la CLASE

MANIFIESTO 2000

el Premio Nobel – der Nobelpreis
el manifiesto – das Manifest
el punto clave – der Schlüsselpunkt
el milenio – das Jahrtausend
la ocasión – die Gelegenheit
la evolución – die Entwicklung, die Evolution
exigir – fordern
la generación – die Generation
futuro/a – künftig
el valor – der Wert
forjar – schmieden, *hier*: formen
próspero/a – wohlhabend
el ser humano – der Mensch
consciente – bewusst
comprometerse a – sich verpflichten zu
la vida cotidiana – der Alltag
la dignidad – die Würde
el prejuicio – das Vorurteil
débil – schwach
vulnerable – verletzlich
compartir – teilen
la exclusión – der Ausschluss
la opresión – die Unterdrückung
la libertad de expresión – die Redefreiheit
la diversidad – die Verschiedenheit
privilegiar – privilegieren
la escucha – das Zuhören
ceder – nachgeben
el fanatismo – der Fanatismus
la maledicencia – die üble Nachrede
el prójimo – die/der Nächste/r
promover – antreiben, unterstützen
propiciar – fördern
la participación – die Beteiligung
la resolución – der Beschluss
las Naciones Unidas – die Vereinten Nationen
accesible – zugänglich
el llamamiento – der Aufruf, Appell
la petición – die Bittschrift
las instancias superiores – die höheren Instanzen
el compromiso – das Engagement

NUESTRA DECLARACIÓN

la declaración – die Kundgebung
la corrupción – die Korruption
la energía – die Energie
el paro – die Arbeitslosigkeit

6 Poesía eres tú

la rima – der Reim

la figura retórica – die rethorische Figur
recitar – rezitieren
reconstruir – rekonstruieren
la acentuación – die Akzentsetzung
la tilde diacrítica – der unterscheidende Akzent
el diptongo – Diphthong

1. LA POESÍA Y TÚ

cursi *(ugs.)* – kitschig, spießig
apasionar – begeistern

2. ¿QUÉ ES POESÍA?

C
la línea – die Zeile
sorprender – überraschen

D
1
Córdoba – Cordoba *(Stadt in Andalusien)*
la pelea – der Streit
mortal – tödlich
el/la denunciante – der/die Anzeigeerstatter/in
alertar (la policía) – die Polizei benachrichtigen
la Guardia Civil – der Gendarm, Landpolizist
el cadáver – die Leiche
la herida – die Wunde, Verletzung
el arma blanca – die Stichwaffe
la localidad – der Ort
identificar – identifizieren
natural de – stammend aus
vecino de – wohnhaft in
cercano/a – in der Nähe
el/la reportero/a – der/die Reporter/in
herir *(ie)* – verletzen
en transcurso de – während
la rivalidad – die Rivalität, Feindseligkeit
tener lugar – stattfinden
el paraje – der Ort, Platz
la presencia – die Gegenwart
en presencia de – in Gegenwart von
montar a caballo – reiten

3
la necesidad – die Notwendigkeit
la esperanza – die Hoffnung
la desazón – der Kummer, die Besorgnis

4
el/la astronauta – der/die Astronaut/in
la gravedad – die Schwerkraft
lunar – Mond
terrestre – Erd

5
el barranco – der Steilhang
la navaja – das Messer
Albacete – Stadt im Südosten Spanien
relucir *(zc)* – glänzen
duro/a – hart
el naipe – die Spielkarte
la luz – das Licht
recortar – einschneiden
agrio/a – sauer
enfurecido/a – wutentbrannt
el perfil – das Profil
el/la jinete – der/die Reiter/in
la copa – der Baumwipfel
el olivo – der Olivenbaum
la reyerta – der Streit, Zank
subirse por las paredes – die Wände hochgehen
el ala *(feminin)* – der Flügel
rodar *(ue)* – umkreisen
la pendiente – der Abhang
el lirio – die Lilie
la granada – die Granate
la sien – die Schläfe

6
el átomo – das Atom
indivisible – unteilbar
la existencia – die Existenz
componerse de – bestehen aus
el núcleo – der Kern
el protón – das Proton
el neutrón – das Neutron
el electrón – das Elektron
orbital – Kreisbahn-
la partícula – das Partikel
la pequeñez – die Kleinheit
extremado/a – äußerst, extrem

7
dañar – schädigen
adorar – anbeten
¡qué lío! – Was für ein Chaos!

9
el metal – das Metall
oculto/a – versteckt
diabólico/a – teuflisch

10
la cápsula – die Kapsel
hipnótico/a – hypnotisch
aliviar – erleichtern
intoxicar – vergiften
la filosofía – die Philosophie
el amuleto – das Amulett
la pata de conejo – die Hasenpfote
alejar – fern halten
la clínica – die Klinik
el postre – der Nachtisch

11
plural – *hier*: mehrteilig
el torso – der Torso, Oberkörper
perezoso/a – faul
sediento/a – durstig, *hier*: begierig
el reflejo – die Spiegelung

12
el estado – der Zustand
el golfo – der Golf
la fuerza – die Kraft
la marejada – der hohe Seegang
la marejadilla – der leichte Seegang
la visibilidad – die Sicht
la previsión – die Vorschau

la chuleta de gramática

especular – Vermutungen anstellen

3. POESÍA Y MÚSICA

A **la hipótesis** – die Hypothese

4. RIMAS

A YO VOY SOÑANDO CAMINOS

la colina – der Hügel
dorado/a – golden
el pino – die Kiefer
polvoriento/a – staubig
la encina – die Eiche
el sendero – der Pfad
la espina – die Dorne
la pasión – die Leidenschaft
arrancar – herausreißen

SI EL HAMBRE ES BUENA

el mendrugo de pan – der Brotbrocken
navegar – mit dem Boot fahren
llenar – erfüllen

RIMA XXI

clavar – festnageln
la pupila – die Pupille

la repetición – die Wiederholung
el fonema – das Phonem
el verso – der Vers
acentuado/a – betont
la rima consonante – der Vollreim
la rima asonante – die Assonanz
la sílaba – die Silbe

B **la música de fondo** – die Hintergrundmusik

D **la lágrima** – die Träne
la soledad – die Einsamkeit
rimar – reimen

la chuleta de gramática

la sílaba tónica – die betonte Silbe
la sílaba átona – die unbetonte Silbe
la intensidad – die Intensität
penúltimo/a – vorletzte/r
antepenúltimo/a – zweitletzte/r
el mástil – der Mast
la tilde – der Akzent
el monosílabo – der Einsilber
diurno/a – Tages

5. ROMPECABEZAS POÉTICO

el rompecabezas – das Puzzle

A **doblar** – falten

B **el nivel del mar** – der Meeresspiegel
la ribera – das Ufer
la vela – das Segel
la escarcha – der Rauhreif
el romance – die Romanze
sonámbulo/a – Nachtwandler-
la rama – der Zweig
la cintura – die Taille
la baranda – das Geländer
condecorado/a – die Auszeichnung
la insignia – das Abzeichen
el marinero – der Seemann
el alba – das Morgengrauen
el/la capitán/a – der/die Kapitän/in

C **surrealista** – surrealistisch
el subconsciente – das Unterbewusstsein
el impacto – der Einschlag, Aufprall, *hier*: Eindruck

6. LAS NUBES SON COMO PAÑUELOS

el pañuelo – das Taschentuch
la semejanza – die Ähnlichkeit
el símil – das Gleichnis, Vergleich
la mariposa – der Schmetterling
la metáfora – die Metapher
el nexo – die Verbindung
yuxtaponer – nebeneinanderstellen
el clavel – die Nelke

A **el abanico** – der Fächer
el pozo – der Brunnen
en vez de – anstatt
la sandalia – die Sandale
el ángulo recto – der rechte Winkel

C **la esquina** – die Ecke
el tigre – der Tiger
la luna llena – der Vollmond

la chuleta de gramática

el silenciador – der Schalldämpfer

7. POESÍA DE LA VIDA COTIDIANA

B **la partida** – die Abreise
el cuero – das Leder
la suela – die Sohle
la alcachofa – die Artischocke
tierno/a – zart
el guerrero – der Krieger
erecto/a – aufrecht
la cúpula – die Kuppel
la escama – die Fischschuppe
el huerto – der Gemüsegarten
bruñido/a – glatt, poliert
el cesto de mimbre – der Weidenkorb
la milicia – die Miliz

8. POETAS

A **la bahía** – der Bai, die Bucht
oscurecer – dunkel werden
el augurio – das Vorzeichen
la sirena – die Meerjungfrau
el nubarrón – die Gewitterwolke

el olvido – das Vergessen
contentarse – sich zufrieden geben

el anillo – Ring

D **asesinar** – ermorden

la chuleta de gramática

la abeja – die Biene
la antena – die Antenne
la cereza – die Kirsche
los pendientes – Ohrringe
el tejado – das Dach
la calma – die Ruhe

LA REVISTA LOCA

EL AMOR EN LOS POETAS DEL SIGLO DE ORO

el Siglo de Oro – Goldenes Zeitalter *(das 17. Jahrhundert in der spanischen Literatur)*
pasar de moda – aus der Mode kommen
abrasador/a – sengend
helado/a – eisig
el bien – das Gute
el mal – das Böse
el descuido – die Unachtsamkeit
el/la cobarde – der Feigling
dichoso/a – glücklich, glückselig
arder – brennen
la guía – der Führer
el rostro – das Gesicht
reclinar – beugen
cesar – aufhören
la azucena – die weiße Lilie

FESTIVAL DE POESÍA DE MEDELLÍN

el festival – das Festival
Medellín – Medellín *(Stadt in Kolumbien)*
pacificador/a – Frieden stiftend

POESÍA EN ACCIÓN

el escombro – der Schutt
la instalación – die Installation
la escultura – die Skulptur
la pantalla – der Bildschirm
el sello – die Briefmarke
la sed – der Durst
retirar – zurücknehmen
la circulación – der Umlauf
pacifista – pazifistisch
rescate, el – Lösegeld
violado/a – vergewaltigt
el rehén – die Geisel
la victoria – der Sieg
virtual – virtuell
la inscripción – die Einschreibung

LAS COSAS MÁS IMPORTANTES

el acero, el – der Stahl
el esmalte, el – das Email
la cortesía – Höflichkeit, *hier*: Mit Dank an
el Arte Contemporáneo – die zeitgenössische Kunst
novedoso/a – neuartig
el panorama – das Panorama
artístico/a – künstlerisch

la peña del garaje

competir – konkurrieren, im Wettbewerb stehen
la multinacional – der multinationale Konzern
la deuda – die Schulden
el abogado – der Rechtsanwalt
despedir a – jemandem kündigen
discretamente – diskret
mercancía, la – Ware
ilegal – illegal
la mafia – die Mafia
el/la socio/a – der/die Teilhaber/in
la pesadilla – der Alptraum
el guardián – der Wächter
el rato – die Weile, der Moment
la espuma – der Schaum
el/la traficante – der/die Händler/in

El DOSSIER de la CLASE

MIRÓ

C **la fábula** – die Fabel
inmovilizado/a – bewegungslos
el llano – die Ebene
la fogata – das Lagerfeuer
revolcarse *(ue)* – sich wälzen
la ceniza – die Asche
tiznado/a *(lateinam.)* – betrunken
crepuscular – dämmerig
el corredor – der Gang, Korridor
el cráneo – der Schädel
la tinta – die Tinte
el presentimiento – die Vorahnung
la insinuación – die Andeutung, Anspielung
la pluma – die Feder
el gallo – der Hahn
el grito – der Schrei
extraviado/a – verloren gegangen
el rumor – das Gerücht
errante – umherirrend

EL LIBRO DE POEMAS

cuidadosamente – sortgfältig
a mano – *hier*: handschriftlich

la acuarela – das Aquarell
ilustrar – illustrieren
al azar – aufs Geratewohl
el cuestionario – der Fragebogen
la inspiración – die Inspiration
la sensibilidad – die Sensibilität

Repaso de las unidades 4, 5, y 6

1 **la harina** – das Mehl
romántico/a – romantisch
la tila – der Lindenblütentee
el calentamiento – das Erwärmen
el soldado – der Soldat
el/la refugiado/a – der Flüchting
el/la minusválido/a – der/die Behinderte/r
especular – spekulieren
¡seguro que sí! – Aber sicher!
el globo – der Luftballon
el rebaño – die Herde
la oveja – das Schaf

2 el círculo – der Kreis
la aceituna – die Olive
el salmón – der Lachs
la salsa – die Sauce
la mayonesa – die Mayonnaise
el ketchup – der Ketchup
ahumado/a – geräuchert
la corteza – die Rinde
el recipiente – der Behälter

3 **el transporte público** – die öffentlichen Verkehrsmittel
la contaminación atmosférica – Luftverschmutzung
el Ecoparlamento – das Ökoparlament
la ponencia – der Vortrag
el curso académico – das Schuljahr
París – Paris
la educación ambiental – die Umwelterziehung
la subvención – die Subvention
la energía eólica – die Windenenergie
la energía solar – die Sonnenenergie
agotar – erschöpfen
la mentalidad – die Mentalität, Einstelllung
el privilegio – das Privileg
cruel – grausam
en exceso – übermäßig
discapacitado/a – behindert
la incapacidad física – die körperliche Behinderung
la incapacidad mental – die geistige Behinderung
la barrera arquitectónica – das bauliche Hindernis

la peña del garaje

el dulce – die Süßigkeit
la batalla – die Schlacht, der Kampf
el matón – der Schläger
impotente – machtlos
el edificio – das Gebäude
aterrorizado/a – zu Tode erschreckt
¡socorro! – Hilfe!
cubierto/a – bedeckt
la ambulancia – der Krankenwagen
el éxito – der Erfolg
la valentía – die Tapferkeit

5 **la biografía** – die Biographie
militar por – sich einsetzen für
comunista – kommunistisch
la orientación – die Orientierung
recurrente – wiederkehrend
la pintura – das Gemälde
el mirón – der Zaungast, Zuschauer
la cerradura – das Schloss
el ojo de la cerradura – das Schlüsselloch
morder *(ue)* – beißen
el ojo de la aguja – das Nadelöhr
ensartar – einfädeln
en un abrir y cerrar de ojos – in einem Augenblick

7 **rústico/a** – ländlich, Bauern-
el anacardo – die Acajunuss
la almendra – die Mandel
tostado/a – geröstet
la trufa – der Trüffel
de coco – Kokos-

8 **la procedencia** – die Herkunft

10 **la pancarta** – das Plakat, Spruchband

11 **el guacamole** – *(Mexiko)* gewürzte Avocadocreme
la pasta – die Pasta, Nudeln
el cansancio – die Müdigkeit
marearse – Übel werden
escolarizar – einschulen
sinceramente – ehrlich
la manifestación – die Demonstration

Hinweise zum alphabetischen Wörterverzeichnis

In diesem Wörterverzeichnis findest du alle Wörter, die im Lehr- und im Arbeitsbuch vorkommen, mit ihrer deutschen Übersetzung im jeweiligen Zusammenhang, in dem das Wort vorgekommen ist.

Der Artikel steht jeweils hinter dem spanischen Substantiv. Zur Erinnerung: Substantive, die mit einem betonten **a** oder **ha** beginnen, stehen – auch wenn sie weiblich sind – im Singular mit dem männlichen Artikel. In diesen Fällen ist das vom Artikel abweichende Geschlecht in Klammern *(feminin)* angegeben.

Alle Verben sind im Infinitiv aufgeführt. Zu Verben mit unregelmäßigen Präsensformen findest du jeweils einen gesonderten Hinweis.

A

a bordo – an Bord
a caballo – zu Pferd
a continuación – im Folgenden
a cuadros – kariert
a favor – dafür
a fuego lento – bei niedriger Hitze
a lo largo de – während
a lo mejor – vielleicht
a mano – hier: handschriftlich
a menudo – oft
a toda vela – mit vollen Segeln
a todas partes – überall
a través de – durch
abanico, el – Fächer
abeja, la – Biene
abiertamente – offen
abofetear – ohrfeigen
abogado, el – Rechtsanwalt
abrasador/a – sengend
abrazo, el – Umarmung
abrigo de pieles, el – Ledermantel
abrirse a – sich offen zeigen
abstracto/a – abstrakt
absurdo/a – absurd
aburrimiento, el – Langeweile
acá – hier
acabar de + Inf. – gerade etwas getan haben
acabarse – zu Ende gehen
acampar – zelten –
accesible – zugänglich
accesorio teatral, el – Requisite –
accidente de coche, el – Autounfall
accidente geográfico, el – geographische Gegebenheit
acción, la – Handlung
acechar – belauern, nachstellen
aceite de oliva, el – Olivenöl
aceite, el – Öl
aceituna, la – Olive
acentuación, la – Akzentsetzung
acentuado/a – betont
acero, el – Stahl
acomodado/a – untergebracht
aconsejable – ratenswert
aconsejar a – raten
acordar (ue) – vereinbaren
acoso escolar, el – Mobbing *(wenn Schüler von anderen Schülern misshandelt und eingeschüchtert werden)*
acostarse (ue) – sich hinlegen
acostarse – sich hinlegen
acotación, la – Bühnenanweisung
acreditar – beurkunden
acróstico, el – Akrostichon
acto, el – Akt
actualidad, la – Gegenwart
acuarela, la – Aquarell
adelantar – überholen
adelgazar – Gewicht verlieren, abnehmen
adentrarse – eindringen
aditivo, el – Additiv
admitir – zulassen
adolescente, el – Jugendliche/r
adorar – anbeten
adulto/a, el/la – Erwachsene/r
advertencia, la – Warnung
afirmación, la – Aussage, Aussagesatz
africano/a – afrikanisch
ágil – beweglich
agotador/a – erschöpfend
agotar – erschöpfen
agregar – hinzufügen
agresión, la – Angriff
agresivo/a – aggressiv
agrio/a – sauer
agrupar – zusammenfassen
agua potable, el – Trinkwasser
aguacate, el – Avocado
aguantar – ertragen, aushalten
aguantar – ertragen
agujero, el – Loch
ahí – dort
ahorrar – sparen
ahorro, el – Ersparnis
ahumado/a – geräuchert
ahuyentar – vertreiben
aislado/a – isoliert
ajo, el – Knoblauch
al aire libre – an der frischen Luft
al andar – indem man geht
al azar – aufs Geratewohl
al cabo de – (zeitlich) nach
al cabo de una hora – nach einer Stunde
al final – am Ende
al menos – mindestens, wenigstens
ala, el (feminin) – Flügel
alba, el – Morgengrauen
álbum de fotos, el – Fotoalbum
alcachofa, la – Artischocke
alcance, el – Reichweite
alcanzar – erreichen
alcoholismo, el – Alkoholismus
alegría, la – Freude
alejar – fern halten
alejarse – sich entfernen
alertar (la policía) – die Polizei benachrichtigen
algo de – ein wenig, etwas
algodón, el – Wattebausch
alimentación, la – Ernährung
alimento, el – Lebensmittel
alineado/a – in Reih und Glied
aliviar – erleichtern
almacenar – speichern
almendra, la – Mandel
almorzar – zu Mittag essen
almuerzo, el – MIttagessen
aloe vera, el – Aloe Vera
alojamiento, el – Unterbringung
alquiler, el – Miete
alrededor de – um ... herum
alteración, la – Veränderung, Störung
ambos/as – beide
ambulancia, la – Krankenwagen
amenaza, la – Drohung
América del Sur – Südamerika
amo/a, el/el – Herr/in
amor a primera vista, el – Liebe auf den ersten Blick
amor, el – Liebe
amplio/a – weit, weitläufig
amuleto, el – Amulett
anacardo, el – Acajunuss
ancho/a – breit
anciano/a – alt
ancla, el – Anker
¡anda! – Sieh mal an!
andar – gehen
Andes, los – Anden
ángulo recto, el – rechter Winkel
angustia, la – Beklemmung
anillo, el – Ring
animar el debate – die Debatte anheizen
anochecer – dunkel werden
anónimo/a – anonym
anorexia, la – Magersucht
Antártida, la – Antarktis
antena, la – Antenne
antepenúltimo/a – zweitletzte/r
antes de ayer – vorgestern
antiecológico – umweltschädlich
antiquísimo/a – sehr alt
apagar el fuego – den Herd abschalten
aparato digestivo, el – Verdauungstrakt
apartado, el – Abschnitt, Punkt
apasionar – begeistern
apenas – kaum
apetecer – wünschen
apetito, el – Appetit
aplicar – anwenden
apogeo, el – Höhepunkt
apóstol, el – Apostel
apoyo, el – Unterstützung
apreciar – schätzen

aprender de memoria – auswendig lernen
aprendizaje, el – Lernen
aprobar (ue) (una ley) – (ein Gesetz) verabschieden
aprovechar – nutzen
apuntar con el dedo a – mit dem Finger zeigen auf
apuntarse a – sich einschreiben für
Aquí pasa algo raro! – Hier stimmt was nicht!
árabe – arabisch
árabe, el – Arabisch
arañar – zer-, auskratzen
arder – brennen
argumentar – Argumente anführen
argumento, el – Thema
arma blanca, el – Stichwaffe
arma, el (feminin) – Waffe
armonía, la – Harmonie
arrancar – herausreißen
arreglo musical, el – Filmmusik
arremeter – angreifen
Arte Contemporáneo, el – zeitgenössische Kunst
articular – verbinden
artículo, el – Artikel
artístico/a – künstlerisch
asar – braten
asarse de calor – vor Hitze umkommen
asco, el – Ekel
asesinar – ermorden
Asia – Asien
aspecto, el – Aspekt
astronauta, el – Astronaut
aterrorizado/a – zu Tode erschreckt
átomo, el – Atom
atracar (un barco) – anlegen
atravesar (ie) – durchqueren
augurio, el – Vorzeichen
aumentar – erhöhen
aumento de peso, el – Gewichtszunahme
aunque – obwohl
auriculares, los – Kopfhörer
autor/a de teatro, el/la – Theaterschriftsteller/in
aventurero/a – abenteuerlustig
averiguar – überprüfen
ayudar en casa – zu Hause helfen
ayuntamiento, el – Gemeinde
azúcar, el – Zucker
azucena, la – Weiße Lilie
azul celeste – himmelblau

B

bahía, la – Bai, Bucht
bailaor/a (ugs. für „bailador/a") el/la – Flamencotänzer/in
bajel, el – (See-)Schiff
bajo la influencia – unter dem Einfluss
balcón, el – Balkon
Baleares, las – Balearen
bañarse – baden
baranda, la – Geländer
barca, la – Boot
barco de vela, el – Segelboot
barranco, el – Steilhang
barrera arquitectónica, la – bauliches Hindernis
barril, el – Fass, Tonne
bastón, el – Stock
basura, la – Müll
batalla, la – Schlacht, Kampf
batería, la – Batterie; Schlagzeug
batir – schlagen
¡basta ya! – Schluss!
bebida con gas, la – kohlensäurehaltiges Getränk
belleza, la – Schönheit
bicarbonato, el – Bikarbonat
bicho, el – Tier, Ungeziefer
bicicleta, la – Fahrrad
bien, el – Gutes
billete de tren, el – Bahnkarte
biografía, la – Biographie
bloqueo mental, el – geistige Hemmung
bobada, la – Dummheit
bocadillo, el – (im Comic) Sprechblase
boceto, el – Skizze
boda, la – Hochzeit
bolso, el – Handtasche
borrador, el – Entwurf
bota campera, la – Westernstiefel
bote, el – Büchse, Dose
botiquín, el – Reiseapotheke
breve – kurz
brillantemente – auf eine brillante Art und Weise
broma, la – Witz, Scherz
bromear – witzeln
bromista – spaßig, immer zu Scherzen aufgelegt
bruja, la – Hexe
brújula, la – Kompass
bruñido/a – glatt, poliert
buen tío (ugs.) – netter Kerl
Buenos Aires – Buenos Aires
bus, el – Autobus
buscarse la vida – sich durchschlagen

C

cabaña, la – Hütte
cabecear – einnicken
cabeza rapada, el – Skinhead
cadáver, el – Leiche
caer bien / mal a – gut / schlecht ankommen bei
caerse (ai) – hinfallen
caja de herramientas, la – Werkzeugkasten
cala, la – Bucht
calavera, la – Totenkopf
calefacción, la – Heizung
calentamiento, el – Aufwärmen
calentar (ie) – erhitzen
calma, la – Ruhe
calorías, las – Kalorien
caminante, el/la – Wanderer
caminata, la – Wanderung
camino, el – Weg
campo, el – Feld
canal de televisión, el – Fernsehsender
canalizar – leiten
canguro de plástico, el Windjacke
cansancio, el – Müdigkeit
Cantábrico, el – Kantabrien
cantautor/a – Liedermacher/in
cante, el – Gesang
capitán/a, el/la – Kapitän/in
cápsula, la – Kapsel
cara, la – (Vorder-/Rück-)Seite
característica, la – Eigenschaft, Eigenart
carbohidrato, el – Kohlenhydrat
cardiovascular – Herzkreislauf-
careta, la – Maske
carnaval, el – Karneval, Fastnacht
carne de ternera, la – Kalbfleisch
carro, el – Wagen
cartera, la – Brieftasche
casa rural, la – Landhaus
cáscara de plátano – Bananenschale
casco, el – Motorradhelm
cascos, los (Pl.) – Kopfhörer
casilla, la – Kästchen
castigar – bestrafen
causa, la – Grund, Ursache
causar – verursachen
caza, la – Jagd
cebolla, la – Zwiebel
ceder – nachgeben
cementerio, el – Friedhof
cenar – zu Abend essen
ceniza, la – Asche
centro de rehabilitación, el – Rehabilitationszentrum
centro sanitario, el – Ärztezentrum
cercano/a – in der Nähe
cerdo, el – Schwein
cereales, los (Pl.) – Müsli
cereza, la – Kirsche
cerradura, la – Schloss
certificado, el – Zertifikat
cesar – aufhören
cesta, la – Korb
cesto de mimbre, el – Weidenkorb
chancla, la – Badeschuh
chancleta de plástico, la – Badeschuh aus Plastik
chándal, el – Trainingsanzug
chispa, la – Funke
chorrito – (Verkleinerungsform von chorro), el kleiner Spritzer
chulo/a – vorlaut
Cibercafé, el – Internetcafé
ciego/a – blind
cielo, el – Himmel
científico/a – wissenschaftlich
cifra, la – Ziffer, Zahl
cigarro, el – Zigarre

cima, la – Bergspitze
cintura, la – Taille
circuito de energía, el – Energiefluss
circulación, la – Umlauf
circular – umherfahren
círculo, el – Kreis
cirugía estética, la – Schönheitsoperation
cita, la – Zitat
ciudadano/a, el/la – Staatsbürger
ciudadela, la – Zitadelle
clarear – hell werden
claridad, la – Licht, Helligkeit
clase turista – Touristenklasse
clavar – festnageln
clave, la – Lösungsschlüssel
clavel, el – Nelke
clínica, la – Klinik
cobarde, el/la – Feigling
cobertura, la – Netzempfang
cobrar – bezahlt werden
cocer (ue) – kochen
coco, el – Kokosnuss
coincidir – übereinstimmen
colectivo, el – Kollektiv
colgado/a al hombro – an der Schulter hängend
colina, la – Hügel
collar de perlas, el – Perlenkette
columna vertebral, la – Wirbelsäule
combatir – bekämpfen
combinar – kombinieren, verbinden
comentar – meinen
Comercio Justo, el – gerechter Handel
comercio, el – Handel
cometer un fallo – einen Fehler begehen
comida basura, la – Fastfood
comida enlatada, la – Dosenessen
comida precocinada, la – vorgefertigtes Essen
comida prefabricada, la – industriell vorgefertigtes Essen
comida rápida, la – Fastfood
como loco – wie verrückt
como mínimo – wenigstens
¡cómo mola! – Wie stark!
¿cómo qué...? – Was heißt hier...?
comparación, la – Vergleich
compartir – teilen
competir (i) – konkurrieren, im Wettbewerb stehen
complejo arqueológico, el – Ausgrabung
complicar (qu) – schwieriger machen
componerse de – bestehen aus
comprensivo/a – verständnisvoll
comprometerse a – sich verpflichten zu
comprometido/a – engagiert
compromiso, el – Engagement
comunista – kommunistisch
con aspecto triste – mit traurigem Gesichtsausdruck
con tal – wenn
conciencia, la – Bewusstsein
concierto – hier: Vereinbarung

condecorado/a – Auszeichnung
conducir (zc) – (ein Fahrzeug) fahren
conducta, la – Verhalten
conector, el – Konnektor
confeccionar – herstellen
confesar (ie) – beichten, hier: zugeben
confianza en uno mismo, la – Selbstvertrauen
conflicto armado, el – bewaffnete Auseinandersetzung
conflicto, el – Konflikt
confortable – bequem
conjunto arquitectónico, el – Baukomplex
Cono Sur, el – Argentinien, Chile, Paraguay und Uruguay
consciente – bewusst
consecuencia, la – Konsequenz, Folge
conseguir el equilibrio – ein Gleichgewicht erzielen
consejo, el – Ratschlag
consentido/a – verwöhnt
conservador/a – konservativ
conservante, el – Konservierungsstoff
conservar – erhalten
considerar – halten für
consistencia, la – Konsistenz
consolar (ue) – trösten
constar de – bestehen aus
construcción pasiva, la – Passivsatz
consultorio, el – Beratungsstelle –
consumir – konsumieren
consumo, el – Verbrauch
contaminación atmosférica, la – Luftverschmutzung
contaminar – verschmutzen
contar el cuento – (Redensart) die alte Geschichte erzählen
contemplar – betrachten
contener (ie) – enthalten
contentarse – sich zufrieden geben
continuará – Fortsetzung folgt
continuidad, la – Kontinuität, Fortbestand
contradicción, la – Widerspruch
convención, la – Abkommen
convertir (ie) en – machen zu, umwandeln
convivencia, la – Zusammenleben
cooperación, la – Kooperation
cooperativa, la – Kooperative
copa, la – Baumwipfel
corbata, la – Krawatte
Córdoba – Cordoba
corredor, el – Gang, Korridor
corrupción, la – Korruption
cortar en dados – in Würfel schneiden
cortar por la mitad – zur Hälfte durchschneiden
cortesía, la – Höflichkeit, hier: Mit Dank an
corteza, la – Rinde
coser – nähen
costumbre, la – Gewohnheit
cotidianamente – täglich

cráneo, el – Schädel
credencial, la – Empfehlungsschreiben
crema solar, la – Sonnencreme
crep, el – Crepe
crepuscular – dämmerig
cristianismo, el – Christentum
cristiano/a – christlich
criticar – kritisieren
crónico/a – chronisch
cruel – grausam
cuadro, el – (im Theaterstück/Film) Szene
cualidad, la – Qualität
cualquier/a – irgendein/e/r
cuando – als
cuantificador, el – Mengenangabe
cuarto, el – Zimmer, Gemach
cubierto/a – bedeckt
cubito, el – Würfel
cuchara de palo, la – Holzlöffel
cucharada, la – Esslöffel voll
cucurucho, el – Eiswaffel
cuerda, la – Saite
cuero, el – Leder
cuestionario, el – Fragebogen
¡cuidado! – Vorsicht!
cuidadosamente – sortgfältig
cumplir con el trato – sich an die Anmachung halten
cúpula, la – Kuppel
curar – kurieren
cursi (ugs.) – kitschig, spießig
curso académico, el – Schuljahr

D

dañar – schädigen
dar a la cocina – auf die Küche gehen
dar consejos – Ratschläge erteilen
dar el punto de vista – die Meinung äußern
dar miedo – Angst machen
dar pena – Leid tun
dar rabia – verärgern
dar una vuelta – eine Runde drehen
darse cuenta de – bemerken
darse un baño – ein Bad nehmen
darse – vorkommen, vorhanden sein
de dos en dos – paarweise
de manga larga – langärmelig
de momento – derzeit
de nuevo – erneut
de otra manera – auf eine andere Art und Weise
de pronto – plötzlich
de sobra – übermäßig
de una vez – endlich
de veras – wahrhaft, wirklich
de vez en cuando – ab und zu
debate (televisivo), el – (Fernseh-) Debatte
debatir – diskutieren
débil – schwach
década, la – Jahrzehnt

declaración de amor, la – Liebeserklärung
declaración, la – Kundgebung
decorado, el – Bühnenbild
decorar – dekorieren
dedo anular, el – Ringfinger
dedo corazón, el – Mittelfinger
dedo índice, el – Zeigefinger
dedo meñique, el – kleiner Finger
dedo pulgar, el – Daumen
dedo, el – Finger –
deducir (zc) – ableiten, folgern
Defensor del Pueblo, el – Ombudsmann *(unparteiischer Schiedsmann, der vor allem die Interessen von Personen vertritt, die ansonsten wenig Beachtung finden, z. B. Kinder, Krankenhauspatienten, usw.)*
deforestar – entforsten
deformar – verformen
degradación, la – Schädigung, Verschmutzung
dejar cortado a – sprachlos machen
dejar de + Inf. – aufhören zu + Inf.
dejarse llevar – sich wegtreiben lassen
democracia, la – Demokratie
demonio, el – Dämon
demostrar (ue) – beweisen
denunciante, el/la – Anzeigeerstatter/in
denunciar – anklagen, anzeigen
dependencia, la – Abhängigkeit
depresión, la – Depression
derecho fundamental, el – Grundrechte
derechos humanos, los (Pl.) – Menschenrechte
derecho, el – Recht
dermatológico/a – Haut-
desacuerdo, el – Meinungsverschiedenheit
desagradable – unangenehm
desahuciado/a – hier: obdachlos
desarrollar – entwickeln
desarrollo, el – Entwicklung
desayunar – frühstücken
desayuno, el – Frühstück
desazón, la – Kummer, Besorgnis
descalzo/a – barfuß
descender (ie) – absteigen
descifrar – entziffern
descuido, el – Unachtsamkeit
desfiladero, el – Schlucht
desgraciadamente – leider
desgranar – abbeeren
desigualdad, la – Ungleichheit
desnivel, el – Höhenunterschied
desnudo/a – unbekleidet
desnutrición progresiva, la – zunehmende Unterernährung
despedir – kündigen
destinatario, el – Empfänger
destino, el – Reiseziel
destrozar – zerstören
detrás – hinter
deuda, la – Schulden
diabetes, la – Diabetes, Zuckerkrankheit
diabólico/a – teuflisch
diagrama, el – Diagramm
dialogar con – sprechen mit
diarrea, la – Durchfall
dibujante, el/la – Zeichner/in
dichoso/a – glücklich, glückselig
diente de ajo, el – Knoblauchzehe
dieta, la – Ernährung
difunto/a, el/la – Verstorbene/r
digestivo/a – Verdauungs-
dignidad, la – Würde
dios, el – Gott
diplomado/a – mit Diplom
diptongo, el – Diphthong, Doppelvokal
discapacitado/a – behindert
discretamente – diskret
discriminación, la – Diskriminierung
discriminar – diskriminieren
discurso, el – Rede
discusión, la – Disussion
discutir – streiten
disfrazarse – sich verkleiden
disminuir – verringern
disolver (ue) – auflösen
distancia, la – Entfernung
diurético/a – harntreibend
diurno/a – Tages-
diversidad, la – Verschiedenheit
diversión, la – Vergnügen
dividir – teilen
divulgar – verbreiten
doblar – falten
doctor/a, el/la – Arzt/Ärztin
doler (ue) – weh tun
dolor abdominal, el – Bauchschmerzen
dolor de espalda, el – Rückenschmerz
dolor de garganta, el – Halsschmerzen
dolor de oídos, el – Ohrenschmerzen
Don/Doña – Don, Doña *(in Verbindung mit dem Vornamen gebrauchte spanische Anrede für Herr/Frau)*
dorado/a – golden
dramático/a – dramatisch
dramaturgo/a, el/la – Dramaturg/in
droga, la – Droge
drogadicto/a, el/la – der/die Drogenabhängige/r
drogodependencia, la – Drogenabhängigkeit
ducharse – sich duschen
dulce de leche, el – Kondensmilch
dulce, el – Süßigkeit
duración, la – Dauer
durante – während
duro/a – hart

E

echar por encima – darüber geben
echar – hineinlegen
Ecoparlamento, el – Ökoparlament
edad temprana, la – frühes Alter
edificio, el – Gebäude
educación ambiental, la – Umwelterziehung
educación física, la – Sportunterricht
Egipto – Ägypten
ejecutivo/a, el/la – leitender Angestellter
ejercer (zc) – ausüben
ejercicio físico, el – körperliche Betätigung, Sport
elección, la – Wahl
electrón, el – Elektron
elevado/a – hochgelegen
embozado/a – vermummt
emisora de radio, la – Rundfunksender
emoticón, el – Smiley
emparejar – paarweise zuordnen
empleo eventual, un – Gelegenheitsarbeit
empleo fijo, un – Festanstellung
empresa farmacéutica, la – Pharmaunternehmen
empresa, la – Unternehmen
empujar – schubsen
en absoluto – überhaupt nicht
en beneficio de – zugunsten
en cambio – hingegen
en contacto con – in Kontakt mit
en contra – dagegen
en el fondo – im Grunde
en exceso – übermäßig
en la actualidad – derzeit
en lugar de – (an)statt
en presencia de – in Gegenwart von
en primer lugar – vor allem
en primer plano – im Vordergrund
en todo momento – die ganze Zeit
en transcurso de – während
en vez de – anstatt
en voz alta – laut
enamorado/a – verliebt
encabezar – an erster Stelle stehen
encantador/a – reizend
encargado/a de sonido, el/la – Tontechniker/in
encina, la – Eiche
endulzar – süßen
energía eólica, la – Windenenergie
energía solar, la – Sonnenenergie
energía, la – Energie
enfadarse – sich ärgern
enfado, el – Ärger
enfermedad mental, la – geistige Krankheit
enfermedad, la – Krankheit
enfocar – anleuchten
enfriar – erkalten
enfurecido/a – wutentbrannt
engancharse a las drogas – von Drogen abhängig werden
engaño, el – Betrug
engordar – an Gewicht zunehmen
¡enhorabuena! – Glückwunsch
enojarse – ärgerlich werden

enojo, el – Wut
enorme – riesig
ensartar – einfädeln
enseguida – sofort
enseñanza secundaria, la – Sekundarschulwesen
enterrado/a – begraben
entierro, el – Begräbnis
entorno, el – Umgebung
entrada, la – Ticket
entreabierto/a – halboffen
enumerar – aufzählen
envase, el – Behälter
enviar – schicken, verschicken
envuelto/a – umwickelt
equilibrado/a – ausgewogen, ausgeglichen
equipaje, el – Reisegepäck
equipamiento, el – Ausstattung
equipo náutico, el – Schiffsmannschaft
equitativo/a – gleichwertig
equivaler – gleichwertig sein
era, la – Zeitalter
erecto/a – aufrecht
errante – umherirrend
erre con erre – (Redensart) halsstarrig; immer wieder
es decir – das heißt
¡es igual! – Das ist egal!
escama, la – Fischschuppe
escarcha, la – Rauhreif
escarpado/a – steil, abschüssig
escena, la – Szene, Bühnenbild
escenario, el – Bühne
escobajo, el – *(altspanisch)* abgepflückter Kamm der Weintraube
escolarizar (c) – einschulen
escombro, el – Schutt
escucha, la – Zuhören
escuela pública, la – öffentliche Schule
escultor/a, el/la – Bildhauer/in
escultura, la – Skulptur
esencia, la – Essenz
esmalte, el – Email
especie protegida, la – unter Naturschutz stehende Spezies
especie, la – Spezies
espectacular – spektakulär
espectador/a, el/la – Zuschauer/in
especular – Vermutungen anstellen; spekulieren
esperanza, la – Hoffnung
espesar – dickflüssig werden
espeso/a – dickflüssig
espina, la – Dorne
espinacas, las (Pl.) – Spinat
espinilla, la – Mitesser
espíritu, el – Geist
espléndido/a – wunderbar
espuma, la – Schaum
esquí de fondo, el – Langlauf
esquimal – Eskimo-
esquina, la – Ecke
establo, el – Stall
estación del año, la – Jahreszeit
estado de ánimo, el – Gemütszustand
estado, el – Zustand
Estado, el – Staat
estantería, la – Regal
estar a punto de + Inf. – bald etwas getan haben
estar a punto de llegar – bald da sein
estar atento/a a – achten auf
estar castigado – Hausarrest haben
estar colgado de alguien – an jemandem hängen
estar de acuerdo con – einverstanden sein mit
estar de huelga – streiken
estar de mal/buen humor – gut/schlecht gelaunt sein
estar en forma – in Form sein
estar harto/a – die Nase voll haben –
estar sentado – sitzen
estar tumbado/a – liegen
este, el – Westen
estela, la – hier: Spur
estereotipo, el – Stereotyp
estilo de vida, el – Lebensstil
estimar – schätzen
¡esto no va más! – Damit muss Schluss sein!
estrecho/a – eng
estrofa, la – Strophe
estructura, la – Struktur
etapa, la – Etappe
Euskadi (baskisch für País Vasco)– Baskenland
evaluar – bewerten
evitar – vermeiden
evocar – hervorrufen
evolución, la – Entwicklung, Evolution
ex, el/la – Exfreund/in
excepto – außer
excesivo/a – übermäßig
exceso, el – Exzess, Übermaß
exclamación, la – Ausruf
exclusión, la – Ausschluss
exigir – fordern
exiliarse – ins Exil gehen
existencia, la – Existenz
éxito, el – Erfolg
expedición, la – Expedition, Forschungsreise
experto/a – Fach-
explotación agrícola, la – Landwirtschaft
exponer un plan – einen Plan erklären
expresamente – ausdrücklich
extrañado/a – verwundert
extrañar a – vermissen
extraviado/a – verloren gegangen
extremado/a – äußerst, extrem
exuberante – üppig

F

fábrica, la – Fabrik
fábula, la – Fabel
fabuloso/a – fantastisch
fácilmente – leicht
fallar – versagen –
fallo, el – Fehler
familia numerosa, la – kinderreiche Familie
fanatismo, el – Fanatismus
farito, el – kleiner Leuchtturm
fases REM, las – REM-Phasen
fastidiar – verärgern
fatal (ugs.) – sehr schlecht
fenómeno, el – Phänomen
ferrocarril, el – Bahn
festival, el – Festival
fiestra popuplar, la – Volksfest
figura retórica, la – rethorische Figur
fijarse en alguien – jemanden bemerken
filete, el – Filet
filmar – filmen
filosofía, la – Philosophie
fin, el – Zweck
final feliz, el – Happy End
firmar – unterschreiben
flecha, la – Pfeil
flechazo, el – Liebe auf den ersten Blick
foca, la – Seehund
fogata, la – Lagerfeuer
folleto, el – Broschüre
fonema, el – Phonem
forjar – schmieden, hier: formen
formar parte de – Teil sein von
formativo/a – Ausbildungs-
fragmento, el – Fragment, hier: Ausschnitt
fraile, el – Mönch
freír – braten
frenar – bremsen
frente, la – Stirn
fresa, la – Erdbeere
fresco/a – dreist
frigorífico, el – Kühlschrank
frontera, la – Grenze
frotar – reiben
frutos secos, los (Pl.) – Trockenfrüchte
fuente, la – Schüssel
fuerza, la – Kraft
fumar – rauchen
fusionado/a – vermischt
futuro/a – künftig

G

Galicia – Galicien
gallo, el – Hahn
ganar – verdienen
garra, la – Kralle
gastar (dinero) – Geld ausgeben
gastos militares, los – militärischen Aufwendungen
gastrointestinal – Magendarm-
gastronomía, la – Gastronomie, Kochkunst

gazpacho, el – Gazpacho (kalte Gemüsesuppe)
generación, la – Generation
germánico/a – germanisch
Gerundio, el – Gerundium
gimnasia acuática, la – Wassergymnastik
girar – drehen
gitano/a, el/la – Zigeuner/in
glaciar, el – Gletscher
globalización, la – Globalisierung
globo, el – Luftballon
gobierno, el – Regierung
golfo, el – Golf
golpe, el – Schlag
golpear – schlagen
gordito – mollig, rundlich
grabación, la – Aufnahme
gramo, el – Gramm
granada, la – Granate
granate – dunkelrot
grano, el – Pickel
grasa, la – Fett
gravedad, la – Schwerkraft
griego/a – griechisch
griego/a, el/la – Grieche, Griechin
grifo, el – Wasserhahn
grito, el – Schrei
gruñido, el – Grunzen
grupo musical, el – Musikgruppe
guacamole, el – (Mexiko) gewürzte Avocadocreme
guardar el coche – das Auto einparken
guardería, la – Kinderkrippe
Guardia Civil, la – Gendarm, Landpolizist
guardián, el – Wächter
Guerra Civil, la – spanischer Bürgerkrieg (1936-39)
guerrero, el – Krieger
guía, la – Führer

H

hábito, el – Gewohnheit
hablar alto – laut sprechen
hablar por teléfono – telefonieren
hacer a suertes – auslosen
hacer el tonto – sich blöd benehmen
hacer escala en – Halt machen in
hacer falta – nötig sein
hacer oración – beten
hacer que + Subj. – etwas erreichen
hacerle la boca un fraile – (Redensart) zu viel verlangen
hacerse de noche – Nacht werden
hamacarse – sich schaukeln
harina, la – Mehl
harto/a – überdrüssig
¡haz el favor de levantarte! – Willst du jetzt bitte aufstehen!
helado/a – eisig
hemorragia de nariz, la – Nasenbluten
herida, la – Wunde, Verletzung
herir (ie) – verletzen
héroe, el / heroína, la – Held/in
hervir (ie) – kochen
hierba, la – Gras
hierro, el – Eisen
hipertensión arterial, la – Bluthochdruck
hipnótico/a – hypnotisch
hipótesis, la – Hypothese
historia de amor, la – Liebesgeschichte
historia de muerte, la – eine Geschichte vomTod
hoja de lechuga, la – Salatblatt
hoy en día – heutzutage
huelga, la – Streik
huella, la – Spur
huérfano/a, el/la – Waise
huerto, el – Gemüsegarten
huevo, el – Ei
Humanidad, la – Menschheit
humillación, la – Erniedrigungen

I

identificar – identifizieren
ideológicamente – ideologisch
iglesia, la – Kirche
ilegal – illegal
iluminación, la – Beleuchtung
iluminar – erleuchten
ilustrar – illustrieren
imaginario/a – erfunden
imbécil, el – Dummkopf
impaciencia, la – Ungeduld
impacto, el – Einschlag, Aufprall, hier: Eindruck
impermeable, el – Regenmantel
imponer – aufzwingen
impotente – machtlos
imprescindible – unabdingbar, unbedingt notwendig
improvisar – improvisieren
impulsar – anregen
incapacidad física, la – körperliche Behinderung
incapacidad mental, la – geistige Behinderung
incluso – sogar
índice, el – Rate
indio/a – indisch
individualmente – jeder für sich
indivisible – unteilbar
infancia, la – Kindheit
infección, la – Infektion
infierno, el – Hölle
inflamado/a – entzündet
informático/a, el/la – Informatiker/in
infusión de salvia, la – Salbeitee
ingrediente, el – Zutat
iniciativa, la – Initiative
inicio, el – Beginn
injusto/a – ungerecht
inmovilizado/a – bewegungslos
inocencia, la – Unschuld
inscripción, la – Einschreibung
inseguro/a – unsicher
insignia, la – Abzeichen
insinuación, la – Andeutung, Anspielung
insistir en – beharren auf
inspiración, la – Inspiration
inspirar – inspirieren
inspirarse – sich insprierien, Anregungen bekommen
instalación, la – Installation
instancias superiores, las – höhere Instanzen
instrumento musical, el – Musikinstrument
insulto, el – Beleidigung
integrar en la naturaleza – in die Natur einbetten
intensidad, la – Intensität
intentar – versuchen
intercambiar conocimientos – Kenntnisse austauschen
intercambiar puntos de vista – die Meinung austauschen
interés artístico, el – künstlerischer Wert
interlocutor/a, el/la – Gesprächspartener/in
interpretar – interpretieren
intimidación, la – Einschüchterung
intoxicar – vergiften
introducción, la – Einleitung
introducirse (zc) – eindringen
intuitivo/a – intuitiv
invencible – unbesiegbar
inventar – erfinden
investigación espacial, la – Raumforschung
investigación, la – Forschung
investigar – erforschen
ir a la par (con él) – es (ihm) gleich tun
ironizar – spötteln
itinerario, el – Reiseroute

J

jarrón, el – Vase
jefe/a, el/la – Chef/in
jinete, el/la – Reiter/in
judaísmo, el – Judentum
judío/a – jüdisch
juego de rol, el – Rollenspiel
jugársela (ue) – aufs Spiel setzen, riskieren
jugo, el – Saft
juguete, el – Spielzeug
juntar – zusammenfügen
junto a – bei
justificar – rechtfertigen
justificarse – sich rechtfertigen

K

ketchup, el – Ketchup
kilo, el – Kilogramm

L

labios, los – Lippen
lágrima, la – Träne
lamento, el – Gejammer
lata, la – Dose, Konserve
latín – lateinisch
Latinoamérica – Lateinamerika
laxante – abführend
lechuga, la – Kopfsalat
lengua materna, la – Muttersprache
lentamente – langsam
lenteja, la – Linse
levantar la voz – die Stimme erheben
leyenda, la – Legende
liberalidad, la – *(altspanisch)* Freigebigkeit, Großmut
libertad de conciencia, la – Gewissensfreiheit
libertad de expresión, la – Redefreiheit
libertad de pensamiento, la – Gedankenfreiheit
libertad de religión, la – Religionsfreiheit
libertad, la – Freiheit
libreta, la – Notizbuch
ligero/a – leicht
limón, el – Zitrone
limosna, la – Almosen –
lindo/a (lateinam.) – schön, hübsch –
línea, la – Zeile
lirio, el – Lilie
litro, el – Liter
llamada telefónica, la – Telefonanruf
llamamiento, el – Aufruf, Appell
llamar a la puerta – an die Tür klopfen
llano, el – Ebene
llegar a un acuerdo – zu einem Einverständnis kommen
llenar – erfüllen
llevar a cabo – durchführen
llevar al cine – verfilmen
llevarse bien / mal – gut / schlecht auskommen
llorar – weinen
localidad, la – Ort
locura, la – Wahnsinn
logotipo, el – Logo, Markenzeichen
luchar contra – bekämpfen
lugar público, el – öffentliche Orte
luna llena, la – Vollmond
lunar – Mond-
luz, la – Licht

M

macarrones, los – Makarroni
madera, la – Holz
madrugada, la – frühe Morgenstunden
maduro/a – reif
mafia, la – Mafia
maíz, el – Mais
majo/a (ugs.) – schön, nett
mal, el – Böses
mala postura, la – schlechte Haltung
maledicencia, la – üble Nachrede
malestar general, el – allgemeines Unwohlsein
malicia, la – Bosheit
maligno/a – bösartig
malos tratos, los – Misshandlung
mancharse – sich beflecken
manga, la – Ärmel
manía, la – fixe Idee, Macke, Grille
manifestación, la – Demonstration
manifestarse – sich offenbaren
manifiesto, el – Manifest
manipular – manipulieren
mano de obra infantil – minderjährige Arbeitskräfte
manojo de perejil, el – Strauß Petersilie
manta, la – Decke
mantenimiento, el – Pflege
mantequilla, la – Butter
manzanilla, la – Kamillentee
maquillaje, el – Maske
mar, la – See
maravilloso/a – wundervoll
marcha, la – Marsch
marearse – Übel werden
marejada, la – hoher Seegang
marejadilla, la – leichter Seegang
mareo, el – Übelkeit, Schwindel
marinero, el – Seemann
mariposa, la – Schmetterling
Marruecos – Marokko
más adelante – weiter vorne
más bien – eher
más de – mehr als
máscara, la – Maske
mascarilla, la – Gesichtsmaske
mástil, el – Mast
matanza, la – Abschlachtung
matón, el – Schläger
matrimonio, el – Eheschließung
mayonesa, la – Mayonnaise
mayoría, la – Mehrheit –
mecedora, la – Schaukelstuhl
mediano/a – mittelgroß
medicamento, el – Medikament
medicina, la – Medizin
médico, el – Arzt
medida, la – Maß
medieval – mittelalterlich –
medio kilo – ein halbes Kilo
medios de comunicación, los – Medien
meditación, la – Meditation
mejilla, la – Wange
memoria colectiva, la – kollektives Gedächtnis
mendrugo de pan, el – Brotbrocken
menear la cabeza – den Kopf schütteln
menos de – weniger als
mensajero/a, el/la – Bote/Botin
mentalidad, la – Mentalität, Einstelllung
mente, la – Geist
mercancía, la – Ware
merecer la pena (zc) – es wert sein
mermelada, la – Marmelade
mesa de noche, la – Nachttisch
metáfora, la – Metapher
metal, el – Metall
miedoso/a – ängstlich
miel, la – Honig
mientras – während
miga de pan, la – Weiches vom Brot
milenio, el – Jahrtausend
miles, los – Tausende
milicia, la – Miliz
militar por – sich einsetzen für
mimado/a – verwöhnt
mímica, la – Mimik
minas antipersona, la – Menschenminen
minoría, la – Minderheit
minusválido/a, el/la – Behinderte/r
miope – kurzsichtig
mirada fija, la – starrer Blick
mirada perdida, la – abwesender Blick
mirón, el – Zaungast, Zuschauer
misterioso(/a – geheimnisvoll
modelo, el/la – Vorbild
moderación, la – Moderation
moderador/a, el/la – Moderator/in
mojar – benässen
monosílabo, el – Einsilber
monstruo, el – Monster
montar a caballo – reiten
monumental – monumental
monumento, el – Baudenkmal
moño, el – Haarknoten
morder (ue) – beißen
mortal – tödlich
moto, la – Moped
motorista, el/la – Motorradfahrer/in
mudar propósito – *(altspanisch)* die Absicht ändern
mudra, el – Mudra
mueble, el – Möbelstück
muerto/a de risa – halbtot vor Lachen
muestra, la – Beispiel
mujer-objeto, la – die Frau als Objekt
multinacional, la – multinationaler Konzern
muñeca, la – Handgelenk
muralla, la – Mauer
música de fondo, la – Hintergrundmusik
música popular, la – Volksmusik

N

Naciones Unidas, las – Vereinten Nationen
nada de – kein/e/s
naipe, el – Spielkarte
narrador/a, el/la – Erzähler/in
narrar – erzählen
nata, la – Sahne
natural de – stammend aus
navaja, la – Messer
nave, la – Schiff
navegar/a – mit dem Boot fahren

navío, el – (großes) Schiff
necesidad, la – Notwendigkeit
negocio, el – Geschäft
neumonía, la – Lungenentzündung
neutrón, el – Neutron
nexo, el – Verbindung
¡ni hablar! – Kommt nicht in Frage!
ni idea – keine Ahnung
nicotina, la – Nicotin
Níger – Niger
niña de mis ojos, la – mein Ein und Alles
nivel del mar, el – Meeresspiegel
¡no me da la gana! – Ich habe keine Lust!
no tener cura – sich nicht kümmern
no violencia, la – Gewaltlosigkeit
noble – edel
nocturno/a – nächtlich
norte, el – Norden
novedoso/a – neuartig
novela de aventuras, la – Abenteuerroman
novela picaresca, la – Schelmendichtung
novelista, el/la – Romanschriftsteller/in
novio/a, el/la – (eigentlich: Verlobte/r) Freund/in
nubarrón, el – Gewitterwolke
nube, la – Wolke
nuca, la – Nacken
núcleo, el – Kern
Nueva York – New York
nutricionista, el/la – Ernährungswissenschaftler/in

O

o sea – das heißt
obesidad, la – Übergewicht
obra de teatro, la – Theaterstück
obsesionarse – von einer Idee besessen sein
obtener (g) – erlangen, erhalten
ocasión, la – Gelegenheit
Oceanía – Ozeanien
oculto/a – versteckt
oeste, el – Osten
ofrecer (zc) – anbieten
ojeras, las – Augenränder
¡ojo! – Vorsicht!
ojo de buey, el – Bullauge
ojo de la aguja, el – Nadelöhr
ojo de la cerradura, el – Schlüsselloch
ola, la – Welle
olfatear – riechen, schnuppern
olivo, el – Olivenbaum
olor corporal, el – Körpergeruch
olvido, el – Vergessen
ONG, la – (Organisación No Gubarmental) private Hilfsorganisation
ópera, la – Oper
oportunidad, la – Gelegenheit
opresión, la – Unterdrückung
orbital – Kreisbahn
orientación, la – Orientierung
Oriente, el – Orient
orquídea, la – Orchidee
oscurecer – dunkel werden
oso, el – Bär
oveja, la – Schaf
oyente, el/la – Hörer/in

P

paciencia, la – Geduld
pacificador/a – Frieden stiftend
pacifista – pazifistisch
padecer (zc) – leiden
paga, la – Taschengeld
pagar al contado – bar zahlen
país en desarrollo, el – Entwicklungsland
País Vasco, el – Baskenland
paisage, el – Landschaft
paja, la – Stoh
pajarita, la – Fliege (Halsbinde)
palacio, el – Palast
Paleolítico, el – Altsteinzeit
paliza, la – Prügel
palma de la mano, la – Handfläche
paludismo, el – Sumpffieber, Malaria
pan, el – Brot
pancarta, la – Plakat, Spruchband
panda, la (ugs.) – Clique
panorama, el – Panorama
panqueque, el – Pfannkuchen
pantalla, la – Bildschirm
pañuelo, el – Taschentuch
papel, el – Rolle
par, un – einige, ein paar
paraguas, el – Regenschirm
paraje, el – Ort, Platz
parar de + Inf. – aufhören + Inf.
parecer – erscheinen
parecido/a – ähnlich
pared, la – Wand
París – Paris
paro, el – Arbeitslosigkeit
parque natural, el – Naturpark
párrafo, el – Abschnitt
parte del cuerpo, la – Körperteil
parte inferior, la – unterer Teil
participación, la – Beteiligung
partícula, la – Partikel
particularmente (Adv.) – besonders
partida, la – Abreise
parvulario, el – Kindergarten
pasar de moda – aus der Mode kommen
pasar factura – einen Preis verlangen
pasar una crisis – in einer Krise stecken
pasear – spazieren gehen
pasiflora (flor de la pasión), la – Passionsblume
pasión, la – Leidenschaft
pasta dentífrica, la – Zahnpasta
pasta, la – Pasta, Nudeln
pastel, el – Kuchen
pata, la – Pfote
patinar – rollschulaufen
patología, la – Pathologie, Krankheit
patológico/a – pathologisch, krankhaft
patrón-guía, el – Schiffsführer
pedacito (Verkleinerungsform von pedazo), el Teilchen, Stückchen
pedido, el – Bestellung
pedir consejos – um Rat bitten
pedir permiso – um Erlaubnis bitten
peine, el – Kamm
pelar – schälen; die Haut abziehen
pelea, la – Prügelei; Streit
pelo grasiento, el – fettiges Haar
peluca, la – Perrücke
pena de muerte, la – Todesstrafe
penas, las (Pl.) – Leid
pendiente, la – Abhang
pendiente, el – Ohrring
pensar por uno mismo – mit dem eigenen Kopf denken
penúltimo/a – vorletzte/r
pepino, el – Gurke
pepita, la – Kern, Same
pequeñez, la – Kleinheit
percusión, la – Schlagzeug
perder (ie) el autobús – den Bus verpassen
perder (ie) el sentido del norte – die Orientierung verlieren
perder (ie) peso – Gewicht verlieren, abnehmen
pérdida, la – Verlust
peregrinación, la – Pilgerfahrt
peregrino/a, el/la – Pilger
perejil, el – Petersilie
perezoso/a – faul
perfil, el – Profil
perífrasis verbal, la – verbale Umschreibung
periódico, el – Tageszeitung
perjudicial – schädlich
permiso, el – Erlaubnis
pernocte, el – Übernachtung
persa – persisch
personaje de ficción, el – erfundene Person
Perú – Peru
peruano/a – peruanisch
pesadilla, la – Alptraum
pescado, el – Fisch
peso, el – Gewicht
peste, la – Pest
petición, la – Bitte; Bittschrift
petróleo, el – Erdöl
pibe, el (lateinam. ugs.) – Kind
picadero, el – Reitbahn
picadura, la – Insektenstich
picante – pikant
picar (comida) (qu) – kosten, nehmen
picar (qu) – (klein-)hacken
pícaro, el – Schelm, Spitzbube
Picos de Europa, los – Gebirgskette in Asturien
piel, la – Leder
pijama, el – Schlafanzug

pijo/a, el/la – Snob
pimienta, la – Pfeffer
pimiento, el – Paprika –
pino, el – Kiefer
pintura, la – Gemälde
pisar – betreten
pista, la – Spur
placer, el – Genuss
planificar – planen
plantear problemas – Probleme aufwerfen
plata, la (lateinam. ugs.) – Geld (eigentlich: Silber)
plátano, el – Banane
playa, la – Strand
plaza, la – Platz
plazo, el – Rate, Zahlungsfrist
pluma, la – Feder
plural – hier: mehrteilig
población indígena, la – Urbevölkerung
poderoso/a – mächtig
poema, el – Gedicht
poesía, la – Poesie
político/a, el/la – Politiker/in
polvoriento/a – staubig
ponencia, la – Vortrag
poner cara de desesperación – ein verzweifeltes Gesicht machen
poner ideas en común – Ideen austauschen
poner nervioso/a – nervös machen
ponerse a + Inf. – anfangen zu + Inf.
ponerse a temblar – zu zittern anfangen
ponerse crema – sich eincremen
ponerse de acuerdo – sich einigen
ponerse de pie – sich aufrecht hinstellen
ponerse nervioso – nervös werden
por eso – deshalb
por lo menos – mindestens, wenigstens
por lo que – deshalb
por lo tanto – deshalb
por otra parte – andererseits
por otro lado – andererseits
por tanto – somit
por todos los rincones – überall
por último – schließlich, zuletzt
por una parte – zum einen
portada, la – Titelblatt
portátil, el – tragbarer PC
poseer – besitzen
posición, la – Position
postizo/a – unecht
postre, el – Nachtisch
potenciar – potenzieren
pozo, el – Brunnen
preescolar – Vorschul-
prejuicio, el – Vorurteil
Premio Nobel, el – Nobelpreis
preocuparse por – sich Sorgen machen um
preparación, la – Vorbereitung
presencia, la – Gegenwart
presentimiento, el – Vorahnung
presupuesto diario, el – Budget
prevenir (ng) – vorsorgen
previsión, la – Vorschau
primer plano, el – Vordergrund
principio, el – Prinzip
privilegiar – privilegieren
privilegio, el – Privileg
procedencia, la – Herkunft
procedimiento, el – Verfahren, Vorgehensweise
producción, la – Produktion
productor/a, el/la – Produzent/in
profesión, la – Beruf
profundo/a – tief, tiefgründig
progreso, el – Fortschritt
prójimo, el – Nächste/r
promover – antreiben, unterstützen
propiciar – fördern
propio/a – eigene/r/s
próspero/a – wohlhabend
protección, la – Schutz
protegerse del sol – sich vor der Sonne schützen
proteínas, las – Proteine
protesta, la – Protest
protestar – protestieren
protón, el – Proton
publicar – veröffentlichen
publicidad, la – Werbung
público, el – Publikum
pueblo primitivo, el – Urvolk
punto clave, el – Schlüsselpunkt
punto de mira, el – Richtpunkt, Zielpunkt
punto de vista, el – Standpunkt
punto negro, el – Mitesser
pupila, la – Pupille
puro/a – rein

Q

¡qué cansancio! – Wie ermüdend!
¡qué fuerte! – Wie heftig!
¡qué guay! – Super!
¡qué gusto! – Wie angenehm!
¡qué horror! – Wie schrecklich!
¡qué lata! – Wie öde!
¡qué lío! – Was für ein Chaos!
¿qué más quieres? – Was willst du mehr?
¡qué rico! – Wie lecker!
¡qué rollo! – Wie lästig!
¡qué susto! – Was für ein Schreck!
quebrar (ie) la postura – *(altspanisch)* die Vereinbarung missachten
quedar a flote – weiterschwimmen –
quedarse callado – schweigen
quejarse – sich beklagen, jammern

R

rabia, la – Wut
racimo, el – Traube
racista – rassistisch
radiofónico/a – Radio
rama, la – Zweig
rap, el – Rap
raro/a – seltsam, komisch
rato, el – Weile, Moment
rayo, el – Blitz
raza, la – Rasse
reaccionar – reagieren
real – königlich
rebaño, el – Herde
recaudar fondos – Spenden sammeln
rechazar – abweisen
rechazo, el – Zurückweisung
recetam, la – Rezept
recibir – erhalten
reciclar – erneuern
recipiente, el – Behälter
recitar – rezitieren
reclinar – beugen
recoger – aufräumen
recoger/poner la mesa – den Tisch abräumen/decken
recolectar – ernten
recomendación, la – Empfehlung
reconstruir – rekonstruieren
recorrido, el – Tour
recortar – einschneiden
recorte de periódico, el – Zeitungsausschnitt
recuerdo, el – Erinnerung
recurrente – wiederkehrend
red, la – Netz
reducción, la – Reduzierung
reducir (zc) – Hier: weniger werden
referirse (ie) a – sich beziehen auf
reflejo, el – Spiegelung
reforzado/a – verstärkt
refugiado/a, el/la – Flüchting
refugio, el – Zufucht
reglas de juego, las – Spielregeln
rehabilitarse – sich rehabilitieren
rehén, el – Geisel
reírse de alguien – jemanden auslachen
relación, la – Beziehung
relajado/a – entspannt
rellenar – füllen
relleno, el – Füllung
relucir (zc) – glänzen
remedio casero, el – Hausmittel
remedio, el – Mittel
remover (ue) – rühren
reparar – reparieren
repartir – verteilen
repartirse – untereinander aufteilen
reparto, el – Rollenbesetzung
repertorio, el – Repertoire
repetición, la – Wiederholung
repleto/a – voll, überladen
replicar – antworten, erwidern
reportaje, el – Reportage
reportero/a, el/la – Reporter/in
reproducir – reproduzieren
rescate, el – Lösegeld
reseco/a – vertrocknet
reservado/a – reserviert
residir – wohnhaft sein

resistir – widerstehen, Widerstand leisten
resolución, la – Beschluss
respecto a – mit Bezug auf, bezüglich
respetuoso/a – rücksichtsvoll
respiratorio/a – Atem-, Lungen-
responsable – verantwortungsbewusst
restar – abziehen
retirar – zurücknehmen
retroceder en el tiempo – in der Zeit zurückgehen
reunión de trabajo, la – geschäftliche Besprechung
reutilizar – wiederverwenden
revisar – noch einmal ansehen, hier: wiederholen
revitalizar – neue Kraft spenden
revolcarse – sich wälzen
reyerta, la – Streit, Zank
rezar – beten
ribera, la – Ufer
rima asonante, la – Assonanz
rima consonante, la – Vollreim
rima, la – Reim
rimar – reimen
rincón, el – Ecke
riña, la – Streit
riqueza, la – Reichtum, Wohlstand
ritmo, el – Rythmus
ritual, el – Ritual
rivalidad, la – Rivalität, Feindseligkeit
roca, la – Fels(en), Klippe
rodar (ue) – umkreisen
rol, el – Rolle
romance, el – Romanze
romántico/a – romantisch
rompecabezas, el – Puzzle
ronronear – schnurren
ropa de aseo, la – Unterwäsche
ropa deportiva – Sportkleidung
rostro, el – Gesicht
ruina, la – Ruine
rumba, la – Rumba (afrokubanischer Tanz- und Musikstil)
rumor, el – Gerücht
rural – Land, ländlich
rústico/a – ländlich, Bauern-
ruta, la – Route

S

sabelotodo, el/la – Besserwisser, Naseweis
saber a – schmecken nach
sabiduría, la – Weisheit
safari, el – Safari
sagrado/a – geheiligt
salario, el – Gehalt
salir al campo – ins Grüne fahren
salir con alguien – mit jemandem ausgehen
salir de viaje – auf Reisen gehen
salmón, el – Lachs
salpimentar – mit Salz und Pfeffer würzen
salsa, la – Sauce
San Francisco – San Francisco
sandalia, la – Sandale
sangrar – bluten
sano/a – gesund
sartén, la – Pfanne
satisfacción, la – Zufriedenheit
se acabó! – Ende!
se debe procurar – man muss darauf achten
secador de pelo, el – Fön
secuestrar – entführen
secuestro, el – Entführung
sed, la – Durst
sedante – beruhigend
sediento/a – durstig, hier: begierig
seguir + Ger. – weitermachen mit
según – gemäß, nach
¡seguro que sí! – Aber sicher!
seguro de accidentes, el – Reiseversicherung
seguro de asistencia sanitaria, el – Reisekrankenversicherung
sello, el – Briefmarke, Stempel
semejanza, la – Ähnlichkeit
semilla, la – Same(n)
senda, la – Pfad, Weg
senderismo, el – Wandern
sendero, el – Pfad
sensibilidad, la – Sensibilität
sentido del humor, el – Sinn für Humor
sentimiento, el – Gefühl
señalizado/a – gekennzeichnet
separación, la – Trennung
ser capaz de + Inf. – fähig sein zu + Inf.
ser debido a – daran liegen, dass
ser humano, el – Mensch
ser mayor – erwachsen sein
ser mitológico, el – mythologisches Wesen
ser preferible – vorzuziehen sein
seriamente (Adv.) – ernstlich
serpiente, la – Schlange
servir (i) – servieren
sesión de monta, la – Reitstunde
sexista – sexistisch
SIDA, el – AIDS
sien, la – Schläfe
sierra, la – Gebirge
Siglo de Oro, el – Goldenes Zeitalter (das 17. Jahrhundert in der spanischen Literatur)
siglo pasado, el – vergangenes Jahrhundert
sílaba átona, la – unbetonte Silbe
sílaba tónica, la – betonte Silbe –
silenciador, el – Schalldämpfer
silencio, el – Stille
silenciosamente – leise
símbolo, el – Symbol
símil, el – Gleichnis, Vergleich
sin + Inf. – ohne zu + Inf.
sin embargo – trotzdem, dennoch, andererseits
sin freno – ohne Halt
sin hacer ruido – geräuschlos
sin lastre – ohne Ballast
sin parar – ununterbrochen
sin querer – ungewollt
sin replicar – ohne zu antworten
sinceramente – ehrlich
siniestro/a – unheimlich
sino – sondern
síntoma, el – Symptom
sirena, la – Meerjungfrau
socio/a, el/la – Teilhaber/in
¡socorro! – Hilfe!
solar – Sonnen
soldado, el – Soldat
soledad, la – Einsamkeit
soler (ue) + Inf. – üblicherweise + Inf.
solidario/a – solidarisch
sollozar – schluchzen
sombra, la – Schatten
sonámbulo/a – Nachtwandler-
soñar con + Inf. – träumen von
soplar – blasen
soportar – ertragen, aushalten
sorprender – überraschen
sorprendido/a – überrascht
sospechar – einen Verdacht haben
sospechoso/a – verdächtig
sostenible – tragbar
souvenir, el – Souvenir
subconsciente, el – Unterbewusstsein
subida, la – Steigung
subirse por las paredes – die Wände hochgehen
suburbio urbano, el – Vorstadt
subvención, la – Subvention
sucesión, la – Abfolge
suegro/a, el/la – Schwiegervater/-mutter
suela, la – Sohle
sueldo, el – Gehalt
sueño, el – Schlaf; Schläfrigkeit
suerte, la – Glück
suficiente – genügend
sufrir – leiden
suicidarse – sich umbringen
sumar – addieren
suministro, el – Zufuhr
suprimir – löschen
sur, el – Süden
surgir – entstehen
surrealista – surrealistisch
suspender un examen – bei einer Prüfung durchfallen
suspender/aprobar (un examen) – eine Prüfung nicht bestehen/bestehen
suspenso, el – nicht bestandene Prüfung

T

tabaquismo, el – Nikotinsucht
tableta de chocolate, la – Schokoladentafel
taco, el – (Mexiko) zu einer Tasche gefaltete Tortilla

tarea, la – Aufgabe
tatuaje, el – Tätowierung
taxista, el/la – Taxifahrer/in
techo, el – Zimmerdecke
tecnológico/a – technologisch
tejado, el – Dach
tejanos, los (Pl.) – Jeans
temblar – zittern
tembloroso/a – zitternd
templado/a – mit Zimmertemperatur
temporada, la – Saison; Zeitraum
temprano – früh
tener algo que ver con – etwas zu tun haben mit
tener buen ojo – einen wohlwollenden Blick haben
tener en común – gemein haben
tener en cuenta – berücksichtigen
tener lugar – stattfinden
tener mal genio – leicht reizbar sein
tener mala pinta – übel aussehen
tener manía a – jemanden/etwas nicht mögen
tener razón – Recht haben
tener tiempo por delante – noch viel Zeit haben
teñido/a – gefärbt
tercera edad, la – fortgeschrittenes Alter
terremoto, el – Erdbeben
terrestre – Erd
terrorífico/a – fruchterregend
test de personalidad, el – Persönlichkeitstest
testigo, el/la – Zeuge, Zeugin
tibio/a – lauwarm
tierno/a – zart
tigre, el – Tiger
tijeras, las (Pl.) – Schere
tila, la – Lindenblütentee
tilde diacrítica, la – unterscheidender Akzent
tilde, la – Akzent
tinta, la – Tinte
tío, tía, el/la – Kerl, Typ
tirar la basura – den Müll wegwerfen
tirar – wegwerfen
tirar – wegwerfen –
tirarse al vacío – sich in die Tiefe stürzen
título, el – Titel
tiznado/a (lateinam.) – betrunken
tobillo, el – Knöchel
tocar – spielen
todavía – noch
todo el mundo – alle Welt
todoterreno, el – Geländefahrzeug
tomar algo – etwas trinken gehen
tomarse las cosas con calma – die Dinge ruhig angehen
tono irónico, el – ironischer Ton
tonto/a, el/la – Dummkopf
tormenta, la – Sturm
toro, el – Stier
torre, la – Turm
torso, el – Torso, Oberkörper
tortitas, las – Törtchen
tortura, la – Folter
tostado/a – geröstet
totalmente – völlig
tour, el – Tour
toxicómano/a, el/la – Drogenabhängige/r
trabalenguas, el – Zungenbrecher
traficante, el/la – Händler/in
tráfico, el – Verkehr
traidor/a, el/la – Verräter/in
traje, el – Anzug
tranquilizar – beruhigen
transcripción, la – Transkription
transgénico/a – genetisch verändert
transporte público, el – öffentliche Verkehrsmittel
trapo, el – Lappen
trastorno físico/mental, el – körperliche/geistige Störung
trastorno hormonal, el – hormonelle Störung
tratar de + Inf. – versuchen zu + Inf.
tratar mal – schlecht behandeln, misshandeln
trato, el – Abmachung
travesía, la – Überfahrt
trazado, el – Linie
trigo, el – Getreide
trozo, el – Stück
truco, el – Trick
trueno, el – Donner
trufa, la – Trüffel
tuberculosis, la – Tuberkulose
tutor/a, el/la – Klassenlehrer/in

U

un abrir y cerrar de ojos, en – in einem Augenblick
un cuarto de litro – ein Viertel Liter
un poco de – ein wenig, etwas
un poco especial – etwas eigen
un poquito de – ein bisschen, ein wenig
un tal / una tal – ein gewisser / eine gewisse
una pizca de – eine Prise
unir – verbinden
útil – nützlich
uvas, las – Weintrauben

V

vaciar – entleeren, aushöhlen
vacío, el – Leere
vacío/a – leer
vacuna, la – Impfung
vainilla, la – Vanille
valentía, la – Tapferkeit
valle, el – Tal
valor, el – Wert
vaquero/a, el/la – Rinderhirte, Viehtreiber
variado/a – abwechslungsreich
¡vaya cara! – Nun schau dir das Gesicht an!
¡vaya hombre! – Sieh mal an!
vecino de – wohnhaft in
vejación, la – Quälerei
vela, la – Segel
vendimiador/a, el/la – Winzer/in
ventaja, la – Vorteil
ventilador, el – Ventilator
vergüenza, la – Scham; Schande
verificar – überprüfen
verso, el – Vers
vertical – senkrecht
vestido de fiesta, el – Abendkleid
vestido estampado, el – gemustertes Kleid
vestido/a – angekleidet
vestuario, el – Bühnengarderobe
viaducto, el – Viadukt, Brücke
vía de comunicación, la – Verbindungsstraße
víctima, la – Opfer
victoria, la – Sieg
vida cotidiana, la – Alltag
vida familiar, la – Familienleben
vida nocturna, la – Nachtleben
vida, la – Leben
vieja (ugs. lateinam.) – Mama
villancico, el – Weihnachtslied
villero, el (lateinam.) – Dörfler, Dorfbewohner
vinagre, el – Essig
violado/a – vergewaltigt
violencia, la – Gewalt
virtual – virtuell
visibilidad, la – Sicht
vistas panorámicas, las – Ausblick
vitalidad, la – Vitalität, Lebenskraft
vitamina, la – Vitamine
vivienda, la – Wohnhaus
voluminoso/a – umfangreich
voluntario/a – absichtlich, gewollt
volver a + Inf. – noch einmal + Inf.
volver la vista atrás – zurückblicken
vómito, el – Erbrechen
votación, la – Abstimmung
vuelta al cole, la – Schulbeginn
vulnerable – verletzlich

Y

¡ya! – Sofort!
¡ya está! – Schon erledigt!
yoga, el – Yoga
yogur, el – Joghurt
yuxtaponer (ng) – nebeneinanderstellen

Z

zanahoria, la – Mohrrübe, Karotte
zapato (de tacón), el – (hochhackiger) Schuh
zumo, el – Obstsaft